专业视野下的
基础教育教学探索

主　编：李秀兰　　李　文

副主编：胡光熠　　武凤鸣　　陈绪峰

编　委：王　曦　　李爱霞　　王琴音　　龙娟娟

　　　　韩　伟　　罗　敏　　马　强　　王贤鑫

　　　　陈玉珠

知识产权出版社

全国百佳图书出版单位

—北 京—

图书在版编目（CIP）数据

专业视野下的基础教育教学探索/李秀兰，李文主编. —北京：知识产权出版社，2021.9（2021.11 重印）

ISBN 978 - 7 - 5130 - 7609 - 8

Ⅰ.①专… Ⅱ.①李… ②李… Ⅲ.①基础教育—教学研究 Ⅳ.①G632.0

中国版本图书馆 CIP 数据核字（2021）第 136600 号

责任编辑：国晓健　　　　　　　　　　　责任校对：谷　洋
封面设计：臧　磊　　　　　　　　　　　责任印制：孙婷婷

专业视野下的基础教育教学探索
李秀兰　李　文　主编

出版发行：	知识产权出版社 有限责任公司	网　　址：	http：//www.ipph.cn
社　　址：	北京市海淀区气象路 50 号院	邮　　编：	100081
责编电话：	010 - 82000860 转 8385	责编邮箱：	guoxiaojian@ cnipr.com
发行电话：	010 - 82000860 转 8101/8102	发行传真：	010 - 82000893/82005070/82000270
印　　刷：	北京九州迅驰传媒文化有限公司	经　　销：	各大网上书店、新华书店及相关专业书店
开　　本：	720mm×1000mm　1/16	印　　张：	21
版　　次：	2021 年 9 月第 1 版	印　　次：	2021 年 11 月第 2 次印刷
字　　数：	370 千字	定　　价：	88.00 元

ISBN 978 - 7 - 5130 - 7609 - 8

专业视野下的基础教育教学探索
（代序）

2018 年 1 月，《中共中央国务院关于全面深化新时代教师队伍建设改革的意见》中提出："全面提高中小学教师质量，建设一支高素质专业化的教师队伍。"专业化是国家对教师队伍建设提出的目标和要求，让教师成为专业人员，让教育教学成为一种专业。专业从何而来？专业源于教育、培训、学习，更源于教师在真实教学问题解决和长期实践中的不懈探索。面对教育教学真实问题，专业是一种理性认识，是一种系统思考，是方法与策略的探索，而这些都需要教师经历一个运用资源和工具在实践中不断行动、反思与调整的过程。

多年来，我们（北京市石景山区教委、北京教育学院石景山分院）一直致力于支持教师开展教育教学研究，推动专业视野下的基础教育教学探索，以此促进教师专业成长，包括树立专业意识、丰富专业知识、提高专业能力、建立专业情意，努力做在专业上有自信的教师。我们认为，专业视野下的基础教育教学探索具有以下特征：①专业性。专业性主要体现在相关的认识和方法、策略等是教师进行研究的结果，经历了一个探索、反思与调整的过程，获得的是在实践之中验证为真的知识，符合教育教学的规律性、学科教学的基本原理，研究方法具有科学性和严谨性，研究过程和结果经历了实践的检验等。②价值性。价值性体现在这样的教育教学探索是真正对学生发展有益的探索，对于提升教师的理性认识和实践智慧，进而促进学生思维品质提升、学习方法、意志品质、情绪情感、社会性发展等方面具有真实的意义和价值。③创新性。专业视野下的基础教育教学探索要求具有一定的创新性，从新的视角去审视教育教学中的现象与问题，运用创新性方法、策略去解决教育教学中的真问题，产生创新性教学研究成果。④概念化。教师拥有的知识大多是缄默形态的实践性知识，教师在日常实践中经常运用但却较少公开表达出来，而专业视野下的教师教育教学探索，需要教师进行一个有意识行动的过程，将很多内隐的知识与技巧显性化，运用一些教师自身可理解的概念表达出来，并促进这些概念与学术概念的相互衔接。⑤系统性。专业视野下的基础教育教学探索应是一个系统研究的过程，围绕某一主题进行持续的、系列的探索，研究过程具有时间上的持续性、空间上的广阔性，将某一主题之下的相关内容和方法都尽可能地进行探索和尝试，并进行归类、比较和辨别，形成对于某一主题内容的一系列认识、工具、方法、策略等，其过程与成果都具有系统性。⑥成果可推广性。专业视野下的基础教育教学探索的成果应是可推广运用的，既有理性层面的思考与表达，以促进其他教师对其理解，也有一系列实践策略和操作方式，以促进其他教师也进行尝试并加以改进。

在专业视野下的基础教育教学探索理念引领下，我们对基础教育领域各个方面的内容进行了探索尝试，包括教育教学综合改革、课程开发与实施、教学改革、教师与学生发展等几大方面。每个方面我们又进行了多角度探索，在教育教学综合改革方面，我们进行了育人模式和课程体系构建的研究；在课程开发与实施方面，我们既有对于学科主题课程的深入挖掘，也有对于校本课程的开发与实践；在教学改革方面，我们探索了教学方法改革、教学设计与评价研究、学科实践活动研究、学科教学资源开发等内容；在教师与学生发展方面，我们探索了教师校本研修、新教师培训、学生能力和素养培养等多项内容。在本书中，我们将教师多年研究探索的成果展示出来，呈现我们的思考、行动和认识成果，供广大教育工作者进行交流与探讨。

李秀兰

2020 年 12 月 29 日

目　录

第一篇　专业视野下的基础教育教学综合改革探索

第一章　专业视野下的育人模式探索 ………………………… 3

新高考背景下高中生学业发展指导研究 ………………… 5

小学冬奥教育"文化·情境"育人模式的研究 ………… 13

可持续发展教育：区域教育创新"石景山模式"研究报告 …… 18

第二章　专业视野下的整体育人课程体系探索 …………… 33

"学·习·游·玩"课程体系的构建与实施研究 ………… 35

中职构建整体育人课程体系的研究与实践 …………… 43

生活化科学探究活动中幼儿学习品质培养探索 ……… 51

第二篇　专业视野下的课程开发与实施探索

第一章　专业视野下的学科主题课程探索 ………………… 63

小学语文过程性习作课程体系的探索研究 …………… 65

提升学习投入：初中学业生涯课程的探索与实践 ……… 74

中学一体化学业规划课程体系的构建与实施 ………… 83

"积极生涯发展"的学校心理健康教育课程研究 ……… 91

"中草药与生物技术"开放式创新课程开发研究 ……… 100

第二章　专业视野下的校本课程探索 …………………… 105

中小学教育戏剧课程体系建设的实践研究 …………… 107

小学"劳动＋"整合课程建设的实践研究 …………… 111

"在博物馆中学习"小学美术校本课程的研究 ………… 116

依托国学经典教育的幼儿园教育戏剧活动的研究 …… 121

依托传统节日开展社会性主题活动课程的研究 ……… 126

第三篇　专业视野下的学科教学改革探索

第一章　专业视野下的学科教学方法改革探索 …………… 133
　新课程背景下高中英语词汇语境教学策略研究 ………… 135
　微视频支持下初中信息技术课程导学案教学模式研究 ……… 141
　小学中高年级阅读思维"可视化"策略研究 …………… 147
　"边学边交，自主领悟"小学数学教学模式的研究 ………… 151
　基于初中史地生学科交叉点渗透式教学的实践研究 ………… 157

第二章　专业视野下的学科教学设计与评价探索 …………… 161
　小学数学教学中基于学情调研进行有效教学设计的研究 ……… 163
　中学历史课堂基于价值观立意的教学案例设计研究 ……… 168
　初中生语文阅读课有效讨论评价量表开发的研究 ……… 172
　小学生数学空间想象能力发展评价及培养研究 ………… 178

第三章　专业视野下的学科教学资源开发探索 …………… 183
　小学英语词汇教学中学习型微课资源开发与应用 ………… 185
　小学语文微信支持下的群文阅读实践与研究 ………… 190
　基于3D文物模型制作的传统文化教育实践研究 ………… 195
　小学语文整本书分类阅读梯度训练案例研究 ………… 202

第四章　专业视野下的学科实践活动探索 …………… 207
　中学跨学科教学实践基地的开发与运用研究 ………… 209
　基于"实验创新"的高中化学实验教学实践研究 ………… 218
　核心素养培育下小学学科实践活动的探索研究 ………… 223
　小学数学综合实践活动教学素材开发与实践研究 ………… 230

第四篇　专业视野下的教师与学生发展探索

第一章　专业视野下的教师发展探索 …………… 241
　教师校本"读·思·行"研修及知识转化研究 ………… 243
　新入职教师培训课程体系构建与实施的研究 ………… 251

第二章　专业视野下的学生能力培养探索 …………… 259
　提升高中生地理图像有效信息获取能力的研究 ………… 261
　利用物理实验培养学生创新能力的实践与研究 ………… 268
　新疆内高班学习风格与学习力提升实践研究 ………… 275

通过教育戏剧促进初中生英语学习能力发展 …………………… 280

校外电子科技活动培养中小学生创新能力研究 ………………… 288

依托数学日记培养小学高年级学生反思能力的研究 …………… 292

第三章　专业视野下的学生素养与品质培养探索 ………………… 297

　以学生工作室为载体提升中职影视后期制作人才培养质量的

　　研究 ………………………………………………………… 299

　基于高中理科拓展活动提高学生科学素养的研究 …………… 304

　高中生政治认同素养教育的内容构建与实施策略研究 ………… 309

　关于高中数学课堂教学中数学思维品质优化的研究 ………… 316

　中学生公民意识状况调查与有效培养策略的研究 …………… 322

第一篇

专业视野下的基础教育教学综合改革探索

第一章　专业视野下的育人模式探索

第二章　专业视野下的整体育人课程体系探索

当前，社会经济、文化、科技等发展迅速，国家对于人才规格、层次等需求也发生了重大改变，为了适应这种变化，基础教育教学领域改革不断推进。这种改革既涉及某一学科教学内容、方式等的变革，也涉及学校整体育人模式、课程体系等教育教学的综合改革。教育教学综合改革是学校整体性的变革，在学校培养目标、育人模式、课程体系、教学方式甚至学校环境等方面发生的全方位变革，而这种改革是专业的，经过理论与实践专家反复论证、适合学校发展状况与定位，同时又是不断调整与变化的。

为深化基础教育教学改革，几年来，我们在区域、学校层面推动了专业视野下的教育教学综合改革，在育人模式、课程体系、教学方式等方面进行研究与探索，具体策略如下：①确立目标。目标是研究与工作的基础，学校育人模式探索、课程体系建设等首先要明确其目标是什么，要培养什么样的人，培养人的哪些方面。目标制定要清晰、合理和适切。②规划内容。内容是基础教育教学综合改革的核心，改革内容构成是怎样的，其基本结构以及各内容要素之间关系如何，这些内容设置的依据是什么，其与目标之间关系是怎样的，这些是需要在内容规划过程中系统思考和专业建构的。③明确路径。目标与内容真正发生实质性作用需要具体路径的支撑，育人模式、课程体系等学校教育教学综合改革需要建立清晰的实施路径，明确核心路径是什么，外围路径是什么，各个路径之间的关系以及其所构成的学校内外环境、发挥的综合作用是怎么样的，等等。④开发策略。在学校教育教学综合改革中，教师会遇到各种问题与困难，要想达成目标、实施改革，需要教师在实践中开发各种小方法与策略，这些策略虽然小但却可能对学生产生大的影响，同时也是教师智慧的体现，这些策略须是指向学生发展的，具有一定的教育意义与价值。⑤探索评价。评价对于促进学生发展具有重要意义，具有导向和激励功能。在学校教育教学综合改革中，评价是其中重要内容，学校应根据改革内容制定适合的评价内容与方式，并逐渐形成特色评价体系。⑥评估效果。教育教学综合改革效果究竟如何，是需要改革者密切关注的，效果的评估有助于增进对改革的理性认识，促进改革方式与策略的及时调整以及阶段性总结与反思。效果评估方式多样，问卷、访谈、观察、测量等都是常用的评估方式。

在本篇"专业视野下的基础教育教学综合改革探索"中，我们呈现了区域、学校育人模式，课程体系构建、教学方式变革等多方面改革探索的过程与成果，既有理性认识，也有实践案例、操作策略等；既包括普通中小学领域，也包含职业教育、幼儿教育，期望通过经典案例呈现区域与学校教育教学综合改革的基本面貌。

第一章

专业视野下的育人模式探索

新高考背景下高中生学业发展指导研究

小学冬奥教育"文化·情境"育人模式的研究

可持续发展教育：区域教育创新"石景山模式"研究报告

新高考背景下高中生学业发展指导研究[*]

新高考改革源于国家对人才发展的需求。新高考取消文理，实施"3 + 3"选科，采用大学专业组合招生；新高考更关注学生综合素质和社会适应能力。新高考的实施对学校和学生提出了新的挑战。"高中生学业发展指导"就是根据新高考改革的变化，探索高中学校如何开展促进学生学业进步和个人潜能发挥的学校教育活动。经过六年的研究与实践，逐步形成了高中生学业发展指导模式。

一、新高考背景下高中生学业发展指导的内容体系

（一）高中生学业发展指导的目标

通过对新高考政策及相关文献研究，我们认为国家需要的人才特点是：有服务国家的愿望，全面发展、学有所长。同时研究了国际上影响学业成功的关键因素主要有：认知和元认知技能策略、社会技能和自我管理技能。以此为基础，我们把高中生学业发展指导的目标概括为：与社会需求相适应、倡导未来导向、注重学科核心素养、发展综合能力、培养自我管理能力。

（二）高中学业发展指导的内容规划

课题组提出，高中生学业发展指导应从学业规划指导、学业能力指导、综合能力指导以及自我管理指导四个方面进行（详见表1）。

学业规划是指，为了提高学生的人生事业发展效率而对与之相关的学业发展所做的筹划和安排。学校对高中生的学业规划指导包括职业理想指导、大学专业选择指导、高中三年在校选课和学校活动指导三个方面。

---

[*] 本篇由王曦、白晔、龙娟娟、仇光霞、刘欣撰写。

表1 高中生学业发展指导内容规划表

	学业规划指导	学业能力指导	综合能力指导	自我管理指导
高一	树立服务国家与社会的愿望；建立高中学习与未来发展的连接；学习制定自我发展规划	明确各科学习价值；掌握各科学习方法；努力形成学科核心素养培养	在研究性学习、社团、综合实践活动中，形成合作能力、沟通、表达能力、问题解决等能力	合理安排日常与假期生活；及时对自己的学业规划进行反思和调整。能够正确认识综合素质评价和学业水平测试；主动记录进步历程；把学业水平测试作为学业进步的工具
高二	明确未来发展方向，根据自我发展规划选择学校课程和活动	各科学习能力提升；个人学习方法、学业偏好逐步形成；学科核心素养逐步形成		
高三	自主学习、知识复习与应用、高考考前指导、志愿填报指导			

学业能力指导包括各学科学习价值、学习方法和策略及学科特需能力的指导，即学科核心素养的培养。学业能力提升指导是学校各科教师的核心工作，与以前不同的是，教师不仅要教学科知识，而且要关注学科发展、学科与大学专业的关系，以及学科学习方法及能力要求等，并且在教学中进行指导。

综合能力指学生适应社会的能力，包括与人沟通能力、表达能力、问题解决能力、合作能力等，主要通过参与学校活动和社会实践得到锻炼。综合能力是学生未来融入社会的重要能力，需要得到更多重视。

自我管理指学生能够计划和管理自己的学习生活。教师可以通过指导学生做好时间管理、情绪管理来提高学生的自我管理能力，同时指导学生正确看待综合素质评价和学业水平测试，指导学生把综合素质评价和学业水平测试作为监控自我的有效工具。

（三）高中生学业发展指导课程体系

课题组把学业发展指导落实到学业发展指导课程和各学科教学渗透中去，并对相关内容进行了构建。

1. 高中生学业发展指导课程的整体设计

学业发展指导课程是由心理教师开设的基于学习科学、心理调控、生涯规划等理论用于指导学生学业能力提升的专业课程。它的主要特点是知识的系统性、科学性与可操作性。学业发展指导主题班会是由班主任组织的，重在调动学生参与、以学生为主体的班级学业指导活动。它的主要特点是与学生的生活紧密相连，解决学生面临的问题，指导学生实践。学业发展指导课程、学业发展主题班会各具特点，互为补充。详见表2。

表2　高中生学业发展指导课程设计表

课程名称	课程目标	基本内容	课程特点	授课教师
学业发展指导课程	建立学业规划意识与发展动机，提高学业能力，掌握分析和发展个性潜能、综合能力的方法，学会制定学业发展规划和进行学业监控	了解高中学习特点和课程设置，制定学业规划；提高学习能力所需的认知、元认知和自我管理技能；发现和发展个性潜能；利用综合素质平台和学业测试监控自己的学习	以活动、体验等团体辅导方式为主的系统性的知识、技能训练课程	心理教师
学业发展指导主题班会	学会科学选择学校的选修课程，学会如何成立和参与社团活动，学会如何在参与综合实践活动中提高综合能力，学会自我管理	立志成为有用的人；选修课选课辅导；成立和参与社团；社会实践中成长；社区服务中锻炼；开展研究性学习；合理安排假期生活	以学生主动设计、主动参与为主要形式的选课指导和综合实践活动展示课程	经过培训的班主任

2. 通过学科渗透指导学生学业发展

本研究对教育部《普通高中课程方案（2017年版2020年修订）》中所涉及的必修课从学科价值与相关专业走向、学习要点及能力要求与学习方法建议、与本门课相关的选修课和综合实践活动课程三个方面分别邀请富有教学经验的骨干教师编写了《高中国家必修课程指导》。同时，我们建议各学科教师在每学期的起始课、期中复习课、期末复习课、试卷讲评课上重点进行学业发展指导的学科渗透，其他新授课中适当进行学习方法渗透（见表3）。

表3　高中学业发展指导学科渗透建议表

目标	途径	具体实施建议	资源支撑
1. 学科规划意识 2. 学科核心素养	语文学科 数学学科 英语学科 物理学科 化学学科 生物学科 历史学科 政治学科 地理学科 音乐学科 美术学科 通用技术 信息技术 体育学科	1. 学科价值与相关专业走向：教师要了解本学科的价值及与大学专业、职业的关系，了解学科发展史以及学科发展前沿，适时渗透于课堂教学中，引发学生的探究意识和兴趣，帮助他们找到自己未来发展的可能性； 2. 学科学习方法指导：了解本学科的知识体系、学科能力要求和学习方法特点，培养学生学科核心素养。了解学科学业水平考试的内容与方法，指导学生利用学业水平测试监控、改进学习，提高学业成绩； 3. 学科相关选修课和学科实践活动课程指导：了解学科相关的选修课和学科实践活动课程，了解这些课程与未来大学专业、未来职业的关系。能够指导相关研究性学习、学科实践活动	1. 本学科教师； 2. 心理教师； 3. 班主任； 4. 德育教师； 5. 教科研人员

二、高中生学业发展指导的实施体系

（一）高中生学业发展指导的实施组织系统

高中生学业发展指导的实施重点在学校，组织系统包括学业发展指导设计管理团队、执行团队和外部支持团队。其中，设计管理团队主要指在校级领导支持下的学校学生发展指导中心，其工作是整体设计、开发学生学业发展指导的方案，并对实施团队提供专业支持和指导。执行团队包含学校中层科室：科研室负责学业发展指导的课题立项、资源研发和整体推进；德育处负责学生理想教育、社会实践活动；教学处负责学业指导课程管理、学科渗透和学科导师管理。学校年级组长可结合年级特点批准开展本年级的学业指导活动。具体实施者涉及心理教师、班主任和学科教师。

（二）高中生学业发展指导实施的主要路径

围绕学业发展指导的内容，实施学业发展指导的主要路径如下。

1. 通过学业规划指导，培养学生的长远眼光

（1）指导学生立志成为对社会有用的人。

学校组织职场人、学长进学校，介绍社会对人才素质的要求；组织学生开展社会调查、生涯人物访谈、职业体验、生涯夏令营等活动，指导学生立志成为对国家、对社会有用的人。

（2）合理规划高中三年生活。

课题组编制了从学业到职业发展路径指南，指导学生进行高中学业规划，建立"高中学习—大学学习—未来职业"的连接。"从学业到职业发展路径指南"按照 12 大学科门类与大学专业、未来职业、所需要的重要能力与现在的高中各种课程、学校活动与能力培养建立关系，以帮助学生合理安排高中的学习，努力塑造自己适应未来社会的能力（参见表 4）。

指导学生制定自己的学业发展规划，把自己的理想职业、希望学习的大学与专业、高中三年要提升的能力与素质建立联系。在此基础上，制订分年级的行动计划，内容涉及必修课、选修课、综合实践活动、社团等的计划与监控。

表4 从学业到职业发展路径指南（节选）

学科门类	职业发展（举例）	大学专业	重要能力	文理倾向及重点必修课（选考科目）	校本选修课（举例）	研究性学习（举例）	社区服务与社会实践活动
哲学	哲学教学或研究人员、行政管理者、党务工作者、经济管理者、文化产业开发者、党政机关公务员、新闻工作者、编辑、宣传与理论工作者等	哲学、逻辑学、宗教学、伦理学	哲学理论思维能力、创新能力、口头与文字表达能力、社会活动能力、科研能力	偏文（语文、数学、英语、历史、地理、政治）	中国哲学史、西方哲学史、形而上学、数理逻辑、诸子百家、伦理学、宗教学等	从某寺庙看我国宗教政策、探究中国古代哲学思想、走进哲学等	宜参加拓展视野类活动，如模拟联合国、采访两会等
经济学	会计师、税务专业人员、财务经理、证券或财务经纪人等金融专业人员，商业经理、保险专业人员、公共经济研究人员	经济学、国民经济管理、能源经济、财政学、税收学、金融学、保险、投资学、经济与贸易	掌握经济学的基本理论和分析方法；掌握现代经济分析方法和计算机应用技能；掌握中外经济学文献检索、投资查询的基本方法、具有一定的经济研究和实际工作能力	文理均衡（数学、语文、计算机、物理）	学生公司、青年理财、商务英语、经济学基础、投资学、市场营销等	如何投资基金、探究股市、某地区经济战略研究、二手房买卖的支付方法等	宜参加社会经济调查与实践活动。如职业调研、企业实习、经济状况调研等
……	……	……	……	……	……	……	……

2. 学业能力指导，帮助学生改进学习策略

（1）通过学业发展指导课，改进学生的学习策略。

学业发展指导课是由心理教师开设，意在提高学生学业规划意识、提高学习能力的专业课程。内容涉及制定学业规划所需的大学、专业相关知识；提升学业能力所需的认知、元认知和自我管理知识；发展个性潜能所需的了解自我与参与社会实践的知识等。学生学习之后可以迁移应用到平时的学习之中。

（2）通过学业发展主题班会课，促进学生落实学业发展规划。

学业发展主题班会课是班主任指导的以学生参与设计准备、主持并参与活动的班级会议，内容涉及职业理想、选课研讨、综合实践活动交流、研究性学习、假期生活等多种内容。学业发展主题班会课由于学生参与程度高，可伴随学校学业发展指导的进度开展，帮助学生交流学业发展指导中的收获，解决学业发展中的困惑。

（3）通过学科渗透，促进学生学科核心素养的形成。

新高考改革，要求所有学科教师不仅要教书，更要育人。育人就包括指导学生了解本学科的价值及与大学专业、职业的关系，了解学科发展史以及发展前沿，帮助学生找到未来发展的可能性。学科渗透还包括指导学生了解本学科知识体系、学科能力要求和学习方法特点，培养学生学科核心素养。指导学生了解学科学业水平考试的内容与方法，指导学生利用学业水平考试监控、改进学习，提高学业成绩。学科教师还要负责指导学生与本学科有关的研究性学习与学科实践活动。

3. 通过综合能力指导，提升学生的社会适应能力

（1）通过研究性学习，培养学生的综合能力。

研究性学习的内容涉及科学技术领域、人文社科领域和生活实践领域。研究性学习可以让学生将课内知识应用于知识探究与问题解决，体验学术研究，并将自己的研究性学习选题与自己的生涯规划相联系，结合个性化的选科、选考以及自己的大学、专业目标进行相关领域的深入探索。同时，研究性学习需要建立研究团队、研讨研究方案、分工合作、撰写研究成果、展示研究成果等，从而培养学生合作、表达、沟通等能力。

（2）通过社团与社会实践活动，培养学生综合能力。

实验学校开展了丰富的学生社团和社会实践活动，对学生综合能力的提升起到重要作用。如学生在企业志愿者的辅导下创办学生公司，学习发售股票、召开股东会议、竞选管理人、生产和销售产品、财务登记、开展评估、清算公司等。不仅会学到商业运行的方式；更重要的是，锻炼了学生批判性思维、决策、团队合作、沟通协调、积极聆听、问题解决等多方面的能力，培养了企业家精神和创新意识、领导力和执行力。

学校还利用寒暑假开展自然与科学探索、人文与艺术体验，如云南综合科考、长白山综合科考、西安文化体验、故宫探秘等。组织学生走进大学，进行大学与专业体验与调查。要求学生提供自己家庭的职业见习资源，制作年级"家庭职业见习资源树"，然后利用一切可以利用的资源，找到职业见习单位，完成一天见习体验活动。

4. 通过学业监控指导，培养学生自我管理能力

（1）假期生活指导。

实验学校编制了《学生假期指导手册》，对学生的假期生活进行指导。高一年级侧重学习规划（内容包括时间安排、学习计划、锻炼计划、综合实践活动、综合素质平台填写等），由教师制定习惯跟踪表，使学生的假期生活有模板，教师也相应对学生的习惯进行跟踪。高二年级假期生活让学生自主规划，针对自己的问题，规划属于自己的假期学习生活计划。高三年级侧重超越规划，让学生为自己的理想而努力。通过三年的习惯养成，让学生学会假期规划，实现自主发展。

（2）指导学生正确看待和使用综合素质评价。

新高考改革表现为重过程、重素养、重特长，综合素质评价是高考录取的重要参考，也是学业发展监控的重要手段。综合素质评价是发现和培育学生良好个性的重要手段。教师重点指导学生记录凸显个人特长和能力的活动，通过对活动的取舍、选择与记录，逐渐发现、明晰和培育自身的个性特长。综合素质评价还可以提升学生的学业监控能力。

（3）指导学生正确对待学业水平测试。

学业水平测试也是新高考改革的重要内容，它既可以监控学生各科学习水平，又可以作为学生选科选考的依据。关于学业水平测试，我们主要引导学生：①把每次考试作为一次"体检"。重在发现问题，及时弥补，健康前行。②每次考试重在自己和自己比。尽最大的努力，做最好的自己，就问心无愧。③发现自己擅长的学科。找到自己的最爱，使之成为自己的立身之本，同时成为新高考选考科目。

三、高中生学业发展指导的保障体系

（一）学业发展的个体辅导

有学业发展方面问题的学生即可找心理教师做个体辅导。辅导一般需提前预约。与辅导教师说明自己的学业规划执行情况，并提出自己的学业发展困惑。辅导教师给予指导意见和建议，同时做好辅导记录与整理。

（二）学业发展指导中的资源利用

1. 家校合作

学校通过家长沙龙或讲座帮助家长意识到高考改革带来的机遇和挑战，

全面看待学生的能力、兴趣和目标。同时，也请家长给学生做发展经验分享，鼓励学生将目标落实到行动，及时沟通鼓励，强化学生的自我效能感。家长还可以在平时和假期监控学生的学习与生活，有效地促进学生的成长。

2. 专题报告

学校开展学业发展指导专题讲座，内容包括大学专业介绍、如何进行高考选科、高考心理状态调整、高考自主招生辅导、高考志愿填报辅导等。

3. 宣传栏、广播等

利用心理宣传栏、广播站等途径对学生进行学业发展教育宣传，营造良好氛围，调动更多教师参与学业发展指导。比如学业规划书的展示、学生的成功案例等。

（三）编制学业发展指导手册

课题组编制了《高中生学业发展指导手册》，向学生介绍新高考政策、国家必修课设置情况、选修课选课建议，如何改进自己的学习策略，如何参加社团、社会实践活动及研究性学习，如何对待综合素质评价与学业水平考试等。让高中生在入学之初就全面了解高中学校生活，做好各方面的准备。

（四）高中生学业发展指导量表的研发

课题组研发了《高中生学业发展指导量表》，用于了解高中生学业发展能力的现状、学业发展水平的监测和指导工具。采用里克特7点量表，设置4道测谎题，完成量表的常模建立。与教育服务公司合作，进行《高中生学业发展指导量表》网络版的开发，完善量表的个人测试反馈、班级测试反馈和年级测试反馈。实现学生测试后可以及时查阅反馈报告。

总之，高中生学业发展指导是落实新高考政策的实践成果，对学生适应新高考起到了良好效果，有必要在更广的范围推广实施。

小学冬奥教育"文化·情境"育人模式的研究[*]

一、研究背景

为了把北京 2022 冬奥会真正办成一场"精彩、非凡、卓越"的盛会，习近平总书记提出 3 亿人参与冰雪运动的号召。2018 年 1 月，教育部、国家体育总局、北京冬奥组委颁布《北京 2022 年冬奥会和冬残奥会中小学生奥林匹克教育计划》，提出"弘扬奥林匹克精神，推动冰雪运动普及，推动学校体育科学发展，全面实施素质教育，促进学生全面发展"。

北京市石景山区电厂路小学是全国体育工作示范学校，学校距离北京冬奥组委直线距离只有 1000 米，具有开展冬奥教育的独特优势。由于生活环境、家庭背景等诸多原因，北京市石景山区电厂路小学孩子们缺乏更广阔的视野、缺乏自信……但是他们乐观、友善、能吃苦、上进，只要有更多的成长平台和机会，他们就能够"飞得更高"。据此，学校尝试以探索冬奥教育为突破口促进学生发展，并逐渐形成了小学冬奥教育的"文化·情境"育人模式。

二、小学冬奥教育"文化·情境"育人模式的内涵与特征

（一）小学冬奥教育"文化·情境"育人模式的内涵

小学冬奥教育"文化·情境"育人模式是指通过学校冬奥教育文化空间环境设计、课程和主题活动情境化实施、学生冬奥组织运行以及校外观赛参赛、冰雪体验、场馆参观等实践活动促进小学生获得冬奥知识与能力，感受、体验、理解与内化冬奥教育文化理念、情感精神的培养教育方式。

"文化"有两种内涵，一是在冬奥会"卓越、尊重、友谊"的价值观引

---

* 本篇由薛东、李爱霞、许建平、刘士荣、丁筱撰写。

领下形成北京市石景山区电厂路小学冬奥教育的文化理念。北京市石景山区电厂路小学冬奥教育文化理念的核心是"卓越"，围绕这一核心理念，我们确立了"爱国、自强、拼搏、刻苦、耐力""规则、责任、尊重、合作""挑战、超越、创造""幸福、快乐"的价值观念。二是北京市石景山区电厂路小学在几年丰富的冬奥教育课程、活动、环境、实践之中逐渐形成了独特的冬奥教育叙事文化（如图1所示）。

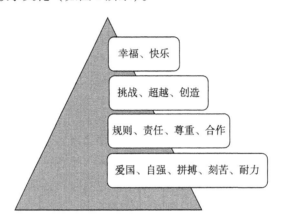

图1　小学冬奥教育"卓越"文化理念

"情境"指的是北京市石景山区电厂路小学冬奥教育主要采取情境化方式，有几种内涵：一是学校冬奥教育主题校园文化空间环境设计；二是学校冬奥教育课程、主题活动、冬奥学生组织的情境化实施；三是校外冬奥观赛、真冰真雪体验、冬奥场馆参观、学生冬奥项目比赛等情境化活动参与。

（二）小学冬奥教育"文化·情境"育人模式的特征

1. 文化性

北京市石景山区电厂路小学冬奥教育"文化·情境"育人模式的首要特征是文化性，学校冬奥教育课程、观赛参赛、场馆参观等都渗透冬奥教育文化理念，激励学生追求卓越，培养爱国、拼搏精神，树立规则、尊重意识，不断挑战和超越自我。学校还开展了以"冰嬉图""阿勒泰""传统冰雪体育游戏"为主题的"中国传统冰雪文化"系列研究，促进学生体验传统冰雪文化。

2. 情境性

北京市石景山区电厂路小学冬奥教育"文化·情境"育人模式具有情境性的典型特征。冬奥主题文化体现在校园环境各个角落，校园外墙、操场、旗杆、主席台、楼道、教室内处处都能见到冬奥文化理念、标识、场景等，冬奥的环境氛围陪伴着孩子们一起迎接冬奥会的到来。孩子们在情境活动中感受与体验冬奥文化，一个个冬奥主题课程、活动、事件铺排构成了学校完整的冬奥情境性叙事。

3. 创造性

北京市石景山区电厂路小学冬奥教育"文化·情境"育人模式还具有创新特征。冬奥教育文化是全校师生共同在时间与实践累积中创造形成的。"小小冬奥博物馆"是学校冬奥教育创造性的代表，60平方米的博物馆展厅，共有手工创意、非遗作品、微缩景观、冬奥征集、冬奥收藏、冬奥荣誉六个展区，摄影、衍纸、泥塑、剪纸、刻纸、绘画等9大类210件藏品，每件藏品都讲述着一段故事。

三、小学冬奥教育"文化·情境"育人模式的基本框架

经过几年冬奥教育实践以及反思与挖掘，北京市石景山区电厂路小学明确了学校冬奥教育"培养健康、自信、超越、坚毅、快乐少年"的育人目标，探索了冬奥教育文化熏陶、情境体验的育人方式，以及校内外环境、课程、活动、实践、体验、参与全方位融入的育人路径和争取外部资源、统整内部资源、家校和社会协同的育人策略。如图2所示。

四、小学冬奥教育"文化·情境"育人模式的实施路径

北京市石景山区电厂路小学冬奥教育"文化·情境"育人模式主要通过校内情境和校外实践两条路径实施，具体如下。

（一）小学冬奥教育"文化·情境"育人模式的校内实施

1. 校园文化环境与冬奥叙事

学校冬奥冰雪文化氛围浓厚，孩子们在校园内随处可以见到与冬奥相关的知识与文化常识；全校学生每人创作一幅"冬奥手抄报"的文化墙，展现了孩子们心中的冬奥以及对冬奥的期盼；孩子们最喜爱的就是"冬奥活动照片墙"，上面贴满了他们亲身参加各种冬奥活动的巨幅照片，这一幅幅冬奥教育画卷，构成一个个冬奥故事，形成了学校独特的冬奥教育文化叙事。

2. 学校冰雪校本课程开发与实施

北京市石景山区电厂路小学冰雪运动校本课程内容主要体现为"2 + 8 +

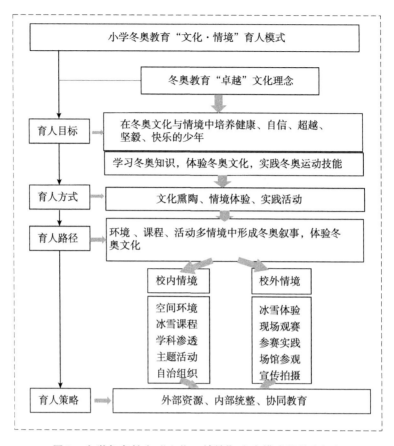

图2 小学冬奥教育"文化·情境"育人模式的基本框架

5"模式。"2"代表全校学生每学年参加一次上冰或者上雪训练;"8"代表旱地冰球、旱地冰壶、越野滑轮、冬季两项、冰蹴球、轮滑、雪车、轮滑冰球8个冰雪项目的个性化训练(旱地化实施,注重基础训练);"5"代表冰球、冰壶、越野滑雪、短道速滑、冬季两项5个真冰、真雪项目(专业化训练)。北京市石景山区电厂路小学冰雪运动校本课程实施方式主要是"冰雪运动旱地化",通过冰雪运动旱地化实施为小学生真正在冰雪上运动打下基础。

3. 学科渗透、冬奥主题实践活动

学校每个学科及班会、综合实践活动课都探索了冬奥教育课堂教学渗透,每学期每个学科都有1次冬奥教育学科渗透研究课。学校冬奥教育开展校内冬奥讲堂、冰雪项目竞赛等主题实践活动,促使学生感受氛围、建立精神、体验文化,主要包括:冬奥知识、文化讲堂;亲子冰雪嘉年华、小小冬运会；冬奥知识竞赛、模拟冬奥会火炬传递等。

4. 冬奥教育学生自治组织运行

学校已经经历了两届"小小冬奥组委会"学生自治组织。学校"小小冬奥组委会"通过招募启动仪式宣传、自主申报、视频展示、全校学生投票人气、外聘专家评审五个阶段进行，过程严谨，竞聘包括"主席"、"副主席"、体育部部长、小小冬奥博物馆馆长等多个"工作岗位"。

（二）小学冬奥教育"文化·情境"育人模式的校外实施

1. 冬奥文化情境体验活动

小学冬奥教育"文化·情境"育人模式的一大特色是组织学生参加了很多冬奥教育文化情境体验活动，主要有现场观看冬奥项目比赛、真冰真雪体验活动、参观冬奥文化场馆、参加冬奥相关赛事、冬奥吉祥物设计征集、冬奥宣传片拍摄活动等。

2. 实践参与冬奥学生赛事

从 2018 年 5 月至今，学校组织学生和教师参加了多项国家、北京市冰雪竞赛，获得国家级冰雪竞赛团体第一名 1 次，第二名 1 次，个人成绩前八名 6 人次；北京市冰雪竞赛团体第一名 5 次，个人成绩前八名 153 人次。在一次次训练和参加比赛的过程中，孩子们收获的不仅是技能、成绩，更重要的是对冬奥会精神的理解。在一次次拼搏中，孩子们克服困难、敢攀高峰、越挫越勇、团结奋进。

结语

学校"冬奥教育"受到了国际奥委会、国际各冰雪组织、国家体育总局、市教委的高度认可，2020 年被评为全国"冰雪运动推广示范单位"，冬奥教育为学校发展注入了新的活力，探索出了一条适合北京市石景山区电厂路小学的特色发展之路。

可持续发展教育：区域教育创新"石景山模式"研究报告[*]

一、问题的提出

未来社会的竞争，焦点是人才的竞争。学校教育是国家人才战略核心基础，重要性不言而喻。加大中小学教育工作，为培养学生树立正确的价值观、学习能力、文明习惯、生活方式与社会问题解决意识奠定基础。提升育人质量，需要变革教育方式，学习国际先进教育理念，以全球化视野和社会主义人才观检视现有教育现状，推进教育优质发展。

可持续发展教育为学校优质办学提供理论指导，对促进区域教育高端发展和路径规划明确方向。可持续发展教育是全球教育战略，其目标是帮助受教育者形成可持续发展需要的科学知识、学习能力、价值观念与生活方式，进而促进社会、经济、环境与文化的可持续发展。

石景山教育模式立足发展创新，构建积极发展愿景。1998 年，石景山教育确立可持续发展教育方向，成为国内首批"环境、人口与可持续发展（EPD）"及"可持续发展教育（ESD）"项目实验区，开启区域教育改革之路，积极探索人才培养策略与创新机制，全面构建首都教育"石景山模式"。

二、研究目标与行动路径

可持续发展教育"石景山模式"以项目实验展开，研究主题确立为"可持续发展教育区域推进策略与实践"，采用文献研究、行动研究、案例研究、个别访谈等方法，以石景山区中小学校为主体样本，探索教育发展内涵之路。

　＊　本篇由马强、张婧、王曦、李秀兰、张树升撰写。

（一）总体目标

本项目确立的地区 ESD 总体目标是：学习可持续发展教育理念，贯彻国家教育方针，遵循《2030 年可持续发展议程》17 项可持续发展目标，践行可持续发展教育路线图，坚持"专家引领、整体推进、示范领航、梯次跟进"实验原则，构建教育理念先进、可持续发展价值观念突出、育人模式多样、学校特色鲜明、学生全面发展的区域教育新格局。

（二）行动路线

学习联合国教育发展理念，实施国家人才培养地区性教育行动，围绕"理念提升、实践认知、调查反思、发展创新"思路进行技术路线设定，探索地区教育发展新模式（见图 1）。

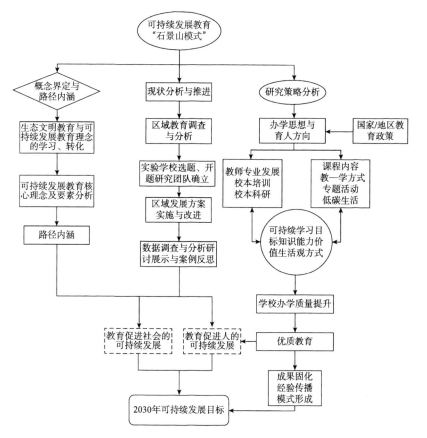

图 1　石景山区"可持续发展教育区域推进策略与实践"技术路线图

（三） 推进策略

实验策略面向学校发展核心要素，确立相关研究主题，以课题模式深化教育推进，促进办学质量提升。重点做好理念学习与引领、目标确立与规划、内涵发展与实践，拓展地区教育发展视角，创新学校质量发展（见图2）。

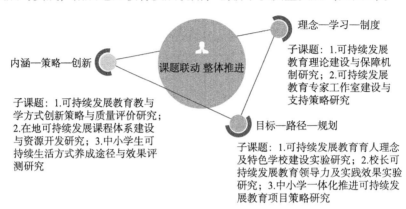

图2 "可持续发展教育区域推进策略与实践"研究策略

三、主要研究过程

（一） 目标引领发展：区域可持续发展教育理念塑造、目标确立与制度建设

课题实验证明，构建可持续发展教育"石景山模式"，首要任务是开展区域教育发展总体目标设定，以制度、任务、平台、路径为规划重点，探索地区教育创新策略。

1. 构建可持续发展教育整体战略，实现地区教育提升

理念层面，关注理念培养，推进理论学习与制度创新。确立可持续发展教育核心地位，将可持续发展理念连续十年写入石景山区"十二五""十三五"教育事业发展规划核心思想，引领区域发展。2015年，制订实施《全面推进石景山区可持续发展教育国家实验区建设行动计划（2015—2020年）》，整体构建区域教育创新策略。制度层面，建立、完善地区ESD领导小组、学校实验小组研究机制，健全管理制度。2005年成立石景山区EPD（ESD）工作委员会、2013年建立"可持续发展教育专家（校长）工作室"，

全面推进培训指导、数据收集、质量评估、合作交流等研究工作。实践层面，指导实验校贯彻可持续发展目标，建立健全育人理念，完善课程结构，创新学习策略，推进绿色生活方式养成和青少年参与社会建设研究行动，深化学校办学。

2. 完善可持续发展教育运行机制，推进教育人才培养

课题实验强调，关注实验机制创新，以加强校长研修力促进实验质量提升。建立与北京教育科学研究院、北京可持续发展教育协会及各类高校合作，专业引领人才培养。2009 年，开启可持续发展教育主题下名校长培养工程，以 1~2 年为一个周期，每期确立 5~10 名校长，采取导师辅导、专题研讨、课题驱动、实践展示培养模式，实施带题研修，促进可持续发展领导力提升。

搭建教师研训平台，建设优秀教师人才培养机制。2009 年发布《石景山区可持续发展教育视野下教师专业发展培训计划》，依据教师职业生涯发展阶段，实施教师专业发展六层级课程体系培养。建立并推进可持续发展教育"卓越计划"，落实"十、百、千、万工程"，10 年间重点推进 10 所优质学校、10 名可持续发展教育实践专家、100 名骨干教师、1000 名优秀教师人才、10000 名学生可持续发展素养的培养，加速教育人才队伍培养。

（二）实施策略推进：可持续发展教育要素拓展、内涵发展与方法确立

探索区域教育可持续发展体系建设基本方法和策略，加大课程、课堂、生活实践等要素更新与方法策略标准建立，深化实验改革。

1. 确立可持续发展素养核心地位，构建在地育人课程体系与实施纲要

（1）构建可持续发展教育大课程观。挖掘国家课程可持续发展价值观内涵，将气候变化、生物多样性、降低灾害风险（DRR）及可持续消费和生产（SCP）等关键内容纳入课程学习范畴，加大传统教学中知识学习与核心素养要素融合，拓展可持续发展视野，建立在地育人课程体系。

（2）确立可持续发展素养核心地位。以可持续发展素养培养为目标，推进系统性思维、预见性思维、批判性思维、价值观导向、行动力、合作力、自我意识能力和综合解决问题能力等核心要素培养，突出人才社会价值、公民责任、绿色理念和国际化视野，引领课程发展。

（3）搭建在地可持续发展课程群落。遵循可持续发展教育内容规范，挖掘石景山区地域资源教育热点，将国家级绿色转型发展示范区建设、可持续城市化进程、弘扬传统文化、绿色生活方式等专题列入地方与校本课程开发

范畴，完善三级课程体系，建立可持续发展课程群落（见图3）。

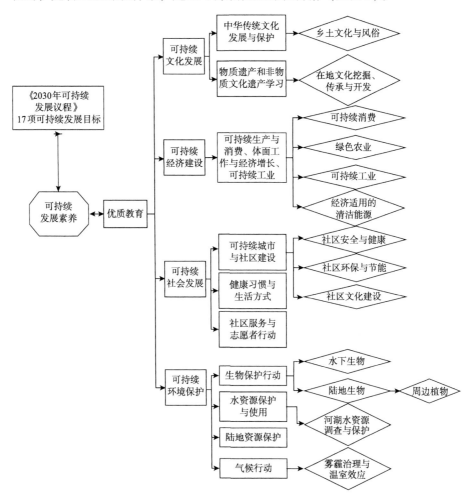

图3 石景山区中小学可持续发展教育课程体系框架图

2. 构建可持续学习模型，创新自主学习方案

（1）全面构建可持续学习理论。

美国学者杰克·梅兹罗（Jack Mezirow）建立的"转化式学习"理论，即通过新的教育模式，引导学习者向自主学习、合作学习与全球化学习三个要素转变，重点推进过程反思、真实场景体验和内外因素双重支撑。可持续学习课堂吸收、借鉴转化式学习理论，依托"头—心—手"实践模型，构建可持续学习理论，推进可持续学习方案整体优化（见图4）。

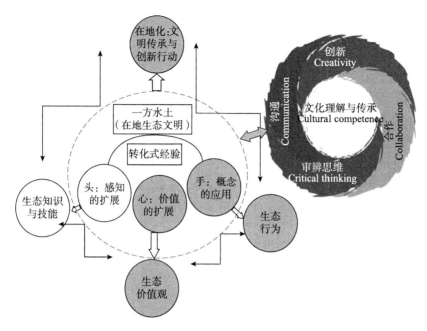

图4　转化式学习"头—心—手"理论与可持续学习理论关联模型

（2）整体设定可持续学习目标。

可持续教学与学习目标包括：强化可持续发展价值观渗透、扎实培养可持续学习能力。整体设定可持续学习目标，重点关注四方面因素建设：一是国家课程标准要求；二是可持续发展价值观渗透；三是可持续发展素养培养；四是学生已有认知基础和发展需要。四因素综合运用，整体推进，构建全新学习目标与方向。

（3）确立"十六字"教学原则。

设定可持续学习课堂"十六字"原则：主体探究、综合渗透、合作活动、知行并进。以培养可持续发展素养为核心，搭建可持续学习课堂创新平台，整体优化学习过程，推进学习方式变革。推进可持续教学流程实施，重点引导学生做好课堂学习过程前移，指导学习探究作业报告，参与合作学习与课堂评价，推进课后应用探究，进行可持续问题实践并提出解决方案等工作。

（4）可持续学习策略创新。

建立以学习探究作业为核心的可持续学习创新方案，开展课前、课中、课后学习活动，突出学生主体地位，提高学习效率。开发"可持续学习探究作业结构设计与分段能力训练要求"，完成三方面任务：一是预习探究作业

（课前环节），训练学生收集、分类、概括知识与相关信息的能力；二是自主/合作探究作业（课中环节），培养学生准确、有条理的口头表达能力，对书本结论、他人观点提出自主分析与评价的能力，与他人合作探究能力；三是应用探究作业（课后环节），引导学生关注、发现可持续发展实际问题并提出创新性解决方案的能力。

（5）可持续学习课堂模式建设。

优化学习过程，设计"可持续学习探究作业""可持续学习课堂教学设计"模板（见表1、表2），推进自主学习探究，提升学习主动性。

表1　"可持续学习探究作业"模板

可持续学习探究作业
学习目标
知识目标(本课学习过程中所需掌握的重点知识)：
能力目标：(本课学习过程中所需掌握的可持续学习能力，重点包括收集、分类、概括知识与相关信息的能力；准确、有条理的口头表达能力；对书本结论、他人观点提出自主分析与评价的能力；与他人合作探究与解决问题的能力；关注可持续发展实际问题并提出创新性解决方案的能力等)
情感、态度与价值观目标(本课学习过程中所需培养的情感、态度，特别要突出"四个尊重"价值观，即尊重当代人与后代人、尊重差异与多样性、尊重环境、尊重资源)：
学习过程
一、讲前预习探究
【预习知识】
【探究问题】
二、课中自主/合作探究
【预习探究学习报告】
(原位讲解作业、台前讲解作业、板书演示、课件演示、小组发言等)
【探究问题1】
课堂讨论与评价（原位或台前发言：谈同学的报告及理由）
听讲与课堂作业
【探究问题2】
课堂讨论与评价（原位或台前发言、小组或全班）
听讲与课堂作业
【探究问题3】
三、讲后应用探究
【应用探究作业】
【小结与反馈】

表2 "可持续学习课堂教学设计"模板
可持续学习课堂教学设计

学校：_____ 时间：_____ _____年___月___日

教学背景分析

学科		所用教材		任课教师		年级	
课　题							
本单元课标要求及解读							
教材分析							
学情分析							
教学目标							
教学重点							
教学难点							
可持续发展教育渗透点							

教学过程

课前预习探究					
时间	知识预习探究		预期学习效果		
	可持续学习探究作业内容与任务	意图、方式与要求	科学知识	基础—可持续学习能力	价值观与生活方式

课中合作探究					
时间	知识合作学习		预期学习效果		
	可持续学习探究作业内容与任务	意图、方式与要求	科学知识	基础—可持续学习能力	价值观与生活方式

课后应用探究					
时间	知识应用探究		预期学习效果		
	可持续学习探究作业内容与任务	意图、方式与要求	科学知识	基础—可持续学习能力	价值观与生活方式

课后反思

课后反思	

（6）创新"E–STEAM"学习模式。

"E–STEAM"学习是以生态文明与可持续发展教育（E）为主导理念，以科学（S）、技术（T）、工程（E）、艺术/人文（A）、数学（M）等学科知识为主题内容的综合性课程教学模式。开展"E–STEAM"学习，引导学生关注、解决地区社会、经济、环境与文化等实际问题，重点推进方案设计、社会实践、实验创新、反思报告等行动，实现学科联动，提升综合能力，培养可持续社会建设本领。

3. 倡导低碳生活方式，培养绿色生活习惯

可持续发展教育实验建立可持续生活方式培养指标，推进师生低碳生活方式养成。设定每年4月22日（世界地球日）为地区可持续发展教育主题活动日，开展"节约一桶水""保护母亲河""垃圾分类我能行""创客小达人"等教育活动，引导学校开展可持续发展绿色行动，推进学生低碳生活方式养成。近十年数据显示，石景山区近85%的学生在少乘电梯、少坐私家车、节水节电、垃圾分类等方面实现良好生活习惯改变；78%的学生在关心与调查周边社区不可持续发展问题并提出创新性解决方案等方面建立绿色生活习惯。

（三）监测评估改进：建立 ESD 学校发展指标体系与质量监测机制

本研究实验积极构建科学评价机制和评估指标，开展问卷调查与个体访谈，进行可持续发展教育实验成效监测与分析。先后开发《可持续学习课堂学习质量提升成效量表》《可持续学习课堂学生观察记录表》《可持续学习课堂可持续发展素养自评量表》《中小学生可持续发展素养调查表》《中小学教师可持续教学能力现状调查》《学校可持续发展教育工作水平评分表》《可持续发展教育学校实施情况教师调查问卷》，评测可持续发展创新模式区域发展成效。

（四）创新模式推进：建立一体化教育发展机制，实现地区教育整体优化

本实验建立地区教育一体化发展战略，采取贯通式人才培养模式，将基础教育、职业教育、幼儿教育和特殊教育相互融通，以可持续学习课堂与课程建设为核心，搭建可持续发展主题课程共修平台，实现跨学制、多学科、不同类型师生的教育融合，完成区域人才培养机制创新。

四、实验收获与成效

至 2019 年年底，"可持续发展教育推进策略与实践"完成四轮实验，实验目标基本达成，可持续发展教育范式完整显现。

（一）研究贡献

1. 理论贡献

（1）建立可持续发展教育区域特色发展理论，构建可持续发展目标与教育质量创新融合体系，丰富教育理论内涵。

（2）建立在地可持续发展实践创新理论，设定本土资源教育开发目标，探索地区教育创新策略。

（3）开展可持续学习模式研究，推进转化式学习理论与可持续发展教育理念融合，创新自主学习方案。

（4）探索区域教育发展一体化实验机制，构建全体系质量提升策略与发展模式（见图 5）。

图 5　"可持续发展教育区域发展"理论结构模型

2．模式创新

（1）建立区域教育可持续发展创新模式，落实教育总体规划。

（2）建立行政、业务、学校三级理论学习机制，提升校长、教师研修力，推进教育认同与路径创新。

（3）搭建全系统教育一体化发展创新平台，促进地区教育质量提升与生态养成。

3．制度创新

（1）制定可持续发展教育地区发展五年规划，整体设计可持续发展教育制度支持保障体系。

（2）搭建石景山可持续发展教育专家（校长成长）工作室研修平台，建立可持续发展教育实验工作原则。

（3）完善市区专家团队联动机制，强化专家引领与自主发展，深化实验过程。

（4）设立可持续发展教育人才培养机制，推进可持续发展教育"卓越项目"。

4．策略创新

（1）构建可持续发展素养育人课程体系，完善国家、地方与校本课程内容融合，探索在地化课程资源开发与建设，建立乡土课程育人路径。

（2）建立以生为本的可持续学习课堂模式，学习"转化式学习"理论，变革学习过程与方式，构建全新课堂学习方案。重点推进五点变化：

◆"以生为本"，确立课堂学生核心主体地位；

◆"变教为学"，转变学生学习方式；

◆"关注过程"，突出参与学习过程重要性；

◆"素养为先"，实现知识能力向核心素养培养转变；

◆"学用结合"，强调知识学习与实际问题解决的共同作用。

（3）统筹教育多元化信息，制定科学评估指标，完成可持续学习课堂评价方式改革与实验成效提升，引导教育质量提升。

5．成效创新

构建区域可持续发展教育国家示范中心，实现教育项目受到联合国教科文组织专题视察与特别关注示范效应；建立国内外实验研究合作机制，探索全效能研究策略和路径优化。

（二）数据及案例分析

案例1：区域学校可持续发展教育成效变化趋势分析：以石景山区中小学可持续发展素养数据变化趋势为例

调研数据显示，石景山区可持续发展教育实验效果显著，可持续发展整体素养持续提升，在知识、能力、价值观、生态行为、在地行动与建议等方面的可持续发展素养在0.001水平上有显著增长，各维度得分呈逐年上升趋势，差异达到非常显著水平。但同时，在可持续发展教育相关知识等方面差距也真实存在，这说明可持续发展教育实验需要继续深化与推进。

案例2：可持续发展课程建设案例分析：以麻峪小学在地课程体系建构为例

麻峪小学位于永定河畔，1912年建校。学校积极开展乡土地理、民风民俗、传统文化、生产生活等文化元素探究，探索在地可持续发展课程体系与课程资源建设（见表3）。

表3　麻峪小学在地化课程体系

本土资源	可持续发展目标	可持续发展课程主题	转化式学习理论与"头—心—手"模式
自然地理资源（学校位于永定河畔）	洁净水和卫生设施——确保水和卫生的可用性和可持续管理	还净未来，共享绿色——拯救永定河麻峪小学在行动	头：了解身边生活环境，对水污染有自己的看法。 心：知道水污染造成原因及相关科学知识。 手：关注并参与治理永定河实践活动，具有初步的社会责任感。践行可持续生活方式，带动家庭促进低碳生活方式养成
社会发展资源（村内煤改电工程）	经济清洁能源——确保人人获得负担得起的、可靠的、可持续的、清洁的能源	关注麻峪煤改电，争做有责任的小学生	头：了解"煤改电"项目的背景和"煤改电"项目开展情况，并有自己的评论。 心：知道煤、电等能源及其各自优缺点，以及他们对环境产生的影响。 手：参与"煤改电"宣传，做有社会责任感的热爱家乡的麻峪人。对"煤改电"项目提出建议，践行节约精神，树立正确生活方式和价值观
人文历史资源（百年学校）	陆上生命——保护、恢复和可持续利用陆地生态系统，可持续管理森林，防治荒漠化	古树的保护与复壮	头：了解学校树木种类和现状。 心：知道古树的价值、产生现状的原因及相关树木生长的知识。 手：制定古树保护和复壮方案。保护树木行动，像关爱家人一样关爱身边树木

续表

本土资源	可持续 发展目标	可持续发展 课程主题	转化式学习理论与"头—心—手"模式
生产生活资源 （风土人情）	零饥饿——结束饥 饿，实现粮食安全 和提升营养，促进 农业可持续发展	绿色种植，让 生命成长	头：了解种植的意义以及国家农业发展现状。 心：知道种植的过程以及种植过程中的知识。 手：参与种植过程并积累种植经验。产生种 植愿望，知道科技促进农业生态发展，并能 运用或带动家长用环保手段种植
社会发展资源 （创设文明城 区）	可持续城市与社区 ——使城市和人类 居住区包容、安 全、弹性和可持续	垃圾分类	头：了解并记录家庭垃圾现状。 心：知道垃圾分类的意义和我国垃圾处理的 方法。 手：能践行垃圾分类并做好宣传。在生活中 带动他人进行垃圾分类和宣传

　　学校在地化课程建设带来显著变化，体现在五个方面：①树立可持续发展教育育人理念；②在地课程建设目标及内容助力学生成长；③在地课程打破单一知识教学模式束缚；④建立以学代教的课程学习体系和模式；⑤可持续发展教育与生态文明教育共同助力学校发展创新模式构建。在地可持续发展课程建设与资源开发为学校内涵发展和课程育人创建学习空间和发展平台，助力学生发展。

　　案例3：可持续学习课堂实验效果分析：以高中物理学科郭鑫老师可持续学习课堂为例

　　2012—2014年，可持续学习课堂实验长期监测苹果园中学高中物理学科郭鑫老师课堂实验变化，通过数据收集、对比和分析，得出课堂教学策略改变对师生可持续发展素养培养的影响与变化（见表4）。

表4　可持续学习课堂教学内容、方式及行为变化对比表

比较项目	传统教学	自主学习课堂教学
教学内容	1. 符号化的物 理问题； 2. 抽象图形中 看物理原理； 3. 纯物理图示 下的计算	1. 与实际相联系的物理问题； 2. 世界文化遗产中看物理原理（尊重文化、尊重差异），如：世界 文化遗产建筑中的力学； 3. 物理学带来的经济、技术变革（经济、社会的可持续发展），如： 波的传导与通信技术的革新、引力学说与航天事业的发展； 4. 物理学原理解决环境危机（尊重环境），如：太空垃圾的处理、 自动清洁技术的运用； 5. 物理学原理解决资源浪费（尊重资源），如：太阳能的使用、风 能的使用； 6. 物理学科学知识与生命安全（尊重人、尊重生命），如：核能的 安全使用、用电安全、逃生自救等； 7. 宇宙空间开发与和平利用空间资源（人口与和平问题的解决）

比较项目	传统教学	自主学习课堂教学
教学方式	1. 讲授； 2. 问答； 3. 当堂练习； 4. 当堂测验	1. 实验探究教学； 2. 案例、故事教学； 3. 户外现场教学； 4. 情境教学； 5. 跨学科主题式单元教学，如：新能源的开发、黄河的生态与能源等主题； 6. 网络教学
学习方式	1. 听讲； 2. 回答问题； 3. 做练习； 4. 记忆和复述	1. 预习探究学习； 2. 小组合作学习； 3. 自主学习； 4. 网络学习； 5. 研究性学习

对郭鑫老师任教学生开展访谈，学生们认为：依托可持续学习课堂，实现学习全过程参与，引领自己深度思考，展开知识学习与问题实践，促进能力、本领和素养全面提升。

随着我国改革开放力度的不断加大，人才培养的国际化、专业化和多元化需求愈加提升。可持续发展教育"石景山模式"为教育连接社会人才培养目标提供良好范式，对实现区域教育质量提升，奠基中国"百年目标"和落实"2035 计划"要求树立科学路径和全面方略。

专业视野下的整体育人课程体系探索

"学·习·游·玩"课程体系的构建与实施研究

中职构建整体育人课程体系的研究与实践

生活化科学探究活动中幼儿学习品质培养探索

"学·习·游·玩"课程体系的构建与实施研究[*]

一、问题的提出

2015年，经过北京市教委及海淀、石景山两区教委共商确定北京市石景山区六一小学与北京大学附属小学深度合作办学，将北京市石景山区六一小学更名为"北京大学附属小学石景山学校"，实现优质教育资源的跨区域共享。

两校合作办学的意义在于区域优质资源的融合，通过合作办学的管理模式促进北京大学附属小学石景山学校的发展，使其成为能带动区域教育发展的全面优质的示范性学校。北京大学附属小学石景山学校的成立承载着传承、变革及创新发展的使命，同时，学校的优质发展是检验合作办学这一教育改革举措成功与否的重要例证。此研究将对其他合作办学学校的发展起到实践层面的示范作用。

因此，合作办学背景下诞生的这所具有新生命力的学校将继承原有优势，创造性实现合作后的发展，显现出两校合作后强强联手的优势共享，从而达成区域间合作办学的战略性目标。合作办学对学校的发展有了新的期待和定位，勾画了新的蓝图。基于学校的承责，从文化的视角追根溯源，从育人思想到课程实施追溯两校融合发展的契合点和生长点。充分挖掘两校文化特质、结合生源结构、兼顾区域差异，创建既有北大附小课程文化特质，又具本土化特色的学校课程体系。

本研究着力于合作办学背景下，课程构建与实施途径的实践研究。将上位的育人思想、把优化的三级课程体系通过有效途径的实施，切实落位于学生、教师及学校的发展。

---

* 本篇由张志宏、焦倩、瞿丽、田晓飞、赵琳撰写。

二、明确学校办学定位及育人目标

北京大学附属小学石景山学校（以下简称北大附小石景山学校）以优秀教育质量的办学标准、以学生发展为本的办学方向为学校的最终定位，迅速成为区域中具有示范性和引领性的区域优质学校。将北京大学附属小学的"以人为本，快乐和谐发展"办学理念与学校前身石景山区六一小学的"六年为一生奠基"育人理念进行深度融合，根据地域教育特点、师资队伍及生源的基本情况，将课程体系定位于人文素养、科学素养、艺术审美、身心健康、国际理解五大类课程进行培养实施（见图1）。

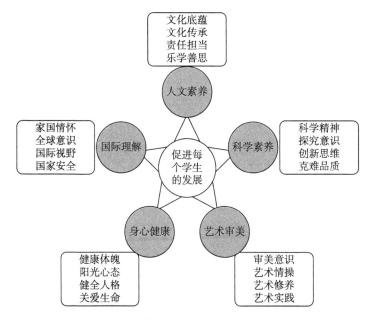

图1 北京大学附属小学石景山学校育人目标示意图

基于课程培养目标及实施类别，根据学生差异及对课程的选择性需求，在课程构建中将五类课程内容进行分层实施。其中，基础类课程通过国家课程的实施面向全体学生；拓展类课程通过地方课程和校本选修课程的实施，多元提升学生的学科素养；研究类课程中通过引导学生在参与式学习和体验式研究中，提升综合素养（见图2）。

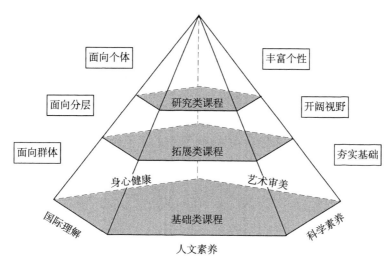

图2 "三层五类"课程结构示意图

图中文字：
面向个体　丰富个性
面向分层　开阔视野
面向群体　夯实基础
研究类课程
拓展类课程
身心健康　艺术审美
基础类课程
国际理解　科学素养
人文素养

三、学校课程体系的融合与构建

学校课程以北京大学附属小学办学理念、育人目标为核心，同时融合了"六一课程"与"生命发展课程"的教育共生点，形成课程理念发展的合力。结合学校的自身资源优势和生源特质，开辟了独具特色的"学·习·游·玩"课程体系及课程实施途径。

（一）定位"学·习·游·玩"课程理念

1. 校训引发的教育哲学思考

北京大学附属小学石景山学校将校训定为"专心地学习，痛快地游玩"，冰心先生的这句训诫还原于对教育的本质进行涵泳。其中传递的教育思想告诉我们，学生才是学习的主体。因此，我们认为课程设计的过程中应更多地融入学生的学习需求和学生视角，着力思考为什么学生可以在游玩的时候积极、主动、自愿地追求游玩时痛快的感受；而在学习时常常缺乏动力，很难专心致志。聚焦这个问题，我们找到了课程研究的关键和要点。感悟出若使学子能焕发出"专心"和"痛快"的样态，需要教育者提供亦学亦玩的育人环境，从而使其养成学习时心无杂念、专心致志，游玩时释放天性、尽情尽兴的习惯。

2．"学·习·游·玩"的理论思考

本研究成果以教育家陶行知的生活教育理论为理论基础。陶行知先生所倡导的"以儿童为中心"教育思想，提出的"生活即教育""社会即学校""教学做合一"的教育主张对应了当前课程改革所提倡的更新课堂学习方式；学习生活化，学以致用；打破学校"壁垒"，加强在社会大课堂中的交际与运用；注重在实践活动中获取知识。因此，课程改革背景下的课程建设，要从根本上解决课程结构落地于学生实际获得的途径最优化的问题（见图3）。

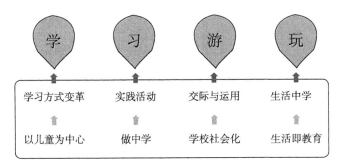

图3　课程理念示意图

基于课程实施的理论思考，本课程的实施途径以陶行知先生的生活教育理论为理论基础，融入课程改革的关键要素，以校训"专心地学习，痛快地游玩"为育人思想，将重组后的"生命发展课程"在多元动态的实施途径中持续生长，形成适合本校学生发展的课程。旨在通过探索课程实施方式的优化，结合自身优势，打造优质教育的动态过程。

（二）构建"学·习·游·玩"课程体系

课程的落实同样需要良好的实施方式，北大附小石景山学校将"专心地学习，痛快地游玩"作为课程实施途径的上位思想。"三层五类"体现了"学·习·游·玩"理念的落位，体现课程中"学·习·游·玩"不同板块，尊重学生的学习认知规律，构建了具有导引性、序列性、体系化的"学·习·游·玩"课程结构。

从学校教育者的视角，北大附小石景山学校更新了"学习"和"游玩"对小学生成长的意义。在课程实施中，将其要义解读为：

"学习"是学生在学校及生活中所发生的任何获取新知和形成能力的过程。特别关注学生在学习中的成长和在实践中的获得。因此，学习指导不仅限于学校内、课堂上，更要关注学生的学习过程对其成长发展的意义和作用，努力实现小学六年教育的人生奠基作用。

"游玩"是孩子的天性，很多孩子是在玩的过程中产生思考，玩出了名堂。在孩子的成长过程中，很多教师和家长苦于孩子学习不专心，但玩起来却"专心致志"。因此，如何在释放天性的过程中引导学生获取知识、形成能力是本课程的关键。

（三）规划"学·习·游·玩"课程实施途径

确立了课程体系，如何使新的课程体系自然、良性地循环于学生的学习生活中，如何将静态的课程文本转向动态的实施？如何遵循学生的发展开辟实施路径？

在课程实施层面，北大附小石景山学校把"专心地学习，痛快地游玩"视为一个动态的教育过程。实现课程体系的实施途径应呈现出遵循学生多样态发展的网状实施途径。同时将"学习""游玩"都看作学习的过程，只是方式不同。进一步把其分解为"学""习""游""玩"四种学习方式，指向了课程实施的四大实施方式。打破"学"与"玩"之间的界限，将"玩"引入课程，将"学"融入玩的过程。使学生能在愉悦的氛围中专心地学，带着思考和探索痛快地玩。

"学·习·游·玩"四种课程的实施路径在本课程语境中，好比既独立又相互作用的齿轮，自身形成学习过程的闭环，同时也可互相作用，形成各学科之间整合学习及学科群教学的多元课程实施路径。通过多元的、可选择性的路径，使得不同智能优势的学生可在多元、立体的学习过程得到不同方向、程度的发展，形成能力（见图4）。

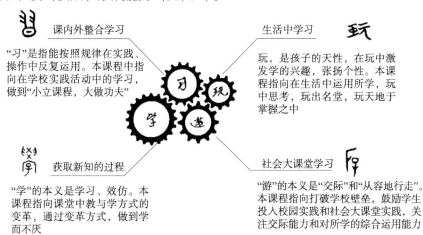

课内外整合学习

"习"是指能按照规律在实践、操作中反复运用。本课程中指向在学校实践活动中的学习，做到"小立课程，大做功夫"

生活中学习

玩，是孩子的天性，在玩中激发学的兴趣，张扬个性。本课程指向在生活中运用所学，玩中思考，玩出名堂，玩天地于掌握之中

获取新知的过程

"学"的本义是学习、效仿。本课程指向课堂中教与学方式的变革，通过变革方式，做到学而不厌

社会大课堂学习

"游"的本义是"交际"和"从容地行走"。本课程指向打破学校壁垒，鼓励学生投入校园实践和社会大课堂实践，关注交际能力和对所学的综合运用能力

图4　"学·习·游·玩"四种课程实施路径示意图

在"学·习·游·玩"课程路径的实践中，北大附小石景山学校大致形成了三种课程建设路径。第一种路径注重学科课程之间的横向统整，我们称之为"学科融合"的课程建设路径；第二种路径注重以某个学科课程纵向体系化建设，围绕此学科课程开发一定的拓展型课程和研究型课程，我们称之为"关注课程目标"的课程建设路径；第三种路径是以各学科课程群为基础，通过"学·习·游·玩"实施路径的多元衔接，形成课程群网络化实施模式。通过这三种课程建设路径，使得整个课程建设具有统整性。

四、课程体系构建与实施的实践探索

根据"学·习·游·玩"课程体系和实施途径的理念支撑，根据"三层五类"课程内容，构建了具有学校课程特色的各学科主题课程群。本学科内部学习内容之间相互作用，且通过"学·习·游·玩"动态实施路径，联结了学科群之间的互动与融合。

（一）阅读课程在"学·习·游·玩"课程理念下的构建与实施

根据语文学科核心素养，我们构建了基于目标的系列阅读课程，在三级课程的共同推动下，使学生以书为友，养成良好的阅读习惯，形成终身可持续发展的阅读能力（见图5）。

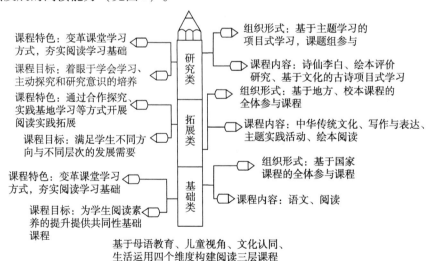

图5 基于目标的分层阅读课程结构图

在阅读课程本体的构建中，通过系列阅读活动、课堂教学、阅读实践及相关阅读培训等方法途径，促进了全校师生的阅读素养及阅读思考能力，取得了研究经验与具有推广意义的研究成果。2016年"'书香润沃土，紫燕含芳露'阅读课程的实践研究"获北京市基础教育课程建设成果奖二等奖。

（二）构建"学·习·游·玩"特色学科课程群

如何将高品质的课程建设在日常教育教学过程中进行落地与实施呢？学校多个学科基于已开发并实施的丰富多彩的学科类课程重新进行系统性思考，将学科内基础类、拓展类、研究类课程统整起来，发挥整体课程的育人功能，以实现从点到面、从量到质的改变与提升。

英语学科构建了以"习语拓思"为主题的学科群，核心的内容与目标是"通过六年的英语学习，提供广阔、开放的语言学习环境和多样化的学习资源，提升学生的语言实践能力及思维品质"。英语学科依托多元的课程设计，不同课程侧重不同的培养目标，也经历不同的实施路径。学生在六年的英语学习中，经过"学·习·游·玩"完整的学习过程，最终目标聚焦于从语言知识与技能、学习策略与能力、思维品质、跨文化意识等多方面提升学生的英语核心素养。

多年来，学校一直关注学生体质健康教育，注重通过多种方式提高学生参与体育运动的兴趣与频率。依据2015年教育部提出的足球项目进校园的倡议，在学校课程建设的顶层设计下，树立"足球教育"和"足球育人"的理念。将足球课程纳入学校的"身心健康类"课程体系。将足球课纳入课表，开展丰富的足球文化活动，践行"足球从娃娃抓起"的目标，有力推动学校的阳光体育活动。

基于全校有60%以上为部队子弟生源的实际情况，学校与周边部队形成了多年的共建友好单位，向学校提供了国防教育方面的课程资源。2018年4月9日，教育部颁布了《教育部关于加强大中小学国家安全教育的实施意见》，提出要研究开发相关教材，明确提出国家安全教育的目标。结合政策及学校资源优势，开发了国家安全教育课程，并将此课程作为"道德与法治"国家课程的补充与拓展；地方课程层面，结合区域资源给予了学生实践的环境与尝试；校本课程层面，延展了"国际理解"类课程的内涵与价值。

（三）基于课程优化的创新机制

在课程实施过程中，结合学校实际情况，在采取创新机制丰富课程内容的同时，采用多种方式更好地发挥教师优势，满足学生生命发展需要，拓宽学生视野。①美术学科采用美术教师走班教学开拓了课程管理制度思路。该校将每班每周的两节美术课连排。同时采取了"美术教师走班制"。打破教师按年级、班级承担教学任务的排课常规，采取教师按专业承担领域教学的走班模式。②关注学生生命发展的"男女生课程"。根据六年级学生年龄及心理发展特点，开设了"男女生课程"。每周一节，在同一课时中，舞蹈专业教师为女生开设形体审美课程；心理教师为同班男生开设交往课程，教给学生人际交往的方式，教会学生如何做一名有责任、有当担的少年。③"学·习·游·玩"路径整合于课程群间。学校自主探索科技教育与课程改革相融合的途径，搭建了"玩转科学"课程群体系。引导学生了解必要科学知识、掌握基础科学方法、形成崇尚科学的精神。此课程群构建以科学技术、劳动技术、信息技术为基本学科，利用不同学科的优势，找到三门基本学科之间的关联点，开设了多门以实验操作、动手实践等以"玩"为主的拓展类课程，关注以创意创新为主的研究类课程。让学生们在各层次课程的浸润中"玩"出名堂，体会到动手动脑的乐趣，开拓学生科学视野，培养他们将课堂所学与生活实际相联系的能力。

五、课程实施的效果与反思

经历了五年的课程构建与实践，在三层五类课程的动态实施中真正做到了将优质的资源运用于学生，优化的学习方式作用于学生。在课程实施过程中推动了学校教育教学全面工作的发展。

经过五年的实践与检验，北大附小石景山学校构建了合作办学背景下的具有传承与创新价值的课程体系及实施路径。学校基于"五育并举"教育方针及上位的学校育人思想，探索并构建了完整层级的"学·习·游·玩"课程体系，实现课程纵向立体的一体化设计；形成了有目标、有系统、有层次的学科群建设；创新性开辟了"学·习·游·玩"多元动态的课程实施途径。

学校通过不断挖掘已有课程的育人价值，依托优秀课程资源将课程体系扎实落地，实现课程理念的本土化特色落位。将优质的课程体系通过优化的实施方式得以更好地发展。在课程实施中努力做到"不夸大任何一门课程的效能，但要让每一门课程都禁得起放大，奠定生命发展的基石"。

中职构建整体育人课程体系的研究与实践[*]

职业教育作为国家教育体系和人力资源开发的重要组成部分，肩负着培养多样化人才、传承技术技能、促进就业创业的重要职责。但多年来，中职学校普遍存在培养目标、培养规格单一，课程设置、课程安排缺乏选择性，"一把尺子"的评价标准衡量全体学生等问题。2019 年 2 月，国务院正式发布了《国务院关于印发国家职业教育改革实施方案的通知》（国发〔2019〕4 号），首次明确了职业教育"类型教育"的地位和特点，提出职业教育改革二十项重要任务，为职业教育未来发展指明了方向。2020 年 9 月，教育部、国家发展改革委等九部门印发了《职业教育提质培优行动计划（2020—2023 年）》（教职成〔2020〕7 号），提出要"强化中职教育的基础性作用"。面对国家职业教育改革发展新局面，笔者所在的北京市黄庄职业高中逐渐认识到，必须转变现有的育人观、课程观，只有从教育理念、课程体系、教学模式、评价模式等各方面入手，给学生提供接受多种形式教育的机会和丰富多样的发展路径，才能更好地实现培养目标、履行职业教育人才培养重要职责，为学生多样化成长提供更多可能，让每一个学生未来都有人生出彩的机会。

一、研究路径和方法

本项目采用实践研究法，以 2017 级学生为试点，从 2018 级正式开始实施。

（一）转变育人观念，变革组织方式

随着中职"类型教育""基础性作用"的提出，学校首先转变了育人观念：随着经济社会的发展，"就业"已不是中职学校的主要培养方向，必须从直接面向劳动市场的"技术技能人才—一线生产车间"转变为"技术技能

---

* 本篇由朱宁、倪晓辉、朱瑞明、蔡龙生、王玥撰写。

人才基础培育车间"，必须更加关注学生的全面发展、综合素质提升及个性化需求、多样化成长和可持续发展能力培养。2015 年学校启动了"学部制"改革，从组织方式上实现了学校管理"扁平化"、专业发展"集群化"、干部成长"多元化"，为课程改革奠定了良好基础。

（二）广泛开展调研，明确设计思路

学校首先进行了广泛调研，了解学生学习需求及发展意愿。在充分调研、科学论证分析的基础上，对应学生个性化的学习需求和就业、国内升学、海外留学等多样化发展需要，确定了人才培养的四个层级——直接就业（Ⅰ级）、高职分类考试（Ⅱ级）、海外留学（Ⅲ级）及应用型本科（Ⅳ级）——以及现阶段主要培养方向（Ⅱ级）和未来人才培养主要发展方向（Ⅳ级）。据此确定了课程体系的设计思路：打破传统无差别的课程设置惯例，设计立体化、多样化、层级化、综合性的整体育人课程体系，满足学生多样化发展需求。

（三）整体构建体系，"三分"教学实施

根据中职学生毕业要求及学生未来发展需要，学校构建了包括公共基础课程、专业课程、选修课程、拓展课程四大课程模块的课程体系。课时安排上采取"30 + 6 + N"的方式，即 30 课时完成专业人才培养方案要求的公共基础必修课程和专业课程的学习，达到合格标准；6 课时进行选修课程的学习，拓展课程（N 课时）由学生根据发展需要及兴趣特长利用课余时间自由选择。教学实施上采取年级分层走班教学（公共基础课）、专业群内分块教学（专业课）、全校分类走班教学（选修课）相结合的方式。

二、主要解决的问题

（一）单一的培养目标、培养规格难以适应学生多样化发展

中职学校一直以培养具有较高水平的就业型专业技术人才为目标，统一设置的公共基础课及专业课相对限制了就业后的可持续发展。随着国家对职业教育"类型特点"的强化，应用型本科建设的日趋广泛，以及家长、学生对接受高等教育、海外留学等日趋紧迫的需求，学校单一的培养目标及培养规格与学生多样化发展需求之间的矛盾难以协调。

（二）传统技术人才培养思维与社会发展对高素质人才需求脱节

为促进学生更好地就业，中等职业学校普遍存在"重专业技能，轻文化素养"的问题，部分学校公共基础课课时比例甚至不足30%。随着区域经济社会的转型发展，人才市场对毕业生的综合素质、发展潜力提出了更高要求。传统的技术人才培养思维与市场对高素质、综合型技术技能人才需求出现了脱节。

（三）制式化的课程设置及安排无法满足学生个性化学习需求

长期以来，中职生面对的都是统一的"学习套餐"——无差别的公共基础课＋专业课，统一的学习要求、统一的评价标准。学生作为独特的学习个体对不同学习内容、学习方式的个性化需求及可持续发展需要难以满足，自身兴趣爱好得不到充分发展。制式化的课程与个性化学习需求之间的矛盾越发凸显。

（四）"主观教学"与"被动学习"的矛盾难以有效解决

中职学生文化基础普遍较弱，教师为实现教学目标，努力抓住课堂上的每一分钟向学生传授知识。但这种无差别传授知识技能的"主观教学"却通常不考虑学生的认知水平、认知特点及未来发展方向。与此同时，大部分学生则停留在"被动学习"的状态，缺乏自主学习的兴趣和条件，师生之间"教"与"学"的矛盾长期得不到有效解决。

三、成果特色与创新

（一）育人模式创新

形成以提升学生综合素质为目标，以学生为中心，以服务为导向的"三位一体"育人模式（见图1），适应学生不同学习需求、学习方式和成长需要。人才培养规格融"知识、能力、素养"为一体，人才培养内容融"常识、专识、通识"为一体，人才培养途径融"课堂、实践、生活"为一体。多样化的培养规格、培养内容和培养途径为学生成长提供了更多选择。

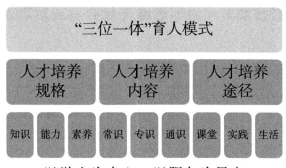

图1 "三位一体"育人模式

（二）课程体系创新

构建了以能力为导向、以学生为中心，多维立体的"学习能力＋职业能力＋拓展能力"的整体育人课程体系（见图2）。公共基础课、专业（技能）课、选修课、拓展课四大课程模块强化培养学生的文化素养、职业素养，拓展兴趣爱好，培养专业特长，提升综合素质。公共基础课根据学生不同层次学术发展需求，实行年级内分层教学；专业课依托专业群模块化课程建设，实行"工作室"化的分块教学；选修课实行校内全走班式的分类教学。

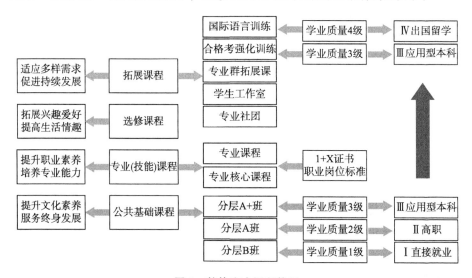

图2 整体育人课程体系

（三）评价模式创新

形成学生学业综合评价体系，对应不同课程模块及人才培养四级标准，实现评价主体、评价方式、评价指标多元化，评价内容综合化，评价标准层级化，过程性评价与成果性评价相结合。公共基础课依据教育部颁布的中等职业学校公共基础课程标准学业质量Ⅰ、Ⅱ级标准进行评价，A班融合普高合格性考试要求；专业课借鉴澳大利亚 TAFE 和 AQF 培训包能力单元评价标准，依据职业岗位标准及1＋X 证书标准进行评价；选修课依据学习过程的表现和成果的积累，注重素养的评价。

（四）德育模式创新

学校将德育工作与课程体系建设及实施有机融合，贯穿学生在校学习生活始终（见图3）。"分层教学"在相近程度学术发展领域形成"学习圈"，"分块教学"在相似职业发展领域形成"工作圈"，"分类教学"在相通社会发展领域形成"生活圈"。综合课改打破了原有三年一贯的行政班建制，创建出不同领域师生及产教融合领域师徒、同行之间的共处环境，形成"德艺并进"的成长模式，塑造"善学、敬业、乐群"黄职品格❶。

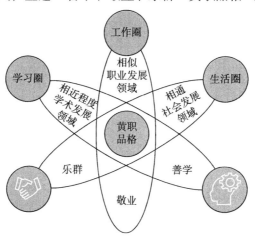

图3　德育工作模式

---

❶　特指北京市黄庄职业高中所培养的学生应具备的基本素质。

四、成果应用与效果

（一）"三位一体"育人模式促进学生多样化成长

综合课改形成的"三位一体"育人模式有效促进了学生的个性化、多样化成长。调研显示，学生对自身未来发展规划更加清晰，家长对学生在校学习状态也更加关注。多样的培养规格、培养内容、培养途径和不同类型、不同层级、不同方向的丰富课程资源帮助学生挖掘自身兴趣爱好，找到发展方向，提供了多样化发展的平台。2020届毕业生（第一届实验学生）实现了直接就业、对口直升、参加单考单招、海外留学的多样化发展（见表1），学生在追求梦想的路上又迈出了一大步。

表1　2020届毕业生去向一览表

方向	专业	人数	高职院校/海外高校	小计
"3＋2"中高职衔接	计算机网络技术	15	北京信息职业技术学院	69人
	计算机动漫与游戏制作	23	北京工业职业技术学院	
	学前教育	26	北京城市学院	
	旅游服务与管理	3	北京财贸职业学院	
	会计	2		
参加高职自主招生	学前教育	1	北京经济技术职业学院	6人
	中餐烹饪与营养膳食	4	北京农业职业学院 北京电子科技职业学院 北京工业职业技术学院 北京交通运输职业学院	
	旅游服务与管理	1	北京体育职业学院	
直接就业	中餐烹饪与营养膳食	4	中共中央对外联络部机关服务中心等企业	4人
海外留学	学前教育 计算机动漫与游戏制作	3	马来西亚建设大学	3人
合计			82人	

（二）整体育人课程体系构建推动课程及资源建设

课改的推进大大促进了不同类别课程及课程资源建设。公共基础课编写了分层课标、分层学习页；美发专业借鉴 TAFE 模式建设模块化课程，并申报了"舞台艺术设计与制作"新专业；开发了文化艺术、信息科技、技术生活、体育健康等六大类 78 门选修课，成立了 11 个专业社团和学生工作室。疫情期间，学校借助"学习通"教学平台实施在线教学，教师共建设包括公共基础课、专业课、选修课在内的 359 门在线课程，发布文本、音视频、图片等资源 63719 个，题库量达 80775 题，形成了丰富的在线课程资源。

（三）多样化学习方式有效缓解师生"教"与"学"的矛盾

随着课改的实施，"课程设计"与"教学安排"逐渐由关注教师教学转变为关注学生学习，分层、分类、分块多样的学习方式也提升了学生的自主学习积极性，有效缓解了"教"与"学"的矛盾。调研显示（见图 4），自2018 年课改实施以来，教师的课改意识，学生学习兴趣、学习积极性、学习自信心、对课程的满意度及课堂学习气氛等数据逐年上升，公共基础课成绩稳步提高。同时，现在的"教与学"正逐渐成为在真实项目引领下，教师作为支持者、引导者、陪伴者，与学生进行的共同学习、共同成长。

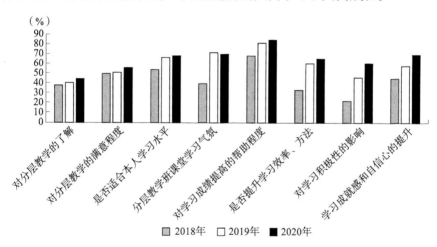

图 4　2018—2020 年公共基础课调研部分数据

（四）丰富课程资源提升学生文化素养、专业技能和综合素质

丰富的课程资源提升了学生的文化素养、专业技能及综合素质。2017级、2018 级部分学生试点分别参加了 2019 年、2020 年普高合格性考试（语文、数学和英语），平均合格率分别为 48.69%、65.17%（见表 2），实现了职高学生参加普通高中合格性考试以及未来参加应用型本科考试的突破；动

漫专业高三年级（1）班邹文凯同学获首批中等职业教育国家奖学金；水墨丹青、啦啦操社团多次获全国比赛奖项；学生音视频工作室、硬件维护工作室承接校内外真实项目，专业技能及综合素质得到极大提升。

表 2　学生参加 2019、2020 年普高合格性考试成绩一览表

科目/年	考试人数		合格人数		不合格人数		合格率	
	2019	2020	2019	2020	2019	2020	2019	2020
语文	14	32	11	24	3	8	78.57%	75.00%
数学	6	22	1	6	5	16	16.67%	27.27%
英语	26	35	14	28	12	7	53.85%	80.00%
总计	46	89	26	58	21	31	48.69%	65.17%

经过近三年的实践，"构建中职整体育人课程体系"综合课改项目取得较好成效，师生综合素质、学校课程竞争力、人才培养质量、社会服务能力和办学水平得到不同程度的提升。该项目于 2019 年获北京市职业教育教学改革立项；开展相关市、区级课改课题研究 14 项，其中"专业模块化课程建设"相关课题获 2018 年北京市教育科学规划课题立项；开发建设 78 门选修课，形成不同类别课程标准、学习页、数字化资源；推出十余个典型课例，在区级以上活动中进行展示，并获得市级、国家级教学评比一、二等奖；十余篇论文在区级以上论文评比活动中获奖；2018 年和 2019 年，学生获市级以上技能大赛奖项 100 项，其中市级一等奖 11 项，国家级 23 项。2019 年，在石景山区职教宣传月活动中，来自市区教委领导、合作高职院校、中职学校、京津冀协同发展学校及行业企业人士聆听了项目负责人的主题发言，引起较大反响。未来可期，学校将继续履行职业教育人才培养重要职责，为学生多样化成长提供更多机会，为首都培养越来越多的德智体美劳全面发展的高素质、知识型技术技能人才。

生活化科学探究活动中幼儿学习品质培养探索[*]

学习品质是指学习态度、行为习惯、方法等与学习密切相关的基本素养，是在幼儿期开始出现与发展，并对幼儿现在与将来的学习都具有重要影响的素质，学习品质的好坏决定了幼儿当前与今后学习与发展的质量。

学习品质的培养是塑造具有创新精神和实践能力人才的最佳途径，是办好学前教育的重要前提，也是提高学前教育质量的重要保障，关于幼儿学习品质培养的研究越来越受到国内外教育界的关注，成为近年来学前教育领域的重要研究方向。

然而幼儿学习品质培养方面还存在以下误区。一是教师对幼儿学习品质培养的重视程度不够，过于追求知识技能的获得，压制学习品质的培养。二是教师对学习品质的内涵、结构等内容认识不够全面清晰。三是教师对生活中幼儿自发的有意义的探究活动的关注、引导和支持不够，缺少适宜有效的支持性策略促进幼儿学习品质的发展。

一、幼儿学习品质与生活化科学探究活动

（一）幼儿学习品质类型与内涵

通过对现有学习品质文献的综合分析，按照《〈3~6岁儿童学习与发展指南〉中的学习品质解读》（鄢超云，2013）中对学习品质的划分，本研究中把学习品质分为好奇心与学习兴趣、主动性、坚持与专注、想象与创造、反思与解释五个方面。结合《幼儿园教育指导纲要（试行）》《3~6岁儿童学习与发展指南》中学习品质培养的要求明晰内涵（见表1）。

---

* 本篇由朱继宏撰写。

表1 幼儿学习品质类型与内涵

学习品质类型	内涵
好奇心与学习兴趣	好奇是指个体对自己不熟悉、不了解的事物觉得新奇而感兴趣； 兴趣是指个体对探究某种事物或从事某种活动所表现出的积极的心理倾向
主动性	主动性是指个体在完成某项任务的过程中，不依赖外部力量的推动，能够积极、自觉、独立地按照自己设定的目标行动的行为品质
坚持与专注	坚持是指个体在活动中能较长时间保持充沛精力，坚定不移克服各种困难与障碍，达成预定目标的行为品质； 专注是指在一定的时间范围内，个体面对众多刺激时能高度集中于某一项活动的心理状态
想象与创造	想象是指人脑对已储存的表象进行加工、改造、重新组合，从而产生新形象的心理过程； 创造是指将两个或两个以上概念或事物按一定方式联系起来，想出新办法、创造出新事物，从而达到预定目的的行为
反思与解释	反思是指对自己或他人已经经历过的学习过程（包括语言、行为和思维过程等）进行回顾、思考、梳理和总结经验； 解释是指在亲历自己或观察他人的学习过程后，能描述自己或他人的行为、解决问题所采用的方法与策略，并能合理说明采用这些方法的理由和原因等

（二）生活化科学探究活动与学习品质的关系

学习品质不是孤立存在的，它的获得与发展是不能脱离具体的学习领域和学习内容的。幼儿阶段的生理和心理发展特点决定了幼儿的学习是在生活中进行并获得经验的，因此幼儿生活的过程就是学习、发展的过程，也是良好学习品质不断积累形成的过程。

生活化科学探究活动是幼儿以自身的生活为背景，通过探究周围具体事物和解决实际问题来积累科学经验的活动。开展生活化科学探究活动对于幼儿学习品质的发展具有五个显著优势。①尊重个体差异，满足不同幼儿的探索需求，有助于幼儿学习兴趣的激发与个性发展。②活动中幼儿可以依据自己的需要自主选择活动内容、材料、方法、同伴，并按照自己的节奏调节和控制探究活动的频率和进程，有助于增强幼儿参与探究活动的主动性。③为幼儿提供了一个连续的、相互关联的、动态的真实情境，在真实情境中学习，有助于幼儿专注力与坚持性的不断发展。④为幼儿创造了在真实情境中发现、分析问题，并运用多种方法解决真实问题的机会，有助于幼儿想象力和创造力的发展。⑤可以保证幼儿随时随地进行交流与思维的碰撞，获得更加广泛的科学经验，感受、理解并体验到学习内容对于当前及将来生活的意义，为运用和迁移经验提供平台，有助于幼儿解释与反思能力的发展。

（三）基于学习品质培养的生活化科学探究活动的目标、内容、组织原则和实施途径

1. 确立基于学习品质培养的生活化科学探究活动目标体系

生活化科学探究活动目标体系由乐于探究、有初步探究能力、通过探究认识周围事物和现象三部分组成，分为生命探究、物质探究、地球探究、科学技术探究四个方面，并按照小、中、大三个年龄段进行了细化。例如，小班生活化科学探究活动目标见表2。

表2 小班生活化科学探究活动目标（生命探究）

班级	总目标	细化目标
		生命探究
小班	乐于探究	愿意饲养和观察动植物； 对动植物的突出变化感兴趣
	有初步探究能力	乐于并敢于提出与动植物相关的问题； 能在教师的引导下进行简单猜想； 能在教师引导下尝试运用多种感官感知动植物明显特征，能观察发现植物的某一明显特征的变化； 能在教师的带领下，用直观、具体的图片或实物进行集体记录； 愿意用简单的语言、表情、动作等多种方式表现描述动植物的明显特征
	通过探究认识周围事物和现象	能发现身边的动植物是多种多样的； 在种植、饲养动植物的过程中，关注了解动植物生长的明显变化； 初步感知动植物季节变化的典型特征； 初步了解植物与人们生活的关系

2. 开发基于学习品质培养的生活化科学探究活动内容

本研究依据以观察幼儿兴趣需求为基础、了解幼儿已有经验为重点、分

析领域核心价值为核心的思路，开发设计生活化探究活动内容，如图1所示。

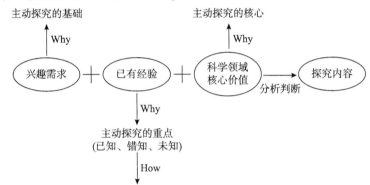

图1　生活化科学探究活动内容开发思路

探究内容包括三大模块：由生活活动引发的探究内容、由室内游戏引发的探究内容、由户外游戏引发的探究内容。例如，由生活活动引发的探究内容，以光影活动为例（见表3）。

表3　由生活活动引发的探究内容——光影活动

环节		生活情境	探究内容	科学概念
生活活动	来园与离园	在路灯下行走时，影子一会儿长、一会儿短；一会儿从一个变成了两个（或多个），一会儿又从两个（或多个）变成一个	影子怎么变来变去的？ 影子的长短是怎样变化的？ 影子怎么变多了？ 灯的数量越多，影子就越多吗？	光源对物体影子的影响
	进餐与饮水	吃饭时勺子的两面照出自己的样子不一样	两面照出的自己有什么不一样？ 还有什么东西可以照出不一样的自己？	光的反射：凹面镜、凸面镜
		水壶上有自己	所有的水壶都能照出自己吗？ 还有什么地方可以照出自己？ 怎样让自己的像变大或变小？	光的反射：凸面镜
	盥洗与如厕	吹泡泡时，泡泡会变得五颜六色	大泡泡和小泡泡都是五颜六色的吗？ 在哪里吹泡泡是五颜六色的？	光的折射、反射；色散
		盥洗室地上有彩虹	什么地方有彩虹？ 什么天气有彩虹？ 彩虹会变化吗？	光的折射、反射；色散
	午睡	窗帘上有影子	谁的影子？ 影子怎么动呢？	影子的形成

3. 明确基于学习品质培养的生活化科学探究活动开展的原则

内容选择兴趣化、材料来源生活化、探究过程自主化、分享评价多元化。

4. 探索学习品质培养路径

教师在生活、游戏、教学活动中，采用个别、小组、集体等多种形式进行培养，需要经过四个环节帮助幼儿获得学习品质的不断发展。

环节一：融入情境，提出问题——兴趣好奇；

环节二：制订计划，自主探究——主动/专注/坚持；

环节三：展示交流，梳理方法——想象创造/反思解释/专注；

环节四：成果应用，拓展经验——反思解释/兴趣好奇。

二、生活化科学探究活动中幼儿学习品质的典型性行为表现

（一）观察分析幼儿不同学习品质类型的行为表现

幼儿的学习品质特征具有隐蔽性、情境性、年龄差异性、个体差异性等特点。有目的地观察了解并熟知幼儿不同学习品质类型的行为表现和发展现状，是教师全面分析、理性判断、制定适宜支持策略的基础。因此，本研究采用自然观察法，从幼儿的语言、表情、动作及作品四个方面引导教师进行观察记录，分析解读幼儿学习品质的发展水平和情况。

（二）构建幼儿学习品质典型性行为表现指标

教师通过在不同日期、同一日期中不同的探究活动，以及同一探究活动中不同孩子的不同表现、不同活动中同一幼儿的表现进行全面观察、描述记录，并从大量的幼儿行为中提炼出具有典型意义的行为，梳理形成《幼儿学习品质典型性行为表现指标》（以下简称《指标》）。

《指标》按学习品质类型分为五大方面：好奇与兴趣、主动性、坚持与专注、想象与创造、反思与解释。结合每一类学习品质的内涵，建构一级行为表现指标，共计13项；在一级指标的基础上，进一步分解并按照难易程度的逻辑顺序排序建构二级行为表现指标，共计32项；同时，在每个二级行为表现指标后面都运用幼儿的具体行为表现描述做了相应的解释说明。例如，"好奇与兴趣"这一品质的一级行为表现指标共有3项，其中"对人、事、物及周围的环境以及学习感兴趣"一项中的二级行为表现指标及其具体行为表现见表4。

表4　好奇与兴趣
——对人、事、物及周围的环境以及学习感兴趣

一级行为表现指标	二级行为表现指标	具体行为表现（语言、表情、动作、作品）
对人、事、物及周围的环境以及学习感兴趣	对新材料、新事物、新现象感兴趣，有探究欲望	·行为表情有明显变化。迅速移动并靠近、踮起小脚探着头，微笑、两眼放光、惊讶。 ·运用多感官进行感知。仔细观看、用心倾听、反复操作某材料。 ·喜欢收集各种物品材料。户外活动回来等把小石子、树叶、羽毛等放到自己的柜子里。 ·愿意与成人或同伴分享描述自己观察到的现象。一阵风吹过，许多金黄色的银杏叶从树上飘落下来。孩子们欢呼起来："黄色的小扇子落下来啦！""叶子像小蝴蝶。"

一级行为 表现指标	二级行为 表现指标	具体行为表现（语言、表情、动作、作品）
对人、事、物及周围的环境以及学习感兴趣	对他人的探究内容或行为感兴趣	· 主动观察他人的探究行为，并提出问题。璐璐把制作好的纸灯举起来对着阳光边转动边观察。在一旁的平安被璐璐的动作吸引并问道："璐璐你为什么转着纸灯看？" · 主动模仿或跟随他人的活动。小园搭出了一个立体斜坡轨道，放了一个小球从上面沿着轨道滚了下来。小弥看见了马上也把手里的小球试着放到斜坡的最上面，小球也沿着轨道顺利滚了下来！
	对越来越多的探究主题感兴趣	· 主动与同伴、成人谈论相关话题。我发现…… · 主动向他人介绍自己参与的任务。我们要去调查…… · 积极参与讨论交流活动。能够认真倾听他人的表达并主动表达自己的想法观点，我觉得……我认为……
	有自己的兴趣爱好	· 主动向他人介绍自己喜欢的某个事物或活动。我最喜欢看蚂蚁，这个是……，那个是…… · 喜欢参与有自己喜欢材料或内容的活动。如寻找关于蚂蚁的书籍，玩玩具蚂蚁，画与蚂蚁有关的图画等。 · 经常参与某一类型的活动。小轩户外活动时经常到树下观察蚂蚁，每次都持续很长时间

三、生活化科学探究活动中幼儿学习品质培养的策略与方法

在对幼儿和教师行为的多轮观察记录基础上，分析反思教师支持幼儿学习品质养成方式的适宜性和有效性，通过观察—分析—实践—反思—调整的方式，不断探索依据幼儿学习品质内涵及幼儿具体表现提供有效支持的策略。

（一）好奇与兴趣

好奇和兴趣是幼儿主动学习和探究的前提和基础，是学习品质的核心要素，有了兴趣，幼儿将成为主动的探索者和学习者，会在探究活动中表现出更强的目的性、坚持性、专注力和创造力等良好的学习品质。

教师通过生活激趣、冲突引趣、问题延趣、情感育趣等多种方式发现兴

趣、解读兴趣、支持兴趣、拓展兴趣，保护和培养幼儿的认知内驱力。例如，通过挖掘生活教育价值、利用多元探究资源，激发幼儿探究兴趣；利用生活现象、同伴差异，制造和引发幼儿认知冲突；鼓励主动提问、设计层次问题，延续幼儿探究兴趣；接纳"错误"行为、促成兴趣转化，保护和培育幼儿间接兴趣。

（二）主动性

有研究表明，一个人未来在社会中所能取得的在工作上和经济上的成就，都与幼儿阶段主动性的发展程度有关。因此，主动学习不只是形式，更是目标。

教师通过给予自主权、设定挑战目标、引导计划、鼓励合作等策略，支持幼儿成为主动的探究者。例如，允许幼儿自己选择探究主题、内容、材料、方法及合作伙伴；当任务难度过大时帮助幼儿分解任务目标，当任务难度偏低时帮助幼儿提升任务难度；帮助幼儿建立计划意识，学习制订计划方法，有步骤地实施计划；鼓励幼儿与他人进行有效互动；等等。

（三）坚持与专注

坚持与专注是幼儿在解决探究问题的过程中，克服外界干扰，抑制无关信息，朝着目标持续前进的过程，包括注意的坚持和努力的坚持。重视坚持与专注学习品质的培养，可以提高幼儿行为的自控能力与情绪的调节能力，对幼儿的终身发展具有十分重要的意义。

教师可以通过空间加减、环节串联、言行助推、榜样激励等策略培养幼儿坚持与专注的品质。例如，把空间、材料"加与减"的权利给予幼儿；整合重组一日生活各环节、采用三段过渡法进行环节转换；给予幼儿信任与期待、帮助幼儿确立成就目标、做观察陪伴的伙伴、给予适时的介入与指导、给予积极恰当的赞赏和鼓励；利用直接和间接榜样激励等。

（四）想象和创造

在科学探究活动中，问题往往是唯一的，但解决问题的方法却是多样的。从学习品质的角度来理解想象和创造，就是能够创造性地运用已有知识经验解决各种真实的问题。

教师可以通过区域互惠、以退为进、头脑风暴、经验唤醒等方式支持幼儿通过观察、测量、比较、分析、验证、调查等多种策略去尝试解决问题。例如，同一班级中相关区域连通、相似区域相邻，相邻班级间空间融通、材料共享；"懂"装"不懂"——营造思考氛围，提出困惑——拓展思维空间；运用开放问题引发幼儿思考，鼓励经验分享开阔幼儿思路；改变问题呈现方式，帮助幼儿建立已有经验与新问题间的联系，帮助幼儿积累多种感性经验。

（五）反思和解释

反思和解释能力的高低决定了幼儿能否对学习方法进行有效概括和迁移。反思和解释能力的增强可以使幼儿的学习过程变得更自主、更轻松、更高效。

教师通过鼓励描述探究过程、促成同伴间深层对话、支持回忆已有经验等策略，有意识引导幼儿对自己和他人的探究行为进行思考和解释，让幼儿体验到他们学习了什么以及是怎样学习的，有助于幼儿把已经经历的学习过程和方法在没有经历过的其他情境里易于唤起和使用。例如，创设畅聊空间，鼓励多元表达；营造良好倾听与交流氛围，利用思维差异引发深度思考，拓展交流空间增加反思机会等。

第二篇

专业视野下的课程开发与实施探索

第一章 专业视野下的学科主题课程探索

第二章 专业视野下的校本课程探索

在专业视野下，教师不再是机械地执行国家课程，对教材按部就班地讲解，而是根据实际需求与环境状况等创造性实施国家课程、开发校本课程，对教材进行二次开发、引入外部资源开展教学活动等。很多教师基于某一主题创造性进行课程开发与实施，并进行系统化探索。专业视野下的课程开发与实施探索体现了教师在课程活动之中的自主性、研究性和创造性，教师在这个过程中进行整体的课程设计，系统开发课程内容，寻找合适的教学资源，设计实践性学生学习活动，整个过程大多是教师自主进行设计、开发与实施的，蕴含着教师的思想与创造性，并凝聚了教师团队的智慧，很多课程开发研究是学科教师或跨学科教师合作进行研究与实践，探索一个未知的领域，将课程变得生动有活力，更加激发学生的主动性、自主性和创造性，更加激励学生投入学习。

本篇对专业视野下的课程开发与实施探索分两个部分进行阐述。第一部分是对国家课程某一主题内容进行深入挖掘，建立这一主题活动的逻辑体系，明确课程目标，建立内容框架，将内容具体化为教学设计与活动，按照某一逻辑开发主题课程的多种实施路径，从活动到环境以多个路径开展主题教育。这些国家课程之内的主题活动往往是当前教学研究与实践的热点问题、对学生发展具有重要意义的关键问题、具有一定创新意义的活动方式等。第二部分是校本课程的开发与实施，大多按照校本课程目标、内容、实施和评价的逻辑体系进行研究与实践，实施过程中较为注重校本课程保障系统的构建，因为校本课程的实施往往需要一些环境资源、材料和工具等的支持。这些校本课程往往是具有学校本校特色的课程，具有实践性、创新性、自主性等特征，在具体实施过程中往往与综合实践活动等相结合，注重发挥学生的积极性、主动性和创造性，注重情境性、实践性，在情境性活动中学生进行创造性学习，教师在其中是指导者、合作者和激励者，教师和学生共同对校本课程进行开发与实施。

第一章

专业视野下的学科主题课程探索

小学语文过程性习作课程体系的探索研究
提升学习投入：初中学业生涯课程的探索与实践
中学一体化学业规划课程体系的构建与实施
"积极生涯发展"的学校心理健康教育课程研究
"中草药与生物技术"开放式创新课程开发研究

小学语文过程性习作课程体系的探索研究[*]

本研究聚焦小学语文习作教学的改进，从课程设计的背景入手，建构课程的内容、设计课程的教学环节、完成课程的课型探索、设计课程的评价体系，从而形成有序高效的过程性小学语文习作课程，即将"功能化的阅读、主题化的实践活动与个性化的习作"三者有机整合的习作课程。本篇将课程实践研究过程中涉及的理论和认识经过整理与完善体现出来。希望能探索出一种符合学生发展规律，适合现代习作教学的新型习作课程模式。

一、小学语文过程性习作课程的内涵与特征

1. 小学语文过程性习作课程的内涵

小学语文过程性习作课程是以小学语文实践活动为载体，从实践的内容出发，通过生活体验获取经验，阅读相关文学文本，获取作者的间接经验，使阅读、习作和实践体验三者融为一体的课程。它是对国家语文课程的二度开发，以教材单元主题为牵动，整合了单元课内外的阅读、生活实践和习作。小学语文过程性习作课程是以"学生个性化习作"为目标，把"功能化的阅读活动"、"主题化的实践活动"和"个性化的表达活动"三者作为一个习作的全过程来整体构建。

2. 小学语文过程性习作课程的特征

小学语文过程性习作课程更强调学生在教师引导下的自主观察、阅读、思考与表达，尤其注重学生生活经验的获得、发掘与显性化，以及学生阅读、习作的积累与重构。它关注学生习作的整个过程，在一系列逻辑安排的阅读、经验与习作过程中促进学生习作经验的获得和习作能力结构的构建。小学语文过程性习作课程的具体特点包括四个方面：自主性、实践性、过程性和独特性，详见表1。

---

* 本篇由王琦、杨红兵、李爱霞、张慧、崔红艳撰写。

表1　小学语文过程性习作课程的基本特点

自主性	学生在学习过程中发现问题、提出问题、分析问题、思考问题后解决问题
实践性	针对性地开展习作与评析，即在习作实践过程中运用师生总结的习作方法，来评价、反思、指导学生习作的实践活动
过程性	从取材、立意、构思、起草及加工等环节的实施过程中提高学生各方面能力
独特性	通过深入分析学生写作中存在的问题，引导其掌握写作技巧，以促成其作文的独特性、真实性与创意性

二、小学语文过程性习作课程的目标与内容构建

（一）小学语文过程性习作课程的目标

通过阅读、实践与表达三者反复结合的过程，引导学生热爱生活、观察生活，并获得丰富情感体验，在阅读、生活实践和自由表达的过程中促进学生和谐发展，在过程性习作中提高学生的道德修养、审美情趣，逐步完善个性化的表达。通过读行写这一过程，使学生的对比、多感官体验、逻辑的表达、审辨反思以及创造性表达等方面的思维得到显著提升，如图1所示。

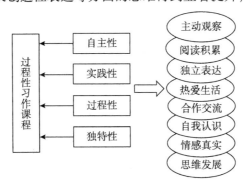

图1　过程性习作课程具体表述图示

（二）小学语文过程性习作课程的内容构建

小学语文过程性课程的内容设置是以教材为依托，把国家课程进行校本化处理，以主题为线索展开，对课程内容进行了整体的设计与规划，秉承主题选择兼顾教学内容、文体特征、学生认知特点、生活经验等方面的原则，设计学生阅读、实践与习作内容。

我们对三年级上学期的过程性习作整体内容进行了构建，详见表2与表3。

表2 小学三年级上学期过程性习作的整体内容

年级	主题	阅读		实践活动	习作	
		阅读要求	阅读篇目		习作要求	习作内容
三年级上	我眼中的他	关注能够凸显人物形象的句子	《不懂就要问》《尊严》《黄香诚心敬父母》	画脸谱	尝试从不同方面介绍人物	猜猜他是谁
	秋日校园	能通过多种方法理解难懂词句意思，并尝试运用	《铺满金色巴掌的水泥道》《秋天的雨》《听听，秋的声音》《秋姑姑》《秋天，观察的好季节》	寻找秋天的踪迹	把自己在校园的日常观察记录下来	校园采风（写日记）
	一棵树的梦	感受故事情节中丰富的想象	《去年的树》《那一定会很好》《在牛肚子里旅行》《一块奶酪》《小巴掌童话》	故事大王	能试着编写童话故事	我的童话故事
	我喜欢的结局	能边读边预测顺着故事情节进行合理猜想	《总也倒不了的老屋》《胡萝卜先生的长胡子》《不会叫的狗》《遗嘱与狗》《老鼠夹》《不留余地的狼》	情节大猜想	能根据原有故事的部分情节进行合理猜想，续写故事	我来改故事
	我眼中的世界如此美丽	体会作者是怎样留心观察事物的	《搭船的鸟》《金色的草地》《我爱故乡的杨梅》《我家的小狗》	大眼睛看世界	能仔细观察，把观察所得写下来	我眼中的缤纷世界
	祖国山河美	体会作者是如何围绕一个意思写一段话的	《富饶的西沙群岛》《海滨小城》《美丽的小兴安岭》《荷塘月色》《海燕》	我是小导游	试着围绕一个意思具体描写景物	这儿真美
	多思多想	留心生活，知道作者是如何产生想法的	《大自然的声音》《父亲、树林和鸟》《带刺的朋友》《被困的鸟儿》《一件小事的震动》	参观博物馆	留心生活，把自己的想法记录下来	我有一个想法
	美好品质	了解作者是如何把一件事写清楚的	《司马光》《掌声》《灰雀》《手术台就是阵地》《斗牛儿》	我们可以这样玩儿	学习把一件简单的事写清楚	那次玩得真高兴

表3　教学实施的安排

课时	课程重点	具体实施
第一课时：主题和方案制定	集中一个主题，围绕习作的目标，把阅读、实践和习作三者联结在一起	师生共同制定并编写"读—行—写"过程性习作活动手册
第二课时：读中悟写	在阅读中获取作者的价值认识、情感体验、语言样式和语言表达，寻找规律	师生在阅读过程中共同探讨习作的方法与规律
第三课时：依据手册预写	依据习作要求自主实践尝试预写	在生活实践体验、观察记录的基础上，学生交流讨论过程性习作手册中记录的内容，丰富个人体验后，运用在阅读中学到的习作方法独立进行预写
第四课时：修改与分享	依据习作要求，在讨论交流中不断地修改完善习作	以小组合作学习为单位，每个学生都需要在组内大声读出自己的作文，同组同学依据交流讨论的提纲，提出建议，并再次阅读相关例文，学生依据大家提出的修改意见，进行独立修改

三、小学语文过程性习作课程的基本环节

小学语文过程性习作课程以主题为线索展开，首先需要教师进行主题的拟定，围绕主题进行综合设计，然后学生围绕某一特定主题体验生活、观察思考，群文阅读、读中悟写，在此基础上师生、生生之间进行交流对话，思维碰撞、互相启发，之后学生初步预写，在习作中学生感受其中的困难与瓶颈，回过头来再进行文本阅读与思考，感悟写法与表达，再进行交流并多次加以修改完善，如图2所示。

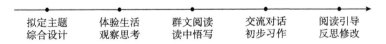

拟定主题　　体验生活　　群文阅读　　交流对话　　阅读引导
综合设计　　观察思考　　读中悟写　　初步习作　　反思修改

图2　小学语文过程性习作课程的基本环节图

四、小学语文过程性习作课程的课型分类

笔者在基本环节基础上着力开发了小学语文过程性习作课程的五个基本

课型，每种课型在阅读、实践与习作三个方面各有侧重却相互关联融通，共同促进学生习作过程的体验与方法学习、实践反思与拓展阅读。

1. "读中悟写"过程性习作课

"读中悟写"的过程性习作课是一种以阅读课为主，借助文本的语言环境，把阅读经验转化为习作能力的过程性学习的语文习作课程。教师在明确文章习作知识点，根据单元的习作要求进行选择恰当的文章后，选择阅读篇目。

"读中悟写"过程性习作课课型的基本结构如图3所示。

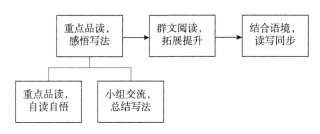

图3　"读中悟写"过程性习作课基本结构

2. "实践体验"过程性习作课

"实践体验"过程性习作课上学生带着目的体验生活，以丰厚的生活作为习作的素材。在"实践体验，激发兴趣""积累素材，丰富内涵"的教学策略中培养学生在日常生活中主动观察实践、积累体验、发现生活的习惯，将真实体验转换为具有浓厚生活气息的习作。

"实践体验"过程性习作课课型的基本结构如图4所示。

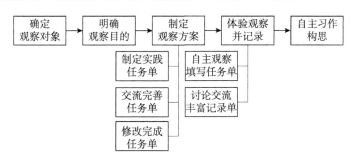

图4　"实践体验"过程性习作课基本结构

3. "读写关联"过程性习作课

"读写关联"过程性习作课是一种以学生初步预写为主，在学生经验基础上，关联阅读与习作，进行过程性学习与方法指导的语文习作课程类型。"确定课堂习作关键点""读与写之间反复联结""基于问题的讨论交流"是本课型的教学策略。

"读写关联"过程性习作课课型的基本结构如图 5 所示。

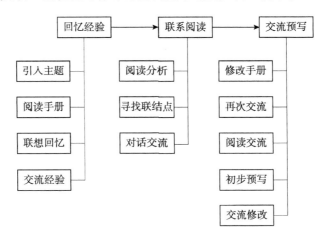

图 5 "读写关联"过程性习作课基本结构

4. "跨界转化"过程性习作课

"跨界转化"过程性习作课是在习作课堂上通过让学生观看微视频而获得习作素材、习作技巧等的习作课,所谓"跨界",跨的是"视频"与"习作"二界。该课型的教学策略为"再现可视化、有趣味的情境""运用多种思维策略"。教师引领学生在观看的过程中进行大胆的想象和猜测,这也是习作中需要的能力。

"跨界转化"过程性习作课课型的基本结构如图 6 所示。

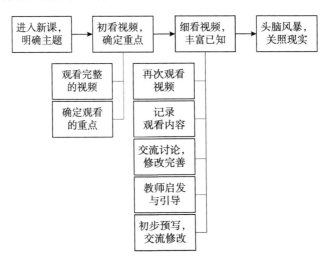

图 6 "跨界转化"过程性习作课基本结构

5. "自主修改"过程性习作课

"自主修改"过程性习作课是学生通过小组交流与比较，对自己习作进行自主修改与重新建构的习作课，学生在这种习作课上进行思维重构与反思。在"多次评价"和"对比与交流"中学习习作技巧。

"自主修改"过程性习作课课型的基本结构如图 7 所示。

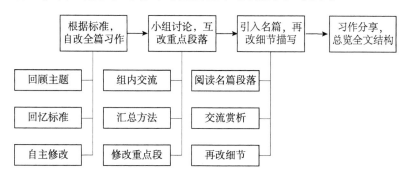

图 7　"自主修改"过程性习作课基本结构

五、小学语文过程性习作课程的评价

小学语文过程性习作课程评价指的是对小学过程性习作课程进行的价值判断，是学校以一定的评价方法、活动途径对该课程目标、课程计划、课程实施以及实施活动的结果等有关问题的价值或者特点做出的判断。

1. 构建了小学语文过程性习作课评价的基本框架

评价主要从对谁评价、谁来评价、评价什么和如何评价几个层面进行整体建构，详见表4。

表 4　小学语文过程性习作课评价的基本框架

评价的对象	评价主体	评价内容	评价方法
教师	教研组 同伴 自我	主题的确定 活动方案 课型把握及组织实施	交流评价 量表评价 反思记录
学生	学生 教师 家长	阅读能力 实践观察力 交流讨论力 语言运用能力	实践手册 量表评价 交流评价

2. 明确了小学语文过程性习作课评价的标准

在本研究中，评价实施就是评价主题围绕目标制定和使用适当的评价方案与工具对学生的活动状况进行诊断，并运用诊断结果反馈促进学生的发展，最终达成目标的过程。

（1）明确了功能化阅读阶段评价标准。本阶段主要采用学生自评和同学互评的方式进行，主要针对任务单完成情况进行自评，从阅读的丰富性、独立性和书写三个维度进行有效的评价。

（2）明确了主题化实践阶段评价标准。学会运用多感官进行观察记录；能够完整、有序、细致地记录观察结果；观察记录通顺流畅；能够真实表达自己的观察感受，从实践的丰富性、独立性与书写三个维度进行有效的评价。

（3）明确了讨论交流过程的评价标准。在小组学习交流讨论的过程中，师生之间、生生之间或是鼓励，或是提出修改建议，或是督促他人，对习作的修改起到了非正式的评估作用。

（4）明确了个性化表达习作阶段评价标准。本阶段主要采用学生自评和同学互评的方式进行，主要针对任务单的准确性、丰富性与流畅性进行自评。

六、小学语文过程性习作课程的价值与不足

"过程性写作"概念是从西方英语写作中被引入小学语文习作教学，并对其深入开展了本土化探索，它对学生思维发展具有重要的价值。学生的习作能力在集中的同一主题实践和相同的习作方法的运用中得到了提高，每一次习作都在按照一定规律展开：阅读、实践、习作、修改、讨论和分析，具体如图8所示。

但是，本研究主要是对人教版教材的习作主题进行了研究梳理，在研究开展过程中教材改为统编版教材，研究结束时统编版教材刚刚推进到三年级，因此对于统编版教材中的习作主题的整合实施，还有待进一步研究。

同时，统编版教材设立了专门的习作单元，对于习作单元与其他单元在教学上的区别，小学阶段的所有习作单元之间的内在联系，结合教材还可以开发出哪些实践活动来促进学生习作水平的提高，也有待进一步研究。

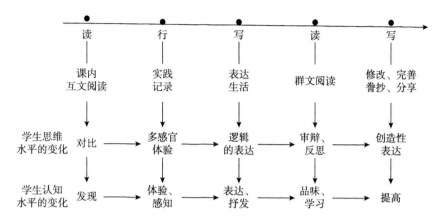

图8　课程的操作流程与学生思维、认知变化图

提升学习投入：初中学业生涯课程的探索与实践[*]

为了帮助初中生确立积极的学科价值感，掌握科学的学习方法，不少初中学校开设了生涯指导专题课程。根据调查，从课程内容来看，与学业指导有关的初中生涯课程知识琐碎，不成系统；从授课教师的专业技能来看，生涯教师大多由心理教师承担，受专业所限，对学科学习的指导感到力不从心。为此，笔者以生涯教育理念为核心，以初中学生的实际学业水平为依托，以学生的兴趣、性格、未来学业选择等因素为出发点，由相关学业教师和专业辅导教师合作，探索通过构建初中学业生涯课程，增强学生的认知投入、行为投入、情感投入，为进一步提高学生在初中学业中的自我管理与规划能力做准备。

一、初中学业生涯课程的内容建构

学习投入度包含认知投入、情感投入与行为投入三个维度，其中"认知投入"是学生在学习中采用的科学的认知策略，"情感投入"是学生在学习时表现的积极情感，"行为投入"是学生参与学习活动的行动力、执行力等。在进行学业生涯课程时，笔者会兼顾通过不同内容和形式来提高学生在学习过程中的情感投入、认知投入、行为投入。通过"初中学业生涯课程内容结构图"（见图1），可以看到：

第一个数字"3"代表学习投入的三个维度，第二个数字"3"代表每一个水平提高的关键词，即积极的情感投入、科学的认知投入、高效的行为投入。它们之间的关系既相互独立又彼此影响。在学习活动中，只有激发学生的情感投入，才能产生有效的认知投入；只有科学恰当的认知投入，才能产生持续的行为投入，持续主动的行为投入又会进一步促进情感的投入，这样就形成了良性的循环。在这样的循环影响下，学生的学习投入水平会持续提高。

---

* 本篇由武月、钱玉玉、骆晶晶、白晔、钱冲撰写。

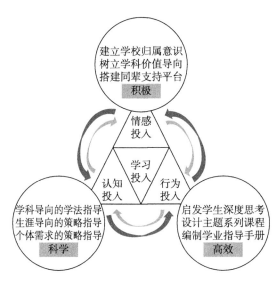

图1　初中学业生涯课程"3 – 3 – 3"内容结构图

第三个数字"3"代表每一个维度下开展的三项具体指导策略，每一个策略配有相应的指导内容或建议，帮助学生提高不同维度的投入水平，共计9项。

（一）激发的积极情感投入

建立学校归属意识。开展形式多样的衔接教育，搭建平台引导学生熟悉班级和学校环境，对集体产生归属和期待。参见"校园历奇""初中资源大盘点"等。

树立学科价值导向。以学科绪论课或学科活动为抓手，重点关注学科价值、学科特征、学科人物，引导学生理解学科价值。具体参见"学业生涯学科绪论课内容建议"（见表1）。

表1　学业生涯学科绪论课内容建议

关注内容	具体要求
学科价值	围绕初中与高中知识与能力的衔接、未来专业和职业的需求、生活实际等方面，引导学生了解学科特有的价值与意义
学科特征	结合课程标准及教材，启发学生认识学科重要的特征或定义，特别是在初中阶段学生需要掌握的相关内容
学科人物	通过学科榜样人物的介绍，引导学生了解榜样人物在该学科探索与追寻的过程，为该学科的发展及世界进步做出的贡献

搭建同辈支持平台。为学生同辈间的支持与帮助建立深度沟通与合作，增进学生之间的情感联系，形成良好同伴学习氛围。在课堂教学中，按照不同的角色完成相应的任务，保证每一个人都尽可能有具体的职责，同时也能体会到彼此的支持和帮助；在主题活动中，也会邀请学长与在校学生深入座谈，开启"与学长对话，思寻自己的学习之路"。

（二）丰富科学的认知策略

学科导向的学法指导。聚焦初中九大学科特点，根据学习内容的及时总结和所归纳的重要学习方法，帮助学生掌握必备的学法知识与技能。

生涯导向的策略指导。通过对学习策略的分类和学生实际，开展共性的学习策略辅导（见表2）。

表2　学习策略推送列表及样例

	一级分类	二级分类	已开展的具体内容
"学习加油站"之学习策略	认知策略	复述策略	"神奇记忆术"
		精加工策略	"对症下药——寻找合适的学习方法"
		组织策略	"知识体系形成策略"
	元认知策略	计划策略	"制订计划的三要素""制订目标与执行计划"
		监控策略	"提高注意力　减少分心"等
		调节策略	"如何提高阅读能力""初三的最后时光，我们该怎样度过"
	资源管理策略	时间管理	"时间管理的三种方法""培养微习惯""拖延症""一只及时行乐的猴子"等
		努力管理	"学习中的非智力因素""发现自己的优势智能""成长型思维"
		人力资源管理	"保持社会关系　避免成为宅男宅女""合作学习"等

个体需求的策略指导。结合个体的实际情况发现学生需求，通过学科联动或外请专家的形式提供科学的策略指导。

（三）促进高效的行为投入

启发学生深度思考。启发学生从"我喜欢什么""我看重什么""我做点什么"全面深度思考，为高效投入做好准备。参见"用中考的标准看选考"等。

设计主题系列课程。通过"学习与目标""学习与认知""学习与管理"

三个主题下的系列学业指导课，增加学生体验性和互动性，提高行为投入水平（见图2）。

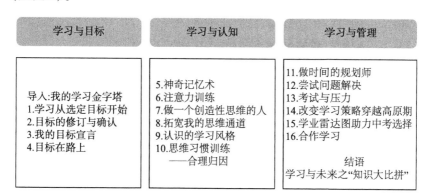

图2　不同主题下的系列学业指导课程

编制学业指导手册。在学业生涯专题课中，通过《初中学生学业指导手册》的形式，引领和指导学生的学业管理，提高课堂学习的行为投入。《初中学生学业指导手册》共包括五部分内容。

开启学科望远镜：关于初中语文、数学、英语、历史等九大学科的简介，包括关于学科的整体介绍、初中该学科重要的知识与能力、对高中学科的重要作用、学习该学科最重要的学习方法、结束语唤醒期待。

探秘学习金字塔：手册的主体部分，围绕"学习与目标""学习与认知""学习与管理"三个主题，配有18节生涯教育理念的学习指导课程的学案，让学生对自己的学习能力和学习状态进行全面的扫描与提升，进而在初中学习中成长为更好的自己。

活动课程我选择：主要介绍学校开设的地方课程和校本课程，涉及内容包括校本课程简介；课程发布基本流程、校本课程开设要求和报名须知；如何在生涯教育的理念下进行校本课程的选择；如何在校本课程的学习中真正学有所获；等等。

未来多元升学路：涉及北京中考政策重点摘录，特别是2021年之后的北京中考政策；毕业多元升学路，包括普通高中、中等职业教育等路径；我的选择与行动，明白选择要结合实际情况，积极寻找信息、整合资源、理性选择。

我的学业记录单：包括每学期的学业记录单、学习新发现和学习笔记。"学习记录单"可以对自己的学习成绩进行记录和纵向比较；"学习新发现"可以记录自己对学习的新认识和感悟；"学习笔记"可以记录下初中学习的成长过程。

二、初中学业生涯课程的实施模式

(一) 构建学科支持系统

生涯教育是基于学生未来发展的教育，直指学生可持续的发展技能。在该理念下，我们联合语文、数学、英语、物理、化学、生物、历史、地理、政治九大学科的骨干教师，探索构建学科联动式支持系统，在学科情感建立、学法体系建构、学习行为帮扶等方面给予学生切实有效的帮助，引导学生树立主动发展的观念，帮助学生在学习活动中寻求最佳发展路径，最终提升学习的投入度（见图3）。

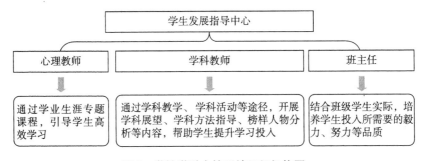

图3　学校学科支持系统组织机构图

在整个学校支持系统中，班主任、生涯教师与学科教师关注的侧重点各不相同但又相互补充，共同为学生的学业发展保驾护航。

(二) 优化学业生涯课程的组织形式

研究以提升初中学生学习投入度的情感投入、认知投入、行为投入为目标，优化学业生涯课程的组织形式，开展不同内容的系列课程。例如：学科课堂是指学科教师本学科专属的课时；生涯课堂是指学校规定的生涯教育课时；主题活动是指可以跨学科以学生实际需要确定主题，与学校相关部门进行沟通，时间、地点、形式均较为灵活（见表3）。

表3　不同组织形式下开展的学业指导内容

学习投入维度	学科课堂	生涯课堂	主题活动
情感投入	学科价值导向，教师情感引领	归属感的建立和维持	同辈支持平台

学习投入维度	学科课堂	生涯课堂	主题活动
认知投入	开展基于不同学科的学法指导	强化共性学习策略指导	以学科属性划分，进行相似学科学习指导
行为投入	课堂学案	学生生涯手册	"成长记录单"

由此，我们可以确定，初中学业生涯的内容设计使得教师指导学生学业不拘泥固有形式，既可以在专属课时中进行有针对性的指导，又可以在某个主题下进行跨学科的多形态的活动。

三、初中学业生涯课程的评价

为了更好地评估初中学业生涯的课程，我们从评价原则、评价内容、评价方法三个方面进行了系统、深入的梳理。

（一）评价原则

（1）互动性。在学业生涯课程中，主要采用教师"自评"与学生"他评"相结合，如教师进行课程质量评价，学生进行课堂效果评价。

（2）动态性。在学科教师通过学科教学、学科活动开展学业生涯课程时，评价需要既能满足学科教学评价的基本要求，又能体现生涯学业指导的需要。

（3）可操作性。为了便于师生评价，设计时需要重点突出、清晰易懂；既能方便教师在组织教学中获得数据，又能满足数据分析时的基本需要。

（二）评价内容

学业生涯课程的评价重点内容以表格的形式呈现，教师可以在正常开展教学进度的同时，清楚掌握评价内容（见表4）。

表4　初中学业生涯课程教学设计评价标准

指导方向（可多选）	学业生涯内容	要素描述
情感投入	了解学科专业，理解学科价值	帮助学生了解学科相关的专业或未来职业；引导学生认识学科的意义作用，理解不同学科重要价值；帮助学生形成积极的学科联结，增强情感投入
	确立榜样人物，发展生涯信念	引导学生体验榜样人物学习探索的历程；了解成功背后需要的基本技能和素养；激发学生的生涯信念，树立正确的生涯发展观

指导方向 （可多选）	学业生涯内容	要素描述
认知投入	掌握学科学法，提升自我效能	帮助学生掌握学科重要的知识内容和能力；学生能够学会学习该学科重要的学习方法；提高学生学习的自我效能感和自信心
行为投入	全面认识自我，学会生涯选择	帮助学生了解自己学科优势和不足；在学科学习中引导学生了解自己的性格、兴趣、能力、价值观；学生能够掌握选择的方法，学会科学地决策和实施行动

（三）评价方法

评价方法采用量化评价与质性评价相结合的方式。量化评价运用统计工具进行相关数据分析，如问卷法、测量法；质性分析更关注过程中学生或教师作为主体的参与意识，其形式多样，如成长档案袋、访谈法等。其中，学业生涯课程的学期报告是"档案袋评定法"的典型代表（见表5）。

表5　学业生涯课程的学期报告

请根据一个学期在课程中的体验与收获，完成以下报告内容，并思考下一阶段自己的目标。

班级		姓名	

第一步：请回答以下三个问题

1. 我最感兴趣的学科是（选择前三名）

2. 我感觉学科能力较强的学科是（选择三门）

3. 在学业成绩中，我保持较为稳定的学科是（选择三门）

请根据以上内容，确定2~3门自己综合实力较强的学科，进行第二步测评

第二步：请根据每一个学科的实际情况，进行以下测评，并在雷达图中用不同颜色的笔呈现出来。

项目	非常 不符合	比较 不符合	比较 符合	完全 符合
A. 我在该科目的知识基础扎实	1	2	3	4
B. 我对该科目有非常浓厚的兴趣	1	2	3	4
C. 我在该科目的努力程度非常高	1	2	3	4
D. 我在该科目中使用的学习策略非常得当	1	2	3	4
E. 我对任教老师的教学风格非常适应	1	2	3	4
F. 我参加该科目考试时的心理状态非常好	1	2	3	4

第三步：请结合本学期的课程，思考以下问题。回答的形式不局限于文字，可以用自己擅长的方式，如思维导图、文字、绘画等。

1. 我对不同学科的未来的大学专业或相关职业的新发现
2. 我对不同学科的学习价值或意义的新发现
3. 我在学科学习中对自己认识的新发现
4. 我学会的新的学习方法
5. 经过学科学习，我下一阶段的学业发展目标

教师评语

完善学业生涯课程的评价，不仅是提升学生学习投入的需要，也能够帮助教师看到课程在实施中的有效性和教育价值，是教师开展生涯教育的重要保障措施。

四、初中学业生涯课程的实施效果

经过为期近三年的研究和两年的实践检验，结合调查问卷等量化数据和访谈等质性分析发现，初中学业生涯课程的效果主要体现在三个方面。

一是初中学业生涯课程的实施有助于学生投入度的提升。通过前后测的数据发现，参与研究的男生在"认知投入"的维度上有明显变化，这表明，课题组开展的学习策略辅导对男生有更直接的作用，引导学生用对方法也会提升学生学习投入的水平；此外，通过访谈，不少学生表明，通过学业生涯课程，自己在初中阶段掌握了必备的学科方法，理解了不同学科的价值与意义，不同程度上提升了自己的学习投入，在升学时也实现了自己的生涯目标。

二是《初中学生学业指导手册》促进了初中生涯学业指导的专题化。在课题研究中，为了便于生涯教师开展学业方面的指导，也帮助学生有目的地落实学习的行为投入，因此课题组整合了在生涯教育中开展的有关学业指导方面的内容，设计了《初中学生学业指导手册》。经过专家的指导，修改后的各个部分更适合初中学生的认知和思维水平，兼顾科学性和趣味性，增加课程指导的交互性，更能体现学生对不同学科的理解和价值定位。

三是初中学业生涯课程支持系统的建构促进学生学业指导常态化。课题自开展以来，就广泛地征求各个学科教师的建议，尝试搭建基于学校实际的

学科支持系统，以学科教师为主，生涯教师和班主任为辅，三者对学业指导的侧重点各不相同但又相互补充。同时，对学科渗透课程的评价原则、评价要点、评价方法进行了详细的梳理，在一定程度上也帮助学科教师更好地将学生的学业指导进行常态化的落实。

中学一体化学业规划课程体系的
构建与实施*

2014年高考改革启动，提供分类考试、综合评价、多元录取的机会，中考改革也随之而来，从"五选三"、按比例折分、每科有10分实践考试内容到全开全学、全科开考、全科赋分。高考改革极大地提高了学生的自主选择权，中考改革越来越注重学生的综合素质，这些都对学生的学业规划能力提出了更高要求。

学业规划必须落地于学生的学习活动中，在完成学习目标的同时，实现未来发展目标。另外，学生的每一个发展阶段既有连续性又有差异性，前一阶段任务是否完成关系到后一阶段的顺利发展，尤其在小升初、初升高的衔接学段，学生如果适应不良，会遇到更多学业困难。因此，需要对学业规划指导进行纵向的整体设计，注重衔接性。本研究在学生发展理论与学校办学理念的引领下，整合资源，构建了中学一体化学业规划课程体系。

一、中学一体化学业规划课程的整体构建

课程以"适应未来社会发展，创造自我幸福生活"为理念，确立了"了解自我及环境信息、提高自我管理能力、形成学业规划、建立学业自信"的目标，根据目标建立了包含三大模块和四类课程的课程内容，评价方式为以激励性为原则的过程性评价，具体如图1所示。

---

* 本篇由仇光霞、何虹、李文革、白宏宽、简道寅撰写。

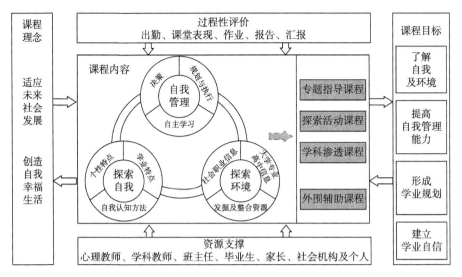

图1　中学一体化学业规划课程体系

二、中学一体化学业规划课程的目标体系

学业规划是指学生如何制定学问、学习与学术能力的发展规划，具体包括了解自我特质，了解学校与社会，提高自主学习、决策、规划与执行等自我管理能力。由此提出学业规划课程的总目标，并分为探索自我、探索环境、自我管理三个模块，同时根据学生不同学段的发展特点与任务制定了分模块分学段的目标体系，如图2所示。

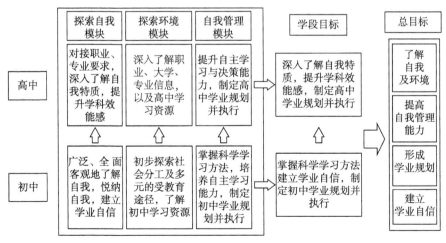

图2　中学一体化学业规划课程的目标体系

三、中学一体化学业规划课程的内容体系

根据课程的目标体系，挖掘整合校内外各方资源，确立了课程的内容体系，分为四大类课程：专题指导课程、探索活动课程、学科渗透课程和外围辅助课程。每类课程都有其目标、内容、评价与实施说明，并且分模块分学段各有侧重。

（一）专题指导课程

专题指导课程为心理教师对学生进行学业规划专题指导，帮助学生科学地认识自我与环境，掌握自我管理的方法，主要在初一和高一以必修课的方式进行，详见表1。

表1　专题指导课程

	探索自我模块	探索环境模块	自我管理模块
初中	目标：广泛、全面、客观地了解自我，悦纳自我，建立学业自信。 核心内容： 1. 认识自己； 2. 树立积极的自我形象； 3. 兴趣与志趣； 4. 拓展能力； 5. 了解学习风格； ……	目标：初步探索社会分工及多元受教育途径，了解初中学习资源。 核心内容： 1. 职业面面观； 2. 家族职业树； 3. 初中资源大发现； 4. 生涯角色； 5. 毕业后的五彩道路； ……	目标：掌握科学学习方法，培养自主学习能力，制定初中学业规划并执行。 核心内容： 1. 注意力训练； 2. 做时间的规划师； 3. 学习理性决策； 4. 高中学习预备式； 5. 我的生涯彩绘； ……
高中	目标：对接职业、专业要求，深入了解自我特质，提升学科效能感。 核心内容： 1. 从生命线看生涯特质； 2. 兴趣的层次与能力； 3. 生涯共通能力； 4. 我最看重什么——价值观探索； 5. 测评报告分析； ……	目标：深入了解职业、大学、专业信息，以及高中学习资源。 核心内容： 1. 高中资源大发现； 2. 学习的本质及多样化的学习资源； 3. 专业选择与高中学习； 4. 高考政策与学业规划； 5. 透过专业看大学； ……	目标：提升自主学习与决策能力，制定高中学业规划并执行。 核心内容： 1. 我的学习法专利； 2. 计划与时间管理； 3. 发现资源，助力成长——SWOT分析法； 4. 决策平衡单； 5. 学业规划书的撰写； ……

（二）探索活动课程

探索活动课程是任务驱动式的课程，以学生自主探索实践为主，教师布置探索任务并加以指导，帮助学生在完成任务的过程中深入了解自我与外部信息，提高学业规划能力。初中的探索活动课有：初中与小学大不同、期中小结、科研小报告、职业初探等；高中的探索活动课有：人生规划局、兴趣能力体验坊、生涯人物访谈、走进大学、体验招聘会等。

（三）学科渗透课程

在学校教学校长和科研主任的带领下，心理教师对学科教师进行学业规划理论的培训，初中教师每人发放一本自编手册《教学方式再认识》，结合各学科特点，指导学生掌握各科学习方法。高中教师参考《高中生学业发展指导手册》中提高学业能力、课程学习指导内容等学科相关内容，设计学科渗透课程，见表2。

表2　学科渗透课程

目标	途径	考核指标与具体实施	资源支撑
1. 学科规划意识 2. 学科规划能力	语文学科 数学学科 英语学科 物理学科 化学学科 历史学科 政治学科 地理学科 音乐学科 美术学科 通用技术学科 心理学科	1. 学科价值与相关专业走向：教师有课程意识和学科价值意识，了解学科发展史及发展前沿，根据课程内容有意识地渗透于课堂教学中，培养学生的探究意识和兴趣，帮助他们找到未来发展的可能性。 2. 学习内容及能力要求：根据《教学方式再认识》和《高中生学业发展指导手册》，结合本校学生学习基础和方式，对学科课程内容与要求做出适当调整与安排。 3. 学习方法建议（通法和个法的问题）：将本学科学习方法融会贯通在本学科教学中，帮助学生掌握本学科的学习策略，并形成适合自己个性的学习方法	1. 本学科教师 2. 心理教师 3. 班主任 4. 德育教师

（四）外围辅助课程

（1）学长面对面：有计划、有步骤地组织六年级学生的初中体验日活动，与学长深度交流学习。组织学长录制初中学习方法视频，在初一课上放映。邀请高中优秀毕业学长为高一新生介绍学习经验、大学与专业学习体会等。

（2）职场人进校园：邀请不同职业领域的职场人进校园，为学生介绍职业工作内容、特点及要求。

（3）校外合作项目：与 JA 中国公益组织合作，开展学生公司课程；联合"小立教育"公司共同研发选考选科系列课；依托"梦创家"教育公司，开展职业探索活动。

（4）主题班会：借助班级的团体动力帮助学生增强规划意识，掌握学习方法，提升规划能力，有"规划我的未来""我的学习方法"等主题。

四、中学一体化学业规划课程的实施机制

（一）学业规划指导依据

根据面向全体与个性化指导相结合的实施原则，学校研发了"学业规划发展路径图"（见图 3），帮助教师能够根据学生的个性化问题进行指导。依据此图能够具体清晰地评估学生在哪个节点上存在困难，为学生自我检查和教师个体辅导提供重要参考。比如，定向模糊的学生需要学习收集信息的方法，并了解关于自我、职业专业、学科学习、家庭因素等方面的信息，而犹豫不决的学生需要学习决策方法并尝试进行平衡选择。

（二）纵向衔接的实施策略

根据发展性的实施原则，学校将中学六年的课程进行一体化设计，分年级进行阶梯式推进，如图 4 所示。其中，初一的学业规划必修课与高一开学前的学业规划夏令营起到重要的衔接作用。

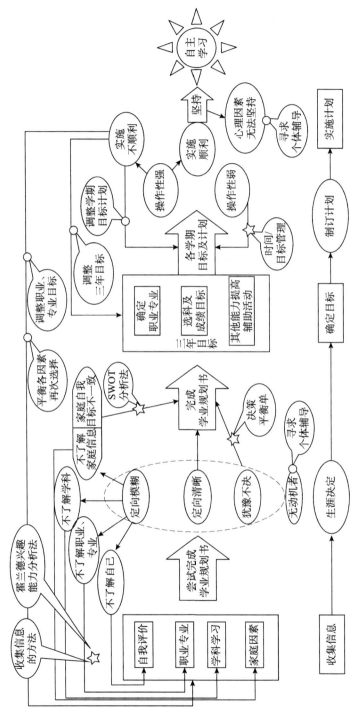

图3　学业规划发展路径

注：☆——自我管理方法的学习及应用；○——主动自我管理的行动。

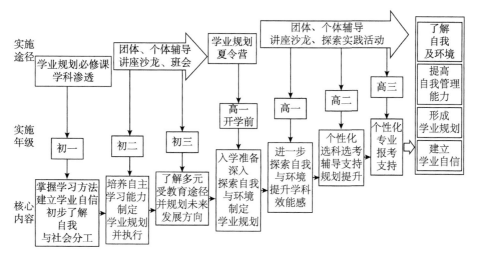

图4 纵向衔接的实施策略

五、中学一体化学业规划课程的实践效果

（一）对学生发展的影响

《自我调节学习量表》结果显示，与常模比较，本校学生自我调节学习总体水平很高，有很强的学习动机与学习策略。《高中生学业发展指导学生问卷》结果显示，本校学生的学业规划、学业技能、学业动机等均显著高于全区平均水平。对高一学生的访谈结果显示，绝大部分学生能够适应高中学习生活，一半以上学生制定了自己的学业规划。

（二）促进了学校整体教育教学质量的提升

学业规划课程体系已成为学校整体课程体系的重要组成部分。通过本课程，不仅学生的责任意识、学习动机等大幅提高，教师的教育教学理念和方法、学业指导的意识和能力也有显著提升。学校荣获教育部颁发的全国中小学心理健康教育特色校、全国德育实验学校和北京市课程改革先进单位。

（三）学业规划教育成果丰硕

学业规划相关成果获国家及市区级奖项30余项，其中《微目标成就大梦想》在北京市第八届中小学心理健康教育优秀成果评选中获一等奖，《谈高中生学业规划指导中的学科渗透策略》在 2017 年北京基础教育科研优秀论文评选中获二等奖，并主办及承办多次学业规划现场会，做多次公开课、展示课和交流发言。

"积极生涯发展"的学校心理健康教育课程研究[*]

近年来，学校心理健康教育受到广泛关注，带来了人民群众日益增长的提高心理健康教育质量的需要。第一是提高心理健康教育普及性、发展性的需要。心理健康教育不应局限于解决心理问题、缓解矛盾冲突的问题取向，而应站在人与社会发展的角度提高普及性和发展性。第二是提高心理健康教育实效性、长效性的需要。面对新时代、新发展，心理健康教育需要有效回应生活真实，提高实效性，也需要导向稳定的人格品质与毕生发展，提高服务于学生未来生涯适应与自主发展的长效性。第三是提高心理健康教育贯穿性、体系性的需要。心理健康教育亟须建立理念体系与实践体系，变零散的局部探索为具有贯穿性、体系性的标准化、常态化教育实践。致力于回应以上三方面需要，"积极生涯发展"的学校心理健康教育实践研究以积极心理学和生涯教育理念为引领，结合高中生的学习生活实际，站在人毕生发展的角度，关注人的优势、美德和主观幸福感，关注高中生的生涯规划与管理，建构贯穿于学校教育教学全过程的心理健康教育实践体系。

一、"积极生涯发展"的学校心理健康教育目标、内容体系

我们将"积极心理学主观幸福感五大主题""中小学心理健康教育指导纲要六大领域""高中生涯发展中面临的具体情境""本土化的积极心理品质体系"加以综合，建构出"积极生涯发展"的学校心理健康教育目标、内容体系。该体系具有三大特点。第一，以主观幸福感五大主题为最终所要实现的高级目标，体现积极发展、生涯自主以及悦纳人生的价值追求。第二，积极心理品质培养作为心理健康教育的基本目标，是达成主观幸福感五大主题的基础。第三，从高中生面临的具体情境出发回应生活的真实，每个情境和相应有待培养的积极心理品质对应起来。该体系结构框架和部分内容

---

* 本篇由白晔、武月、钱玉玉、王曦、冯岩撰写。

见表1。

表1 "积极生涯发展"的学校心理健康教育目标、内容体系

高级目标 主观幸福感	解释	《纲要》※心育六大领域	高中生面临的具体情境或者教育内容	初级目标 积极心理品质目标		高中各年级情境顺序		
				能力品质	个性品质	高一	高二	高三
积极情绪培养	愉悦、欢喜、入迷、温暖、舒适等感受	情绪调适	了解情绪的意义，识别和接纳各种情绪，合理表达情绪	理解：识别和接纳各种情绪	自制：有效控制自己的情绪，合理表达情绪	8		
			了解情绪影响因素和调节方法，运用认知调节、放松训练等方法调整情绪	逻辑思维：了解情绪的影响因素，针对情绪的影响因素思考调节方法	自制：运用各种方法调整自己的情绪	9		

※指《中小学心理健康教育指导纲要（2012年修订）》。

二、"积极生涯发展"的心理健康教育课程建设

根据教育部《中小学心理健康教育指导纲要（2012年修订）》和《北京市中小学心理健康教育工作纲要（修订）》，"积极生涯发展"的心理健康教育课程体系包含六大类课程群，它们分别是探索自我课程、和谐人际课程、高效学习课程、情绪调适课程、生涯规划课程、快乐生活课程。

学校在心理健康教育课程建设上的基本观念是：宽视野、多形态地开设心理健康特色课程。所谓宽视野，是指树立大课程观，统筹利用班会课、综合实践活动课程、社团活动、校本课程的课时。所谓多形态，是指心理健康教育课程打破学科、教室、校园、时间、空间以及教育者的边界和局限，表现出更加多元的学习方式与教学方式。下面以最具特色的生涯规划课程为例进行介绍。

生涯规划课程群包含生涯教育基础课程、生涯教育综合实践课程和生涯发展自我管理课程三大类课程，结构如图1所示。

生涯教育专题课程在传递生涯规划知识、技能方面有不可替代的作用，它在初高中非毕业年级以必修加选修的方式开设，完成了北京市地方教材

《初中生涯导航》《高中生涯规划与管理》的教材实验，实现生涯教育的系列化、序列化。

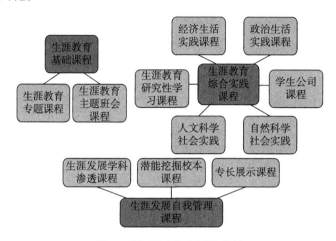

图1 生涯教育课程群的结构

如图2所示，为了在必备知识与学生需求之间找到适宜的结合点，教师在课程设计中都要通过调查法了解学生生涯规划方面的发展现状和需求。在教学设计和实施过程中，教师注重课堂情境创设，让学生体验自我反思、团体互动、人职匹配的各种情境。课程内容与学生生活相结合，学习方式侧重于在实践中感悟，在训练中成长，在体验＋感悟、道理＋训练的基础上自主学习、合作学习。每节课的实施之后，教师让学生以完善"学习与成长记录活页"的方式，留下课堂活动的印记，并且使课堂活动在课后得到延伸。

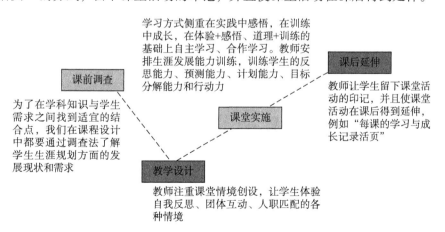

图2 生涯教育专题课程实施流程图

生涯发展主题班会课程做到了面向全体学生、覆盖全体学生。这类课程与学生现实的班级生活相联系，讨论的内容更加结合个人实际，体现出个性化的特点。而且此类课程的内容由学生主动选择和设计，发挥了朋辈辅导、相互促进的作用。如图3所示，生涯教育主题班会课程在各个年级各有侧重点。

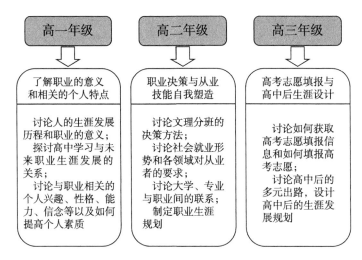

图3 生涯教育主题班会课程各年级侧重点

体验是综合实践活动的核心词，选择源于了解，而最好的了解途径莫过于亲身体验。生涯教育综合实践课程是学生在教师指导下有目的地在真实的生涯情境中体验、反思，将所学转化成内在智慧的体验课程。

生涯规划研究性学习是综合实践课程的重要组成部分。学校引导学生选择自己感兴趣的职业领域开展研究性学习。实践中，学生选用问卷法、访谈法、观察法对各类职业和从业者的胜任特征、价值观进行研究。生涯教育社会实践是综合实践课程的又一重要组成。在经济生活社会实践领域，"学生公司的管理与经营"课程是一门以政治学科为背景的职业角色体验课程。课上，同学们分角色扮演总经理、部门经理等，应用课上所学习的市场、经济核算、利润、开发客户、绿色消费、企业社会责任等知识，提出订单式销售、连锁销售和公益捐助等未来发展策略。在政治生活社会实践领域，"时事报社课程""模拟联合国课程"等让学生获得多种职业角色体验。自然科学社会实践领域，"节能减排设施开发""生物技术实践"等课程引领学生体验市场调研、记者采访、经费论证等工作的具体内容。人文科学社会实践领域，"旅游资源开发""天文科技活动"等课程引领学生了解不同的职业领域。

生涯发展自我管理课程是指学生根据自我探索、环境探索和初步的生涯规划，在高中阶段为选择未来奠基的知识获取、技能训练和潜能开发课程。生涯发展自我管理课程的内容与结构如图4所示。

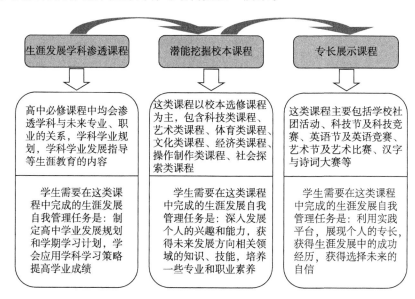

图4　生涯发展自我管理课程的内容与结构

三、"积极生涯发展"的心理课教学模式

从案例研究中，我们提出了"积极生涯发展"的心理活动课教学设计的4项原则、3条基本设计思路、6个基本课堂教学环节、6种课堂体验活动策略、3种积极经历分享与创造策略、3种积极情绪体验激活策略。我们把它们并称为"积极生涯发展"的心理课教学4－3－6－6－3－3模式。

如图5所示，"积极生涯发展"的心理活动课设计的原则、思路、环节以及教学实施的策略之间存在有机的联系。教学设计阶段，我们重点进行的工作有主题和内容确定、教学环节确定、课堂活动设计三项，指导以上三项工作的是心理活动课设计4原则、3思路，课堂教学6环节和体验活动6策略。教学实施阶段，我们要重点把握的是课堂活动的实施、积极课堂情境的创设和积极情绪体验的激发，指导以上三项工作的是体验活动6策略、积极经历分享与创造3策略和积极情绪激活3策略。

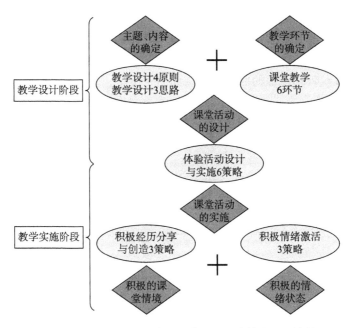

图 5　心理课设计原则、思路、环节以及实施策略之间的关系图

四、"积极生涯发展"的心理健康教育评价方案

（一）教育设计评价方法和指标

针对每份教育方案、设计，2～4 位专家、同行依据评分表分别独立评分，最后计算总平均分和各分项指标平均分。评价指标包括：主题选取、设计理念、目标设计、途径方法设计、过程设计、反馈评价设计、巩固延伸设计及文字表述 8 项。

（二）教育实施评价方法和指标

利用观察法，请观摩课程、活动的专家、同行填写观察记录表，记录师生情绪体验、行为表现的时长和频次，获得相对客观的数据。"心理活动课课堂观察记录"记录教师的知识技能讲解、积极引导、示范演示、积极评价、个体辅导、组织活动、积极经验分享、积极情境创设、积极品质训练、调整学生情绪 10 种行为；记录学生的听讲、回答问题、参与活动、合作讨论、展示分享、获得积极经验、认识和调整情绪、展现积极品质、获取积极资源 9 种行为。"积极心理品质观察记录"记录学生 24 项积极心理品质的表现情况。"积极情绪观察记录"记录认识自我、学会学习、人际交往、情绪调适、升学择业、生活和社会适应过程中的积极情绪。

（三）学生积极心理品质测量工具的编制

我们利用探索性因素分析，经过初测问卷的编制、实施、再测等一系列程序，打破了原来的 6 大类 24 项积极心理品质理论构想，建立了四大类 24 项积极心理品质的本土化结构模型，如表 2 所示。

表 2　四大类 24 项积极心理品质本土化结构模型

类别	积极心理品质
智慧	创造力、求知、乐学、逻辑思维、洞察力
个性	真诚、勇敢、坚持、活力、谦虚、审慎、自制
社会性	友善、助人、理解、领导力、团队合作、公平、宽容
超越	审美、感恩、幽默、乐观、信念

我们修订完成了包含 25 个李斯特 5 点量表式题目和人口学变量的《积极心理品质量表》。采用 Cronbach's alpha 系数（内部一致性信度）作为信度指标，整个问卷的内部一致性系数为 0.833，符合统计学对问卷信度的要求。采用问卷的各维度之间、维度与问卷总体之间的相关程度分析来检验问卷的结构效度，各维度之间及四个维度与问卷总分相关在 0.621～0.716 之间，问卷效度可靠。

五、"积极生涯发展"的心理健康教育效果

（一）学生的积极心理品质逐步形成

用《积极心理品质量表》对研究对象样本 110 名高中生进行"前后测"差异检验，24 项积极心理品质的后测得分除"勇敢"一项为 2.92 分外，其他均在 3 分以上，可见各项积极心理品质的发展均处于中等偏上水平。24 项积极心理品质后测得分较之前测均有 0.001 水平上极其显著的提高，其中提高最大的是理解、感恩、审美、宽容、领导力五项，三项为社会性品质，两项为超越品质。

（二）心理健康教育的质量得到提升

1. 教师心理健康教育设计与实施的水平提高

实践检验阶段，按教育设计评价方法和指标进行评估，提高最大的几个指标是：主题选取、目标设计、途径方法设计、过程设计、巩固延伸设计。按教育实施评价方法和指标进行观察记录，结果显示：第一，教师的课堂行为中明显增加的是积极品质训练、积极经验分享、积极引导、积极评价和积极情境创设。第二，学生课堂行为明显增加的是展示分享、展现积极品质和获取积极资源。第三，学生展现最多的是求知、洞察力、创造力、感恩、坚持、活力、领导力、团队合作8项积极心理品质，以及自信、投入的状态、归属感、平静、目标感、满足感6项积极情绪。

2. 心理健康教育的效果持续改进

首先，心理健康教育的问题取向得到转变，积极心理学取向和生涯发展取向得到加强。其次，心理健康教育贯穿于教育教学全过程，更加贴近学生的真实学习、生活。再次，心理健康教育效果得到长期显现，学生自我管理、自我提高的动力在不断加强。最后，心理健康教育给学生带来越来越多的实际获得，并越来越受学生认可和喜爱，心理健康教育满意率从五年前平均88.9%上升为98.5%。

（三）"积极生涯发展"的心理健康教育成果积累

"积极生涯发展"的心理健康教育研究过程中积累了一系列成果，也获得了市区级不同项成果评比的认可。2018年主持的市规划青年专项课题"积极心理学取向的高中心理健康教育活动课研究"顺利结题并获得北京市基础教育教学成果二等奖。论文获得7项市级一等奖，4项区级一等奖；课例、案例获得6项市级一等奖以上奖项；两项课程建设成果获得市级一等奖。"积极生涯发展"的心理健康教育研究系列成果相继出版或发表，专著一本，合著三本，教材两本，发表论文两篇。

（四）"积极生涯发展"的心理健康教育影响力扩大

2015年，学校以"积极生涯发展"的心理健康教育特色申报成为教育部首批全国心理健康教育特色校。"积极生涯发展"的心理健康教育成果在研发、检验期得到了不同平台的推广，影响力不断扩大。我们承接了4场跨省市的和1场大学的专题讲座，承担2节市级公开课，5节市级录像课，2节区级公开课和1次区级培训授课，4次市区级主题发言。

综上所述，"积极生涯发展"的心理健康教育实践研究以其普及性、发展性、实效性、长效性、贯穿性、体系性的视角，采用科学研究的方法，建构了高中心理健康教育的特色理念体系和实践体系。面对未来，我们以新的视角立项了"中国传统文化视域下的中学积极心理健康教育研究"新课题，以期从中国文化基因的角度进一步实现积极心理学、积极心理健康教育的本土化、体系化、常态化，让教育实践更加适合当代中国发展，培养心理健康的高素质时代新人。

"中草药与生物技术" 开放式创新课程开发研究*

全国教育大会要求增强教育服务创新发展的能力，突出创新意识和实践能力的培养。创新能力是学生未来从事科学研究所必备的基本素质，高中阶段是学生大脑逐步成熟、思维能力提升的关键时期，也是培育创新能力的关键时期。生物学是培养学生创新能力的重要学科，传统课堂教学重视基础知识的落实，忽视学生能力的发展，新课标要求发展终身学习及创新实践能力。本研究开发"中草药与生物技术"开放式创新课程，以高中生物课程为基础，通过中草药主题相关的系列课程及科技创新活动，探索通过教学实践提高创新能力的方法。

一、"中草药与生物技术" 开放式创新课程体系

在高中生物课程的基础上，建立一套围绕中草药与生物技术为中心，突出传统文化与现代生物技术的结合，关注创新能力的培养的一套开放性课程体系（见图1）。

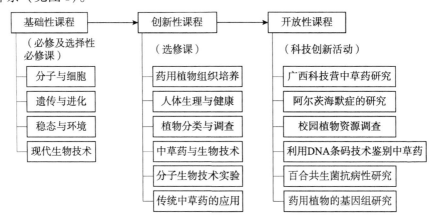

图1 "中草药与生物技术" 开放式创新课程体系

---

* 本篇由邱阳、张彦帅、贾倩、时宝茹、贾艳红撰写。

基础性课程主要在高一年级开设，面向全体高中生，落实生物学核心素养，激发学生学习热情与探索未知事物的兴趣，初步培养创新思维和创新能力。创新性课程贯穿于高一下学期至高三上学期，面向学有余力，且对中草药研究及生物技术有兴趣的同学。开放性课程面向创新性课程中表现优异、有志于进行中草药及生物技术相关研究的同学，通过科研实践发展学生的高水平创新能力。

二、"中草药与生物技术"基础性课程教学模式

基础性课程教学中新授课以教材内容为主，利用经典科学实验的资料，培养学生的基本思维方法和研究思路，渗透中草药相关知识和创新思维。复习课主要利用课本以外的相关素材，创设真实复杂的情境，激发认知冲突，通过学生小组讨论、学生汇报、课后研讨等多种形式，提升学生创新能力。课堂教学设计关注学生的思维发展过程，以问题串的形式引导学生思维，养成良好的思维习惯。注意知识内在的逻辑性，偏重学生思维能力的培养，课堂环节可采用头脑风暴、侧向思维等思维训练方法，激发学生的创造性思维。培养学生在开放情境下解决实际问题的能力，鼓励学生将课堂的问题带到课下，适当开展课外探究活动，开阔学生视野。基础性课程课堂教学模式如图2所示。

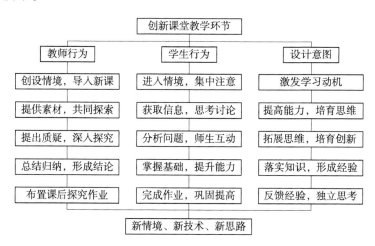

图2　培养学生创新能力的课堂教学模式

三、"中草药与生物技术"创新性课程教学模式

本研究开发了中草药相关的生物技术类创新性课程（见表1），每门课程16~18课时，让学生在学习与实验的过程中逐步掌握生物学实验方法与探究思路，从多角度阐释和认识传统中草药，关注中草药对人类健康生活的影响，继承并发扬传统中草药文化。围绕主题灵活安排教学内容，给学生提供更多合作交流、自我展示的机会，每学期至少安排一次创新实验和参观活动。

表1　创新性课程名称及主要内容

课程名称	主要内容
药用植物组织培养	掌握植物组织培养的原理和过程，完成培养基配制、无菌操作、移栽和炼苗等技术，了解其在现代药用植物繁育中的应用
人体生理与健康	拓展人体生理相关知识，了解中草药对治疗疾病的作用，如心脑血管疾病与银杏叶，SARS 的中草药辅助治疗等，养成健康生活的习惯
植物分类与调查	学习植物分类和鉴别的知识，掌握常用的植物调查方法，识别常见的药用植物，撰写药用植物调查报告
中草药与生物技术	中草药历史文化，中草药现代研究进展，常用鉴定技术原理，中医研究所参观学习，中草药抑制肿瘤的活性成分等
分子生物技术实验	DNA 提取和鉴定的原理，植物基因组 DNA 的提取，分子实验常用试剂的配制方法，植物基因组 DNA 的检测和鉴定，聚合酶链式反应（PCR）等
传统中草药的应用	包括"酸酸甜甜就是我""饮领天下金银花""大山楂丸的制作"等内容，知道药食同源的基本原理，关注中草药对人们生活的影响

四、"中草药与生物技术"开放性课程指导模式

通过选定的主题激发学生发散思维，产生一系列创新实验的想法，筛选可行性、创新性较好的课题，利用本校创新实验室及相关科研机构实验室，指导学生完成相应创新实验，取得创新研究成果。

探索高中和科研机构联合培养模式，与中科院、首都师范大学、中央民族大学、农科院等科研院所建立长期合作关系。形成2位高中教师和1位专家共同指导的"2+1"指导模式，高中生物教师负责校内课程实施及课题管理，专家负责指导高水平创新实验，形成研究成果（见图3）。此外，还尝

试以游学的形式集中开展研学活动，在广西华夏本草药用种植医药基地、广西药用植物园等单位完成专题研究，并撰写研究报告12篇，形成广西科技营学生论文集。

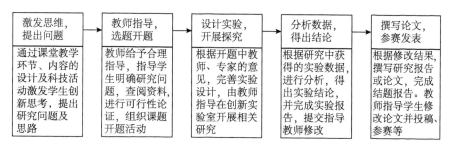

图3　指导学生科技创新活动基本流程

五、"中草药与生物技术"高中生物创新实验室建设

根据创新课程与学生的需要，结合专家意见，在现有生物学常规实验室的基础上，进一步建设植物组织培养实验室、节能型日光温室及分子生物学实验室，建设以"中草药组织培养与分子生物学"为主题的高中生物实验室。由学校各职能部门和生物组教师共同负责日常运行与维护。实验室课程开展由课程与创新人才培养中心管理，实验室日常运行由生物实验员负责，创新实验部分由学校特聘留美博士后专人负责。拟定《创新实验室安全管理制度》《创新实验室开放交流管理制度》和《创新实验室精密贵重仪器设备管理与使用制度及安全保护措施》，并严格按照规章制度进行管理，保证师生顺利、有序地开展相关创新实验。

六、特色与成效

中草药文化是中国传统文化的重要组成部分，本研究将中草药文化与现代生物技术融合，贯穿于各层次高中生物课程。不但可以指导学生正确认识传统的中草药文化，更期望学生运用现代生物学的方法去探索传统文化的内涵，深入发掘传统文化中的精华，切实做到传承与弘扬中草药传统文化，牢固树立文化自信。

科研创新不只是少数尖子生的专利，本研究面向全体学生，从高中生物课堂出发，形成了一套低起点高落点的生物学创新人才培养模式。让全体学生接受创新课程的培养，提高整体的创新能力；经过逐层筛选，特长生有机会参与高水平的科研活动，获得自我展示的机会。本课程从 2015 年实施以来，为本校培养学生 2000 余人，通过市级选课平台及区内各项教学活动，累计服务学生超过 4000 人次。课程的实施不但提升了学生的学习兴趣，还大大丰富了学生的选择。开展中草药与生物技术相关学生研究课题 200 余项，学生重点课题 30 余项，指导学生在国家级期刊发表科研论文 5 篇，例如学生课题"分子生物学技术在中草药鉴定中的应用"，分别在《生物学通报》和《教育与装备研究》发表论文《DNA 条形码技术在金银花和山银花鉴定中的应用》和《校园植物连翘与迎春花的 DNA 条形码鉴定》，学生课题"校园植物调查"在《教育与装备研究》发表论文《校园植物调查——以北京九中为例》。学生课题"生物钟对景天科酸代谢植物夜间积累有机酸的影响"在北京市青少年科技创新大赛中获三等奖。在历次大型考试及高考中，学生成绩有明显进步，尤其在实验探究、创新思维类题目中表现突出。此外，很多学生树立了为人类的健康事业服务的伟大志向，希望高中毕业后从事中医药相关专业学习，投身我国传统医学研究。

本研究推动教师理论水平的提升和自身创新能力的发展，为教师提供更多展示自我的机会，提升区域学科教学水平。课题组教师完成市级公开课 5 节，区级公开课 12 节，教学设计在各项教学比赛中获市级奖项 15 人次，区级奖项 40 余人次，教师撰写教学论文发表在各级期刊上。如张彦帅老师的《细胞凋亡实验在高中开展的实例》获得北京市教师实验设计大赛一等奖，邱阳老师的《探究根向地性的产生机制》获得北京市基础教育教学设计大赛一等奖，论文在《生物学通报》上发表，《植物激素调节》获第二届"京教杯"教学设计大赛二等奖等。

第二章

专业视野下的校本课程探索

中小学教育戏剧课程体系建设的实践研究
小学"劳动+"整合课程建设的实践研究
"在博物馆中学习"小学美术校本课程的研究
依托国学经典教育的幼儿园教育戏剧活动的研究
依托传统节日开展社会性主题活动课程的研究

中小学教育戏剧课程体系建设的实践研究[*]

戏剧作为一种多元的艺术形式，运用于教育中，具有独特的魅力与育人作用。将戏剧的理念和元素运用于教育教学当中，是教育改革发展的需要，是学生核心素养提升的有效途径。因此，北京市京源学校莲石湖分校基于党和国家教育方针及政策要求，结合学校办学特色，落实立德树人的根本任务，打破学科壁垒，变革教学方式，打造了教育戏剧校本课程体系。

一、教育戏剧的内涵

教育戏剧是将戏剧与剧场的技巧运用于学校课堂的一种教学方法，重点在于课堂内的即兴演出和虚构的角色扮演与模仿。教育戏剧注重过程而非结果，注重创造而非排练，注重学生合作而非教师讲授。

教育戏剧的主要功效是促进学生的主动性发展，提高学生思考和解决问题的能力，增强学生的学习兴趣，它可以与不同学科、不同的教育内容形成整合性课程在学校发挥作用。教育戏剧的本质是让儿童和青少年在戏剧中学习认识自我、认识他人、更好地生活，而这些也是核心素养的目标。在教育戏剧中，学习者既是参与者又是观察者，是经验的中心，在探索中学习，在游戏和体验中获取知识，在即兴创作中呈现知识与潜能。

二、教育戏剧校本课程的建设体系及实践

1. 一个基础：教师培训

教师培训是课程建设的基础。根据教师的学习规律及学习效益最大化原则，本校的教师培训分为三个阶段，即播种阶段、发芽阶段、生长阶段，按照"启蒙（初阶培训）—自主探索（实践）—进阶（中阶培训）—熟练操作（实践）—提升（高阶培训）—创造运用（实践及展示）"六环节螺旋上升。

---

* 本篇由李秀玲、王国强、王欢欢、张玉娇、赵安然撰写。

2015—2016 年，北京市京源学校莲石湖分校邀请香港王添强老师的团队对全体教师进行了教育戏剧初阶及中阶培训。教育戏剧的初阶培训作为金字塔的底层，旨在向教师们宣传教育戏剧的理念及基本技能。在初阶培训之后，通过工作坊及实习教学，探索戏剧应用在教育中的策略，深入研习创作性戏剧、教育戏剧、戏剧艺术技能传授，学习课程的设计及编写，实践各种戏剧策略的实务，完成中阶培训。

2017—2019 年，北京市京源学校莲石湖分校通过"引进来"和"走出去"相结合的方式，对部分优秀的种子教师进行了教育戏剧高阶培训。这种培训方式激活了教师团队的创造力和研发能力，教师能够更加灵活地、有创造性地运用教育戏剧，服务于课堂教学和德育活动。

2. 两大领域：课堂教学和德育活动

北京市京源学校莲石湖分校教育戏剧课程在小学和初中的语文、数学、英语、体育等多学科进行了课堂教学的融合。在心理、班会、道德与法治的课堂上进行了应用，将教育戏剧应用在德育活动中，助力于德育活动有趣地着陆。

（1）课堂教学。

北京市京源学校莲石湖分校一、二年级均开设教育戏剧课，主要由该校心理教师来完成教学工作。除了专题教学之外，该校教育戏剧课程在小学和初中的语文、数学等多学科进行了教学融合和学科渗透。教育戏剧应用在课堂教学中，对传统课堂教学进行了有力补充，在培养学生学科素养的同时，提升了学生综合能力。

（2）德育活动。

德育活动作为育人阵地，必然少不了教育戏剧的影子。教育戏剧通过班会、社团、戏剧节等方式开展，深受学生喜爱。自 2016 年以来，北京市京源学校莲石湖分校举办戏剧节及"六一"戏剧展演共五场，累积演出剧目上百个，主题涉及"传统文化""文明校园""红色教育"等多个领域，为学生提供了全面发展的空间和平台。

3. 三个层次：点、线、面

（1）戏剧游戏以"点"的形式融入课堂。

"点"的融合是指，在课堂教学中融入一些教育戏剧的元素。低年级语文课上的环境描写就可以让学生用身体来搭建环境，英语课上的角色扮演等，都是戏剧元素应用到课堂的例子。

（2）戏剧情境以"线"的形式融入课堂。

"线"的融合是指，教师在课堂教学中，以一条戏剧情境的主线贯穿于教学的全过程。教师在课堂中设置一个戏剧情境的时候，学生是带着任务参与到课程之中的。所以，学生的参与感和情境化会更强，也可以将抽象的知识具象化、图景化，可以带来很好的课堂效果。同时，这条主线能推动知识的进展。

比如，当学习初中立体几何的时候，教师设置了这样一个情境：学生们都是新入职公司的设计师，需要给学校旁边的公园地区做一个地标。学生们要进行入职培训，即学习几何图形，然后经过考试，由他们设计出当地的地标，做出这几个侧立面图和透视图的设计，并且撰写相关的投标书。

（3）戏剧氛围以"面"的形式融入课堂。

"面"的融合一方面是指课堂教学整个都沉浸在教育戏剧的氛围中；另一方面指的是跨学科的一种融合。在一个戏剧活动中，会涉及历史、地理、语文，也可能会用到数学、心理学等，所以，它是一个更综合的学科融合，而不仅仅是学科教学。

三、效果与反思

1. 实践效果

（1）帮助教师个人成长和专业成长。

教师经过系列培训，在教育教学理念方面得到了很大的提升。教育戏剧让课堂从教师单一讲授变为学生主动学习，从体验到感受，从学习到应用，教师的专业水平得到迅速成长。北京市京源学校莲石湖分校先后承担了两项市级课题"运用教育戏剧开展小学低年级性生理与自我保护的实践研究"和"运用教育戏剧开展小学生预防校园欺凌教育的实践研究"，一项区级课题"教育戏剧对小学生移情发展的影响研究"。教师经过实践，教学能力和科研水平不断提升，获得全国特等奖1个、市级一等奖1个、二等奖3个、三等1个。

（2）帮助学生成为更好的自己。

戏剧是很好的综合艺术工具，能够帮助学生协调左右脑的发展，使学生大脑和身体得到更健康的发展。教育戏剧以学生的个人成长为本，重视学生自信、合作、批判思维等个人能力的培养和提升，使学生的审美能力以及个人综合素养得到提升；培养孩子同理心；激发孩子的想象力和智力的发展，使他们具有创造和发现未知的潜能。教育戏剧的活动和课程，帮助孩子成为更好的自己。

（3）帮助学校成为更有活力和影响力的乐园。

北京市京源学校莲石湖分校教育戏剧课程的建设，在区域内已经具有一定的影响力。学校召开的主要现场会和教育戏剧公开课共 18 次，在北京市"中小学性健康教育活动""北京市德育区校行""石景山区绿色教育论坛""石景山区安全教育大会""石景山区教育教学大赛"等重大活动中，都可以见到教育戏剧的身影。在北京师范大学校长培训学院的组织下，来自香港、沈阳、山西、内蒙古等全国各地的校长和德育干部参加过教育戏剧的研讨会及现场课观摩，各方人士都对该校教育戏剧课程的开展表示高度赞赏。

2. 实践反思

（1）加强教师培训以及不同学科教师之间的合作研讨。

教育戏剧作为一门新兴的教学方式，对于大部分的教师而言，都需要一个接受的过程。理念上的更新需要不断学习、体验来获得，而实践中的提升，需要更多的专业培训和同侪交流，才能提升教学能力。

同时，教育戏剧作为一种教学方式，融合到学科中为学科服务，不能因为加入教育戏剧而顾此失彼。教师不仅要研读本学科的教学大纲、教材、学科核心素养，还需要掌握教育戏剧与本学科的结合点，势必需要更持续的培训和同侪交流。

（2）完善评价机制体制。

在今后的课程开发中，需要更加完善的评价机制。运用多元智能的理论，对学生的发展、教师的课堂教学做出更加全面、客观、科学的评价，这也是进一步课程实施的良好基础。

四、未来研究展望

本研究基于学生终身发展，立足学校教育和区域教育特色发展，以核心素养为指导目标，落实"五育并举"精神。通过教师培训、课程开发、社团活动、戏剧节、课题研究等方式开展实践研究，培养学生认识自我、人际交往、想象力、自主性等品质和能力，实现课程育人、活动育人，培育慧雅学子。

小学"劳动+"整合课程建设的实践研究[*]

2018 年在全国教育大会上习近平总书记指出,要努力构建德、智、体、美、劳全面培养的教育体系,在学生中弘扬劳动精神,教育引导学生崇尚劳动、尊重劳动,懂得劳动最光荣、劳动最崇高、劳动最伟大、劳动最美丽的道理,长大后能够辛勤劳动、诚实劳动、创造性劳动。2019 年年初,中共中央办公厅、国务院办公厅印发了《加快推进教育现代化实施方案(2018—2022 年)》,明确提到了要"大力加强体育美育劳动教育。加强劳动和实践育人,构建学科教学和校园文化相融合、家庭和社会相衔接的综合劳动、实践育人机制"。

不论是习近平总书记的重要讲话,还是国务院关于教育的相关文件都明确将劳动教育从德育、智育、体育、美育中独立出来,这显示出在当今时代,劳动教育的重要意义和重要价值。

一、学校劳动教育的现状分析

学校劳动教育的开展主要通过劳动技术课程来承载,而劳动技术课程更多的是关注学生劳动作品的创作、信息技术基本操作,缺少对学生劳动态度、劳动价值观、劳动习惯的培养。

从对学校三年级至六年级学生参与家务劳动调研的情况来看,学生很少参与家务劳动,即使参与也是最简单的项目;在对待劳动这件事情上,很多学生也表现出对参与家务劳动的不屑,在他们看来,家务劳动又脏又累,还会占用自己游戏的时间。从家长对学生参与劳动的态度来看,家长对学生参与劳动也不是十分支持,通常家长认为孩子的主要任务是学习,参与家务劳动是浪费时间。在学生参与劳动实践方面,学校也没有给予充分的重视,过往由学生参与的值日活动,也多由学校聘请的保洁员来完成。

从上面的情况分析来看,现阶段学校劳动教育不论从课程设计方面还是

---

[*] 本篇由刘晓群、张洁、刘靖、林冬梅、徐红钰撰写。

从劳动参与角度都有所缺位，因此，学校需要从育人的基本载体课程重构的角度来重新规划劳动教育的落实。

二、"劳动＋"群建构的目标及课程建构方式

（一）课程目标

教育部颁布的《教育部等关于加强中小学劳动教育的意见》中明确指出劳动教育的主要目标是："提高广大中小学生的劳动素养，促进他们形成良好的劳动习惯和积极的劳动态度，使他们明白'生活靠劳动创造，人生也靠劳动创造'的道理，培养学生勤奋学习、自觉劳动、勇于创新的精神，为他们终身发展和人生幸福奠定基础。"

结合国家劳动教育培养目标和学校培养目标，我们提出"劳动＋"课程目标如下。

（1）培养新时代劳动意识：培养对劳动的兴趣，积极主动参与劳动，尊重劳动者和劳动成果。

（2）培养创新精神：通过劳动的锻炼，在劳动过程中勇于探索，发现问题，创造性解决问题，提升批判性思维能力。

（3）培养劳动实践能力：在劳动实践中善于发现问题、分析问题，能够应用劳动技术解决实际的问题。

（4）培养责任担当意识：在劳动中提升学生责任感，勇于担当，学会合作，具有奉献精神。

（二）"劳动＋"课程群建构方式

围绕"爱育智识　乐纳人生"的爱乐办学理念，基于学生一生的发展需要，通过学科教学、校内外活动及家庭教育三个角度，整体建构学校"劳动＋"课程群。

"劳动＋学科"从三级课程整体推进。基础型课程，一方面通过国家课程中的劳动技术课普及劳动基本技能；另一方面，国家课程中的其他学科，教师结合教学内容有机渗透劳动教育，培养学生劳动意识，感受到劳动是光荣的。拓展型课程则是将地方课程、校本课程与国家课程的内容有机整合实施教学，并在其中融入劳动中的传统文化知识，进一步增强学生的劳动意识，感受到人类在长期的劳动实践中创造出美好的生活与文明。研究型课程则通过"幸福人生"动手实践课程的文化册学习，引导学生在具体的实践中

去进一步感受劳动中的智慧，丰厚学生文化底蕴；感受劳动价值，体会劳动创造美好生活。

"劳动＋家校协同"依据国家传统节日开发的"节日文化"主题活动课程、家长课堂、学生生活实践家务劳动评价，校内开展节庆活动，引导学生了解节日中的习俗与传统文化知识；校外与家长开展家校协同，引导孩子在家参与家务劳动，习得劳动技能，传承中华文化。

"劳动＋校区联动"重在劳动实践，依托"幸福人生动手实践"课程的实践册，班级建立劳动实践基地、校内开垦种植实践基地、校外开发"园博园"科学公园实践基地，分别开展种植、养蚕、建筑搭建等劳动实践活动，在劳动实践中记载学生劳动实践过程中的研究记录与收获，培养学生劳动技能、探究能力与创新意识。从而形成发展必备素养，培养德、智、体、美、劳全面发展的人。

三、"劳动＋"课程群有效实施方式

（一）形成基于"劳动＋"理念的学科教学框架体系

"劳动＋"课程通过三级课程整体推进。在国家课程中结合教学内容渗透劳动教育、培养劳动意识，教师梳理国家课程教学内容，找出与之相结合的点有机进行劳动教育的渗透，并在课堂学习中有机融入劳动教育；在校本课程中，教师结合课程中相关联的内容，纵向打通三级课程界限，从方法的融合、内容的融合、精神的融合进行探索，找准基础课程和地方课程内在的统一性和融合的可能性，有序推进以劳动教育为主线的教学实践研究，并在教学设计中予以体现，形成学科教学框架体系。

（二）规范"劳动＋"课程实施途径与过程

1. "劳动＋学科"——掌握劳动技能，培养劳动意识，感悟劳动智慧

"劳动＋学科"基于三级课程整体推进，在课堂学习中有机融入劳动教育。国家课程结合教学内容渗透劳动教育、培养劳动意识，掌握一些基本劳动技能；校本课程整合实施，开展学科联动深入推进；研究课程学习以劳动实践为主题感悟劳动智慧，丰富文化底蕴。

（1）基础型课程推进，渗透劳动教育，培养劳动意识，掌握基本技能。

教师梳理国家课程教学内容，找出与之相结合的点有机进行劳动教育的渗透。"学习金字塔理论"提到："学生在做中学的学习有效性在70%，将

所学知识马上应用并教会别人的有效性在90%。"动手实践是劳动教育的有效体现，通过动手操作和应用能促进学生学习效率，在多学科课程标准中都将动手实践作为学科学习的手段之一。学生通过动手实践主动进行知识的建构，将劳动技能与数学、语文、科学、音乐等学科教学结合，凸显学生学习自主性，感受到劳动的价值。

（2）拓展型课程推进，三级课程整合，联动深入实施，强化劳动意识。

将劳动实践和多学科教学进行融合，引导学生多角度建构知识，从而呈现出多元、立体的思维模式，建构知识之间的联系。在学生经历劳动实践的过程中，获得劳动体验、习得劳动本领、创造劳动价值、传承中华传统文化。

（3）研究型课程推进，聚焦劳动教育，感受劳动智慧，丰厚文化底蕴。

"幸福人生动手实践"系列课程——教师依据《玩具文化》《种植文化》《中医药文化》《桑蚕文化》《建筑文化》《西山文化》等"文化册"丛书，围绕"衣、食、住、行、玩"展开，"文化册"重在引导学生感受劳动实践所创造的丰富传统文化知识，在学习中引导学生感受劳动智慧，丰厚学生文化底蕴。学生在主动参与、自主合作、快乐体验、大胆创新中获得对文化的感知、对知识的体认和对劳动创造价值的认同。

2. "劳动＋家校协同"——开展家校协同，学会家务劳动，感悟中华文化

（1）"节日文化"主题活动，培养劳动技能，感悟劳动文化。

学校开发"节日文化"校本课程，将一年中的传统节日进行梳理，总共包括九个主题（见表1）。

表1　节日文化主题内容

	主题内容	节日民俗	参与劳动实践内容
主题一	家好月圆庆中秋	赏月、团聚	和家人一起做团圆饭
主题二	孝暖夕阳　爱在重阳	敬老、登高、赏菊	和家中老人登高、赏菊
主题三	其乐融融过腊八	吃腊八粥	泡腊八蒜、熬腊八粥
主题四	欢庆除夕年	守岁、吃年夜饭、贴门神、贴春联	贴春联、贴福字、包饺子
主题五	喜迎新春　感受真情	打春、吃春饼	做春饼
主题六	正月十五闹元宵	赏花灯、吃元宵、猜灯谜	做灯笼、包元宵
主题七	缅先烈　知民俗	吃寒食、祭祖	祭扫
主题八	粽叶飘香敬屈原	划龙舟、吃粽子	包粽子
主题九	巧手七夕　分享幸福	穿针乞巧	种生、晒书

围绕节日契机开展主题活动，校内引导学生了解各个节日形成的由来、节日中的习俗、节日中的传说及与之相关联的诗词歌赋，传承中华文化；校外引导孩子在家参与家务劳动，和家人一起了解节日习俗，学做节日美食。劳动使得学校与家庭教育之间寻求到了有效的契合点，在劳动实践中促进融洽的亲子关系，习得劳动技能，感悟中华传统节日的文化内涵，传承家庭孝道，形成良好家风。

（2）结合《生活实践手册》，培养劳动技能，养成劳动习惯。

在学生家务劳动能力和劳动习惯养成方面，学校结合石景山区开发的《生活实践手册》，家长为孩子创设参加家务劳动的机会，引导孩子学会家务劳动，注重习惯培养。教育学生自己的事情自己做，在劳动实践中参与孝亲、敬老、爱幼方面的劳动，转变家长对孩子参与劳动的观念，形成劳动教育合力，培养学生对自己、对家庭负责任的责任意识。

（3）家长讲堂，补充教学力量，充实课程内容。

学校家长中不乏"能工巧匠"，有着丰富的人力资源，家长依据自己的职业、特长自愿申报讲课内容，不断充实家长资源库。学校结合"劳动＋"课程聘请具有劳动专业技术的家长走进课堂、劳动基地为学生进行劳动技能、劳动创新的教学。如学校"种植文化"课程中，将有耕种经验的家长邀请到生态园，边指导边讲解，培养学生农耕技术；在"建筑文化"课程中，家长开展建筑结构等知识的讲座，拓展了学生的视野，充实了课程的内容。

3. "劳动＋校区联动"——提升劳动技能、形成探究意识、培养创新能力

"劳动＋校区联动"重在劳动实践，学校基于学生深入实践，开发由班级到学校到校外的劳动实践基地课程，提升劳动创新能力，感受到劳动最光荣。

"在博物馆中学习" 小学美术校本课程的研究[*]

"在博物馆中学习"综合实践活动在四年级中进行，此活动是北京市石景山外语实验小学一门重要的校本课程，课程从前期的实地调研，素材的挖掘，教材的编写，同时每年结合学校艺术节开展相应的中国传统文化艺术活动，每一次活动都在实践中不断完善。

本活动教师为学生创设开放性研究内容，尽可能地创设欣赏时间、评述空间和直观地进行审美感受，旨在提升小组合作学习意识与能力，小组内交流后到班级内交流，在交流前做好信息的收集与整理工作，确定交流内容与人员安排，从而提升学生自主学习的能力，收集、整理和处理信息的能力，在交流的过程中，提高学生交流表达的能力，在整个艺术综合实践活动中激发学生对壁画艺术的喜爱，逐步形成主动对壁画进行欣赏与评价的意识，激发学生关注身边的艺术，爱家乡、爱祖国，尊重传统文化瑰宝的情感，美术素养得以提升。

一、问题的提出

（一）博物馆丰富的教育资源为学习活动提供了丰富的学习资料

博物馆资源是社会文化与科学技术的缩影与精华，丰富的教育资源是任何一所学校不可能具备的，博物馆丰富的藏品为学习活动提供了丰富的学习资料。学生们可以在博物馆中实现快乐学习、自主探究学习，是进行综合实践的场所，成为学校开展综合实践活动的第一课堂；目前，越来越多的博物馆公共教育部都支持并配合学校开展各项工作，让学生在真实的环境中产生最真实的体验，使学生在博物馆中学习成为可能。

---

* 本篇由潘红撰写。

（二）有主题地"在博物馆中学习"与学校育人目标相吻合

学校育人目标即全面健康发展，凸显人文素养，培养国际视野，彰显英语特长。《小学美术课程标准》指出：通过美术课程，学生了解人类文化的丰富性，在广泛的文化情境中认识美术的特征、美术表现的多样性以及美术对社会生活的独特贡献，并逐步形成热爱祖国优秀文化传统和尊重世界文化多样性的价值观。

教师根据博物馆资源，结合学校综合实践有针对性地设计活动方案，有计划、有目的、有组织、有主题的博物馆的校本课程，旨在全面提高学生的人文素养，提高学生的美术素养，做到全面发展。

（三）课程为学生的终身发展奠定基础

校本课程有明确的活动目标，在博物馆中进行主题学习活动，引导学生到博物馆中有目标、有组织、有计划、有方法地学习，培养学生乐于在博物馆中学习，掌握在博物馆中学习的方法，学会从众多的展品中汲取精华，这是社会发展的要求，也是基于核心素养的美术教育以促进人的全面发展和适应社会需要，提高学生的综合文化素养的需求。

（四）课程基于学校发展与建设的需要，基于提升教师专业素养的需要

《小学美术课程标准》中提出，课程分为国家课程、地方课程和学校课程三类，校本课程资源开发的内容是校本课程开发的关键，直接体现着校本课程开发的理念和目的，这为校本课程的实施提供了良好的契机。

校本课程的开发始终与学校的特色发展紧密结合，学校有特色，学生有特长，充分考虑资源和学校课程资源的课程建设与特色教育联系起来，以学校和教师为主体，展开丰富多彩的教育实践。在打造"特色校"的过程中，将发展学生个性特长的、多样的、可供学生选择的资源作为课程资源。同时，实践活动的开展激发教师的教育潜能，积极参与学校课程开发的教育教学实践研究，鼓励教师增强科研意识，在科研中求发展。发挥教师在教科研及教学中的主人翁精神。

二、研究问题的目的和意义

（一）"在博物馆中学习"综合实践活动课程的目的

1. 促进学生美术学科核心素养提升

活动依托博物馆文化资源，从了解法海寺的历史入手，从图像识读、美术表现、审美判断、创意实践和文化理解出发，通过活动，学生学会欣赏壁画，激发学生对壁画艺术的喜爱，逐步形成主动对艺术作品进行欣赏与评价的意识，激发学生关注身边的艺术，爱家乡、爱祖国，尊重传统文化瑰宝的情感，提高学生美术核心素养。通过学生自主探究的方式，在收集整理、归纳总结的过程中，帮助学生养成分析问题和解决问题的能力；在分享活动中提升学生的表达能力。

2. 提升教师专业水平发展

新形势，新的学习模式。教育教学需要全面发展、和谐发展的具有健全人格和创新精神及实践能力的复合型人才。新课程改革要求教师转变教育观念和教学观念，对每一位教师提出了更高的要求，要想不断提高学生的核心素养和综合能力，随着课程的不断深入研究，教师也应相应提高自身的专业发展素养和专业水平。

3. 丰富学校特色课程

欣赏课教学是小学美术的重要组成部分，本活动经过多年的摸索实践，已经形成独有的特色。从赏析、临摹到对自己感兴趣的内容进行深入研究，再到去博物馆中学习，这一过程扎根于每一名师生的心灵深处，教师研究着不一样的教学方法，从课堂走向社会，拓宽国家课程外延，同学们体验着与学校课堂不同的学习环境与学习方式，感悟着大千精彩，享受着学习的快乐。博物馆课程师生都在不断地进步和成长，让大家充满活力。

（二）"在博物馆中学习"综合实践活动课程的意义

在博物馆中学习，掌握在博物馆中学习的方法，到爱上在博物馆中学习，在活动中不断提升综合艺术素养。教师对学生的需要和发展不断思考，改变学习内容，除了获得知识，更加注重学生学习方式的改变，促进教师、学生共同发展。"师生共发展"是石景山外语实验小学共同愿景，本校本课程的建设与实施提升了教师教材的编写能力，以及对地方教育资源的开发能力，拓宽了教师的教育视野，促进了教师专业成长。本课程最大的受益者是全校学生。

三、活动课程的课时安排

第一课：准备课（1 课时），认识法海寺。包括收集有关法海寺的资料，初步认识法海寺，完成前测。

第二课：实践课（3 课时），探访身边古迹，线描重现壁画。亲临法海寺，欣赏壁画，感受壁画，临摹壁画。

第三课：分享课（1 课时），精美壁画在我身边。以活动成果分享形式展示学习成果。

四、成果创新点

（一）法海寺实地参观学习引领学生自主学习深入探究

（1）本课教学充分发挥博物馆优势，带领学生亲临现场，沉浸在现实情境中，感受艺术魅力。当学生们走进法海寺时，壁画扑面而来，那种现场感是图片资料所不可替代的。

（2）设置"探秘活动"，分小组活动，"我发现……"引导学生从自己的视角出发，寻找"我"喜欢的内容，用镜头捕捉，为本次综合探索活动汇报交流环节的评述收集资料。返校后小组深入研究收集整理资料，分工协作，在分享活动环节中进行展示交流，从而达到教学相长的效果。

（二）"穿越时空再现壁画"，真切体验壁画的绘制，感悟壁画之珍贵

在墙壁上裱上宣纸，为学生们准备好中国画用具——笔与墨，"穿越600年，我是画师重回大雄宝殿进行绘画"。学生们在真实的体验中体会绘制壁画的不易，从而使学生对国宝、对画师的尊敬之情油然而生。在潜移默化中，感悟法海寺壁画之精美，画师技艺之高超。

（三）现代多媒体的使用优化教学

（1）学生自备拍摄设备，从自己的视角出发寻找关注点，形成研究问题，做到自主、个性的学习。

（2）在分享交流环节，多媒体设备的功能可以把平面的图片放大、缩

小，聚光灯的使用可以将学生的注意力集中，为展示、说明细节做了很好的技术支持，起到优化教学的效果。

（3）运用大屏投影设备，创设情境，使仿佛学生置身于大殿之中，产生强烈的代入感，提高学生学习兴趣。

五、活动成果应用及效果

（一）在真实的博物馆情境中学习

我们在艺术活动中不断探索中华优秀传统文化。直接把传承文化的博物馆作为学生学习的课堂，能让学生在真实的情境中进行艺术实践，改变了学生学习的方式，也促进了教学方式的变革。这种创新性的学习形式，是为探索课程与艺术核心素养相结合，不断提升学生核心素养而进行的有效实践，能让学生爱上博物馆，学会在博物馆中学习，在博物馆中成长。

（二）学生多种成果展示进一步提升活动内涵

成果展示在整个主题活动中既是活动的总结，也是学生间学习交流的过程，本着"每一个人都艺术家"的理念，学生在展示自我的过程中，体验成功的快乐。

在"我是壁画师"活动分享会上，每一位学生都要现场绘制壁画，在真实的场景绘画中，体验壁画绘制的过程，亲身感受当年壁画师精湛的技艺、坚韧不拔的态度以及团结协作的精神等，方可得以体悟旷世巨作真正的内涵。

学生的临摹习作参加区"四联展"活动，并在社区橱窗中进行展示，做到了由校内到校外的延展，让学生真正学习传统文化，宣传优秀传统文化，做优秀文化的传承人。

"彩墨飞扬绘童真　古韵传唱润童心"六一主题活动现场，学生们的水墨壁画作品部分印制成大型条幅，将绘制的团扇作品、线描壁画的软卡作品等作为活动现场的艺术装置，这种崭新的展览方式给同学们和参会的来宾带来极大的惊喜，受到了与会教师的一致好评。

依托国学经典教育的幼儿园教育戏剧活动的研究[*]

教育戏剧作为一种现代的教育理念和教学方式，其游戏化的特点符合幼儿的年龄特点和兴趣需要。国学经典是中华民族智慧的结晶，蕴含着丰富的民族文化和道德精神，对当今教育具有重要的指导意义。幼儿阶段最重要的不是知识的传输，而是引导幼儿形成良好的生活习惯和学习习惯，养成良好的道德品质。将教育戏剧和国学经典相结合，使国学经典教育不再是一种"复古"和"落后"的教育，有助于引导幼儿在理解、内化国学经典内容的过程中获得传统文化的熏陶，实现自我认识与表达以及形成初步的价值观，即在美育、德育等方面获得发展，成为传统文化的传承者和践行者。

一、依托国学经典教育的教育戏剧活动探索

（一）分层次推进

点：戏剧元素＋教学活动。在教学活动的某个环节运用戏剧元素，让活动变得更加"好玩"。如在体育活动中改编并运用了戏剧游戏"毛毛虫长大了"，在故事化的情境中调动了幼儿参与活动的兴趣，也让幼儿各方面的动作得到了锻炼。

线：教育戏剧＋教学活动。逐步增加戏剧元素在活动中所占的比例，把更多的戏剧范式和技巧运用于完整的幼儿园教学活动中。如"动作连环四重奏"范式与音乐活动的结合、"谈话椅"范式与语言活动的结合、"肺腑之言"范式与社会领域活动的结合，以及"墙上的角色"范式和绘画、剪纸、泥塑活动的结合等，利用戏剧范式充分激发孩子们进行情感表达、创作表现的欲望，让原有的传统教学模式更加丰富多样，满足了幼儿个性化发展的需要。

面：教育戏剧渗透于一日生活各环节之中，以游戏化的形式培养幼儿的

---

* 本篇由马小娜、李瑒撰写。

常规，养成良好的行为习惯。如在幼儿喝水、排队、盥洗等生活过渡环节的时候，利用"拍手应和""停格动作""节奏步行""水果沙拉"等游戏形式引导幼儿养成良好的秩序和常规习惯。

（二）以特色引领

结合新时代"文化自信"的要求，结合园所教育特色，深入挖掘传统文化故事以及有画面感的诗词、民间童谣、神话传说等优秀传统文化中蕴含的民族智慧、民族精神，体会传统文化的思想精髓，利用戏剧活动这一深受孩子们喜爱的方式将其培养中华传统文化的传承者和践行者。

在实践中始终坚持立足教学现场，通过同课异构、一课多研等形式不断提升教师的教学设计能力；同时，从培养幼儿的多元理解、自我认知、社会交往、情感态度价值观等不同主题出发，进行相应的活动设计，不断推进国学经典教育与教育戏剧活动的融合。

二、依托国学经典教育的教育戏剧活动建构

（一）目标的制定

依据《3～6岁儿童学习与发展指南》《幼儿园教育指导纲要（试行）》文件精神，结合布鲁姆教育目标分类学理论、国学经典教育的价值、教育戏剧活动的特点，以及我园在实践探索过程中的教学实践，对依托国学经典教育的幼儿园教育戏剧活动课程目标进行研讨梳理。

在目标制定方面，注重以儿童视角为本的教育理念，以《3～6岁儿童学习与发展指南》中"健康、语言、社会、科学、艺术"五大领域的核心经验为依据，具体活动目标力图适宜于幼儿身心的全面多元发展，从认知、能力、情感态度、创造性能力等多角度结合起来予以综合设计，旨在通过游戏化的教育戏剧活动，将幼儿培养成为传统文化的传承者，发展创造个性，培育健全人格。

（二）内容的选择

1. 选取原则

（1）符合年龄特点。

结合幼儿园教学活动设计主体性的原则，内容的选择要充分考虑到符合幼儿的年龄特点，符合幼儿现有水平和发展特点，进而引导幼儿理解国学经

典的内容。在此基础上，幼儿才能主动地全身心投入活动，发挥自己的表现力、想象力与创造力。

（2）贴近生活经验。

通过行动研究发现国学经典内容要贴近幼儿的生活世界，只有选择幼儿熟悉的题材，与幼儿生活相联系的内容，才会激发幼儿的表演欲望，晦涩难懂的国学经典是不宜选择的。

（3）具有戏剧冲突。

国学经典的内容情节要充满趣味性与儿童性，活泼有趣，具有一定的戏剧性，幼儿才会喜爱。不是所有的国学经典内容都适合改编为教育戏剧活动，具备事件的开端、发展、高潮、结局等戏剧要素，情节充实、丰富多彩的相对来说更适宜选用。

2. 内容梳理

（1）古诗。

意蕴优美、篇幅短小、语句简练、句式工整，几句诗词就能描绘出一幅幅生动的画面，是国学经典的瑰宝。例如，《咏鹅》《春晓》《静夜思》等都是孩子们常常挂在嘴边、会念、爱读的诗歌。以教育戏剧的形式来引导幼儿在亲身体验中感受和体悟诗词的韵律美，得到国学经典的熏陶。

（2）童谣。

童谣是国学经典文学内容的一种，语言简单明了、充满儿童情趣，韵律协调、富有音乐性，朗朗上口，对于幼儿来说是容易理解和学习的国学经典内容，如《小老鼠上灯台》《一园青菜成了精》《三个和尚》等。通过戏剧游戏、戏剧范式对童谣内容进行自由表达和自主创作，以游戏的形式为孩子体悟传统文化助力。

（3）传统文化故事。

传统文化故事包括寓言故事、民间神话、节日传说等，流传至今的传统文化故事如《愚公移山》《后羿射日》《神笔马良》《年的传说》是对中华源远流长的古代文化的传承与发扬。通过情境重现和体验实践，帮助幼儿在已有经验的基础上进行学习和更新，成为传统文化的继承者和发扬者。

三、依托国学经典教育的教育戏剧活动实施

经过不断尝试和探讨，将幼儿园教育戏剧活动教案梳理为三步：暖身游戏、研习活动和疏松环节，与幼儿园教学活动设计的三大块，即开始部分、基本部分和结束部分一一对应。

（一）暖身游戏——调动兴趣，内容导入

暖身游戏是教师引导幼儿运用肢体、表情、声音与语言，进行感知、想象和表达的游戏活动。运用暖身游戏营造安全、轻松、开放、接纳的心理氛围，调动幼儿的情绪，引发幼儿参加活动的兴趣和主动性，增进师幼之间的信任感和凝聚力。

（二）研习活动——情境体验，体悟表达

在研习活动中，主要运用教育戏剧的范式即戏剧技巧引导幼儿代入角色、进入或建立情境进行体验、表达和创作。教师要明确自身的定位，不是束缚在"表演排练"框架内，应最大限度地给予幼儿表达自我的机会，引导幼儿进行自由表达、自主创作。

（三）疏松环节——梳理回顾、分享体现

疏松环节主要是教育戏剧活动过程的回顾和体验，让幼儿在回顾的过程中进行经验的积累和重构，是对幼儿创造力的一种肯定，也是提升其自信心的重要方式。

四、依托国学经典教育的教育戏剧活动收获与思考

从幼儿层面看，在开放、自由的空间里充分展示自我、表达自我，成为传统文化的传承者，收获了更大更多的游戏化、生活化的学习空间，满足幼儿个性化的发展需求。

从教师层面看，在教学实践过程中，教师收获新的教育教学方法用于工作中；帮助教师学会读懂孩子的内心世界，读懂孩子的行为表现，读懂孩子的思维方式；在共同研究、设计与实施活动的过程中，不断提升教育能力和专业素养，创新传统教育模式，探求教育的本真，与幼儿共同成长。

从园所发展层面看，自立足园所实际开展实践研究以来，已积累了较丰富的理论及实践经验，园所多次主办并承接教育戏剧研讨论坛等活动，在国际教育戏剧大会等国家、市、区各级各类平台也多次进行推广和示范，获得戏剧教育专家、幼教专家及同行的一致好评和高度赞扬。同时，也为特色教育找寻到了新的突破点，进一步丰富了课程资源，实现幼儿园的可持续发展。

国学经典教育与教育戏剧的融合绝非一朝一夕之事，是一个长期的过

程，是一个民族底蕴传承的过程，要始终立足教学实践，寻求教育戏剧游戏化精髓与国学经典内涵两者之间的契合点，走出独具园所特色的教育途径：激发教师的教育理想和教育热情，引导幼儿吸收和体悟传统文化的智慧，探索形成课程活动的"园本化表达"和"儿童化表达"，为孩子的终身发展和一生幸福奠基！

依托传统节日开展社会性主题活动课程的研究*

传统节日是中华优秀传统文化的重要组成部分，是弘扬中华优秀传统文化的重要载体。《3～6岁儿童学习与发展指南》社会领域教育建议指出，"利用民间游戏、传统节日等，适当向幼儿介绍我国主要民族和世界其他国家和民族的文化，帮助幼儿感知文化的多样性和差异性"❶。可见传统节日既是幼儿社会性发展的重要途径，也是幼儿社会性教育的重要内容。本着文化传承和促进幼儿社会性发展的思路，园所依托传统节日开展了幼儿园社会性主题活动的实践探索。

一、依托传统节日构建社会性主题活动课程的理念

（一）儿童观

本课程尊重儿童作为儿童本身的意义，尊重儿童是独立的个体，尊重儿童是有能力的人，尊重儿童的年龄特点和发展规律，尊重儿童的个性特征，尊重儿童多样的表达方式。

（二）教师观

本课程坚持以儿童为中心，认为教师是幼儿游戏活动的支持者、合作者和引导者，教师应在课程实施过程中倾听幼儿的想法，提供材料、策略支持幼儿的想法，与幼儿一起探索和学习，鼓励幼儿发现问题、解决问题。

（三）课程观

本课程坚持以儿童经验为基础，以体验为核心的整合性的课程观。首

　＊　本篇由王斌、赵建红、刁彦霞、苗淼、张娜娜撰写。
　❶　中华人民共和国教育部.3～6岁儿童学习与发展指南［M］.北京：首都师范大学出版社，2012：35.

先，坚持从幼儿的经验出发，根据幼儿的生活经验、兴趣和需求来设计课程。其次，强调体验性。幼儿通过直接感知、实际操作和亲身体验获取经验，过程中关注幼儿操作体验，更强调幼儿的情感体验，让幼儿通过自我感受和体验获得社会性的经验。最后，关注课程的整合性。注重领域之间、目标之间的相互渗透和整合。

二、依托传统节日构建社会性主题活动课程的路径

借鉴 PCK 理论中关于"教什么""教给谁""如何教"的思路，逐渐摸索出一条课程的开发路径。

（一）教什么——挖内涵，找资源

"教什么"即思考课程内容。从节日起源传说、节气特点、节日饮食、节日习俗、节日情感等维度充分挖掘节日内涵，并借此链接相关的自然和社会资源。例如，端午节链接自然资源，引导幼儿寻找菖蒲、艾草；链接社会资源，走进粽子制作现场，观察发现粽子的原料及制作方法等。

（二）教给谁——研幼儿，抓经验

"教给谁"即了解儿童学习发展的年龄特点、发展线索、个体差异等。一方面，要了解普遍的儿童知识；另一方面，利用谈话、日常观察等，了解儿童的个体知识。

（三）如何教——重体验，拓空间

"如何教"即选择适宜的教学方法。结合幼儿社会学习的途径和传统节日特点，本研究从体验法入手，从园内到家庭、社区、社会，不断拓展幼儿体验空间，丰富儿童的经验。

三、依托传统节日构建社会性主题活动课程的内容选择

课程内容主要解决教师教什么和幼儿学什么的问题。根据幼儿的年龄特点和已有经验，结合节日的内涵，各年龄班有所侧重地选择适宜的内容。小班注重直接经验的获取，节日的饮食和典型的节日习俗，更加贴近小班幼儿的生活，在品尝美食和过节的过程中，积累更多关于节日的直观经验，比如中秋节的蔬果大收集、品尝中秋月饼等；中班幼儿的经验不断丰富，不仅仅

满足于直接经验，可适当引入幼儿感兴趣的间接经验，如在体验制作月饼后，可引发幼儿对月饼来历的探索等，进一步了解中秋节的相关习俗；大班幼儿的经验更加多元化，在选择节日内容时，可开展更多元的内容，比如了解节日的传说与来历、古今习俗的对比、本地习俗与其他地区甚至是不同国家的习俗对比等。

四、依托传统节日构建社会性主题活动课程的目标确立

依托传统节日构建的幼儿园社会性主题活动课程的目标制定，以幼儿社会性发展为主线，从认知、情感、行为技能三方面制定不同年龄阶段，囊括五大领域的目标。首先，基于节日元素制定目标，节日包括起源传说、情感特征及风俗习惯等，为主题活动认知、情感、行为技能目标指明方向和具体的内容。其次，基于幼儿发展制定目标。幼儿认知发展由感知运动到具体形象再到抽象思维发展的特点，决定了主题活动的认知目标应由浅入深，如中秋节认知目标体系为：初步了解中秋节吃月饼、赏月—了解中秋节的风俗习惯—了解中秋节的来历、传说及意义。幼儿的情感发展由情绪到情感逐步深入，如中秋节情感目标包括：节日的快乐（情绪）—中秋情感特征团圆（情感）—中国传统文化内涵（归属感）。幼儿行为技能的发展主要表现在自主自信、同伴交往能力和其他领域的技能发展上。

五、依托传统节日构建社会性主题活动课程的组织与实施

（一）课程组织与实施的原则

第一，注重节日体验。感知体验是幼儿的主要学习方式。通过开展品尝节日美食、体验节日习俗等活动，增进幼儿的操作体验和情感体验。如中秋节，幼儿在区域活动中摸一摸、尝一尝秋天的瓜果；在与同伴、家人一起过节中感受中秋团圆的情感等。第二，强调活动整合。课程是多个内容、多种形式、多种资源在一段时间内的整合，即涉及健康、语言等五大领域内容，融入集体教学活动、区域活动、家园共育等活动形式，整合了幼儿园、家长、社区等多方教育资源，共同丰富幼儿对传统节日的认知与体验，促进幼儿的整体性发展。第三，凸显形式融合。关注同年龄段不同班级、不同年龄段不同班级幼儿之间的融合互动，为幼儿学习分工合作、人际交往提供机会。如元宵节，全园幼儿一同游园、逛灯、赏灯、猜灯谜。第四，重视家园

合作。家长是课程组织、实施的参与者、合作者。通过亲子制作、亲子阅读等活动，使家长在与幼儿共同了解、体验传统节日的内涵的同时，感受与家人一同过节的乐趣。第五，关注师生同构。教师挖掘、分析传统节日，并依据幼儿年龄特点预设主题活动，同时在活动中基于幼儿兴趣、游戏经验生成主题活动。

（二）课程组织与实施的途径

本课程以节日作为主题活动的核心，采用集体教学活动、区域活动、家园共育等形式，通过园级主题活动、班级主题活动两种途径来实施。园级主题活动，指幼儿园围绕某个传统节日开展的系列教育教学活动。可由班级幼儿自下而上倡议提出，也可由幼儿园自上而下开展；可是全体幼儿、家长、教师共同参与，也可是同年级组的幼儿、教师参与。就活动内容或流程而言，除了活动目的、时间、地点等要素，幼儿园一般要从活动前准备、活动中开展、活动后延伸等三个部分策划整个主题活动。班级主题活动包括主题目标、主题单元分支、环境创设、教育活动等内容，涉及集体教育活动、区域活动、家园共育活动三种形式。

六、依托传统节日构建社会性主题活动课程的评价

（一）评价应有益于幼儿发展

评价主要从幼儿出发，从课程目标、课程计划框架、课程内容、课程形式、课程实施、课程效果等多方面评估课程是否有助于促进幼儿五大领域的全面发展，尤其是社会性发展。

（二）评价主体应多样以保证客观性

家长、幼儿都参与到课程评价中。课程计划制订时，幼儿通过自我经验和兴趣的表达影响教师对课程计划的制订；课程实施过程中，幼儿对课程的言语以及非言语的反馈影响教师对课程的评价。家长对节日课程的评价主要体现在亲子活动中，家长对活动的参与、评价及反馈，都将影响教师对课程的评价。

（三）评价贯穿整个课程

课程评价贯穿课程计划、组织实施、反思的整个过程，遵循"计划—评

价—调整"的行动研究模式，历经三个阶段完成节日主题课程的生成过程。阶段一，活动前，幼儿、教师以及教研组共同评价课程目标、单元分支、内容、形式等，并在评价后对课程进行初步调整；阶段二，活动中，教师观察，幼儿、家长参与评价课程内容、形式和实施，并在教研活动中进行阶段性分享与研讨，根据评价结果进一步调整后续课程计划；阶段三，活动后，班级教师对课程整体计划与实施情况以及实施结果进行整体评价，教研组进行分享研讨，最终形成较为完善的主题课程案例。

第三篇

专业视野下的学科教学改革探索

第一章　专业视野下的学科教学方法改革探索

第二章　专业视野下的学科教学设计与评价探索

第三章　专业视野下的学科教学资源开发探索

第四章　专业视野下的学科实践活动探索

当前，社会环境、人才培养需求、教育观念等都发生重大变化，改革成为学校教育的重要关键词。教学是学校教育的主要途径，在当前分科教学仍然占据主导地位的中小学教育领域，学科教学改革问题是专业视野下教育教学探索的核心内容。专业视野下的学科教学改革是对学科教学本质的深度发掘，是对课堂教学中师与生之间关系的重新审视与定位，是对学科教学新方法、新活动的探索，是对学科教学与周围环境、实践之间关系的再认识与协调。

　　在专业视野下，我们对学科教学改革问题进行了全方位探索，包括教学设计、教学实施、教学资源与环境、教学评价等各个方面。具体来说：其一，对于学科教学方式变革的探索。我们探索了基于课前预习的信息技术学科导学案教学模式，促进学生自主性、整体性学习；探索了情境化、语境性的英语学科教学方式，促进学生英语语言的交流与运用；探索了语文课堂教学中运用思维导图的教学策略，促进学生提升语言综合概括能力以及思维发展；探索了自主领悟的数学教学方式，促进学生自主、合作性学习；等等。其二，对于学科教学设计与评价的探索。我们探索了基于学情的数学学科教学设计、基于价值观立意的历史学科教学设计，探索了语文学科阅读课中有效讨论评价量表的开发，等等，体现了教师对于学科教学整体思路与方向的思考以及对于学生学习效果评估与检验的探索。其三，对于学科教学资源开发的探索。当前，传统的教材、教室空间等已经无法满足学生在创新发展、知识扩展等方面的需求，开发学科教学资源成为学科教学的一大改革趋势，微课、微信、视频动画等信息化手段成为新的学科教学资源与工具，课外书籍、校外场馆等成为学科教学新的资源。其四，对于学科实践活动的探索。学科实践活动的提出是学科教学改革的一个重大变化，学科实践活动突破了传统上以教学、课堂与教师为中心的课堂，将学生学习过程引入实践领域，学生在实践中发现、体验与形成学科知识、提高学科能力，并发展创新、合作、信息技术等方面的综合能力。

专业视野下的学科教学方法改革探索

新课程背景下高中英语词汇语境教学策略研究

微视频支持下初中信息技术课程导学案教学模式研究

小学中高年级阅读思维"可视化"策略研究

"边学边交,自主领悟"小学数学教学模式的研究

基于初中史地生学科交叉点渗透式教学的实践研究

新课程背景下高中英语词汇语境
教学策略研究[*]

词汇是英语学习的基石，学生掌握词汇的多少制约着他们综合语言运用能力的发展。然而，实践发现，部分学生学习英语词汇吃力、费时、低效，教师进行词汇教学时存在脱离语境、忽视搭配等问题，不利于学生掌握和运用词汇。鉴于此，课题组确定以"高中英语词汇语境教学策略"为主题开展研究，经过两轮行动研究，梳理出高中英语词汇语境教学原则，探索出高中英语词汇语境教学策略，总结和整理出写作课和阅读课的词汇教学策略。

一、问题的提出

《普通高中英语课程标准（2017 年版）》提出发展英语学科核心素养，语言知识作为六要素之一，是构成语言能力的重要基础，其中词汇知识又是语言知识中的重要内容。然而调查中发现，在高中英语词汇学习和课堂教学方面存在着以下问题。

（1）学生学习方式。对于词汇学习，超过一半的学生没有兴趣，他们只是机械地记住词汇的意思，没有真正领会词汇运用的语境和其真正的内涵。

（2）教师课堂教学。在对教师词汇教学方式进行调查时，75% 的学生希望能通过教师的语境教学接触新词汇，超过 50% 的学生希望教师能在语境中拓展词汇。

鉴于上述问题，课题组开展了高中英语词汇语境教学策略，帮助学生正确地理解、掌握和运用词汇，扩大学生的词汇量。

---

* 本篇由王琴音、侯明、王佳、张宁、白洁撰写。

二、成果的主要内容

（一）高中英语词汇语境教学原则和语境教学策略

1. 高中英语词汇语境教学原则

语境决定词义和词性，体现词语的用法，如果脱离了特定环境，就不能正确地理解词汇的意义。

通过文献研究和行动研究，课题组梳理出高中英语词汇语境教学原则。

（1）语境性原则——词不离句，句不离篇，话题引领，整体输入，整体输出。每篇文章都有话题，单词离不开句子，更离不开文章的话题，话题就像一根线，把文章的语言串联起来。所以，学生在课堂上的语言输入不是单个词，而是语块，是句子，甚至是整个语篇。

（2）方法性原则——技能教学是明线，词汇教学是暗线。语音、词汇和语法是语言知识，听、说、读、写是语言技能。语言知识要为语言技能服务，词汇语境教学要按照"呈现—复现—内化—操练—运用"的步骤，实现词汇在技能教学过程中的循环上升。词汇的呈现、复现、内化、操练和应用，是嵌入在语言技能的培养和形成过程中的，它们同步进行，相辅相成，互相作用。

（3）实践性原则——词汇语境教学区分主次。高中教材中的词汇分成三个层次：第一层次是课标核心词；第二层次是话题拓展词汇；第三层次是行文词汇。在技能课上，学生主要通过教师创设的语境和设计的各种活动，感知、内化和运用课标核心词汇。

（4）意义性原则——词汇语境教学选准时机。在技能教学中，提前或滞后处理词汇都是脱离语篇的。教师应该将词汇处理和技能教学有机地结合在一起。

2. 高中英语词汇语境教学策略

词汇教学通常会经历呈现与输入、内化与记忆（复现）、运用与输出、复习与巩固四个阶段。表1是高中英语词汇语境教学在各个阶段的策略。

表1　高中英语词汇语境教学策略

词汇教学阶段	方法	含义	适用范围/运用时机
呈现与输入	直观法	利用图片、实物、视频呈现	具体、简单的名词、动词或形容词
	对话式引入法	教师话语中引出单词	动词或形容词
	语境引入法	句子中呈现单词	抽象词汇
	直接法	直接给出音、形和义	难词、偏词或专有名词
	分类法	按不同标准分类	单元单词
	释义法	用英文解释单词	抽象、难理解的词
	语块教学法	展示词块	动词、形容词或常见搭配
	话题词汇教学法	话题词汇	总结话题词汇
	词汇正音法	纠正读错的词	学生读错的单词
内化与记忆（复现）	语块教学法	记忆词块	填表格、回答问题时
	语义场教学法	利用近义词、反义词、一词多义、词的上下义	猜词、语篇分析
	语境猜词法	根据上下文语境猜测生词	讲解课文
	朗读法	大声朗读单词	读音不确定
	句子生成法	造句	话题词汇
	词汇关系网（word web）	基于话题建立词汇关系网	学习语篇课堂活动
	总结文章大意法	概括文章大意	概括文章主旨大意
	词汇正音法	纠正读错的词	学生读错单词
	选词填空	用语篇里的话题词汇填空	把话题词汇用到新的语境中
	对话式教学法	教师课堂话语中含有本课话题词汇	总结词汇关系网
	挖"乐趣"法	利用趣事记单词	发音较难的单词
运用与输出	语篇复述法	根据关键词复述语篇	运用话题词汇或词块复述语篇
	对话练习法	将文本转化为对话	创设情境用对话及话题词汇展示语篇内容
	口头作文法	口头叙述作文	教师命题作文，让学生用话题词汇口头作文

词汇教学阶段	方法	含义	适用范围/运用时机
	课堂讨论法	根据教师提示的问题讨论	运用所学的话题词汇讨论
复习与巩固	结合语境积累一词多义	把同一个词在不同语境中的不同意思及其典型例句记下来	一词多义
	利用构词法拓展词汇	利用派生法和合成法拓展词	猜测生词含义时用
	利用结构图整理词汇	整理同根源词汇或中心动词的不同词块	同根源派生词或中心动词的不同词块
	利用词汇复述课文	用话题词汇/词块复述课文	复习单元词汇或跨单元词汇
	利用词汇仿写	用话题词汇/词块写相似话题的短文	复习单元词汇或跨单元词汇

在表1中，呈现与输入阶段的分类法，教师可以根据单元词汇特点，按照以下方法，将单元词汇进行分类，详见表2。

表2　单元词汇分类法

	分类1（按主题意义）	话题词汇
		非话题词汇
单元词汇	分类2（按语义和词性）	名词
		动词搭配
		形容词
		近义词
		反义词
		一词多义
		其他
	分类3（按运用）	主动词汇（输入词汇）
		被动词汇（输出词汇）

（二）高中英语写作课和阅读课中词汇语境教学策略

1. 高中英语写作课中词汇语境教学的策略

在写前、写中和写后环节中，充分运用词汇语境教学策略不但能拓展写作思路而且能提供丰富的语言支持。高中英语写作课中词汇语境教学策略见表3。

表3　高中英语写作课中词汇语境教学的策略

写作教学环节	词汇教学策略	意图
写前	话题词汇复习法 话题词汇关系网法 图片引入法 语块教学法 词汇复习策略	激活写作词汇和相关话题
写中	句子生成法 口头作文法	促进学生连词成句 促进学生联想词汇
写后	语境教学法 词汇辨别法	促进学生重视写作词汇分析与强化运用

2. 高中英语阅读课中词汇语境教学的策略

阅读课是词汇教学的主战场。除了上面各个环节可以运用的词汇教学策略，表4是阅读课中常用的词汇语境教学策略。

表4　高中英语阅读课中词汇语境教学策略

词汇教学方法	含义	意图
话题词汇教学法	指围绕阅读话题开展的词汇教学，通常运用以下三种方法： （1）用直观法引出话题词汇； （2）运用词汇网络图帮助学生梳理话题词汇； （3）通过提问的方式引出话题词汇	形成话题词汇关系网络让学生系统学习词汇
语境教学法	教师创编与话题相关的语篇进行词汇教学	既能帮助学生排除词汇障碍，锻炼猜词的能力，又能巩固所学词汇
挖掘"乐趣"法	将词汇与学生的趣事相关联	使学生快乐学习词汇

三、研究效果

（一）词汇语境教学策略激发了学生学习词汇的兴趣

从学生访谈看，学生很喜欢语境教学策略。个案研究发现，有的学生开始几乎放弃了英语学习，但通过灵活多样的词汇教学方法，开始对英语学习产生了兴趣。

（二）促进了学生综合语言运用能力的提高

实践证明，在英语写作与阅读教学中，利用语境教学策略对词汇进行教学，既能帮助学生表达想法、理解语篇，也促进了他们综合语言运用能力的提高。

（三）促进教师更新教学理念，改善教学行为

通过不断学习探讨，教师将词汇语境教学策略熟练地运用到各种课型中，教师也从研究的角度去审视词汇教学问题，提升了自己的理论水平和教学水平。

通过本研究，课题组梳理出高中英语词汇语境教学原则，探索出高中英语词汇语境教学策略，总结和整理出写作课和阅读课中常用的词汇教学策略。后续课题组将继续进行深入研究，使词汇更加系统，策略更加完善。

微视频支持下初中信息技术课程导学案教学模式研究[*]

信息技术学科倡导项目式学习，课堂以学生为中心，要求学生在项目完成的过程中，学会知识，学会学习。信息技术课程要求学生身处在信息社会，能够用数字化学习工具自主学习，"微视频"结合"导学案"学习模式助力学生提高终身自学能力，是现代化教学手段发展的必然趋势。信息社会充满"视频与图文"结合的快捷学习方式，养成通过"微视频＋图文"形式的自学习惯成为必然。学生学习资源多样，自适应学习，高质量完成课堂任务，长此以往必将提高学习能力。"微视频"与"导学案"使信息技术教师从重复的演示教学中解放出来，使教师有更多的时间关注个体，及时发现学生学习过程中出现的各种问题。

一、"微视频"支持"导学案"教学模式之"微视频"支持原则

微视频是"学案"的辅助，以"学案"为主，微视频作为辅助，帮助学生在突破难点和快速解决问题时使用。

（一）微视频时长

普通微视频控制在 5 分钟以内。平淡微视频在 2 分钟之内，通过测验发现，在看没有吸引力的学习视频时，最多能忍受极限是 2 分钟，然后就开始向后拖动。如果视频制作能力有限，视频一定要控制在 2 分钟之内，这是观看者可接受的时间范围，在观众还没有厌烦视频时就已经结束。如果教师能力强，视频像电影电视一样吸引人的高质量微视频最多 20 分钟，因为一节课才 40 分钟，还要给学生留出做项目的时间。

---

[*] 本篇由王志、周娟、李莹莹、翟永霞撰写。

（二）微视频类型

信息技术课程的微视频与课程内容有关，主要分为操作演示、知识理论、习题讲解三类。

1. 操作演示类

如 Photoshop、绘声绘影等软件操作的微视频，忘记操作步骤可以随时观看。初中信息技术课大部分是操作演示类的微视频，步骤烦琐，录制成微视频较好，太简单的操作不要录制，微视频最好在突破难点时使用。

2. 知识理论类

适用于学生没听懂，需再听一遍的较复杂知识，例如穷举法、欧几里得算法等理论，便于学生课下复习用，课上也可以看。对于理论知识，理解比较费时间，因此理论类的微视频时间一般稍长，建议课下预习或复习用。

信息技术教学中知识讲解较少，这类微视频千万不要录成教师讲解知识的简单记录，一定要绘声绘色，画面美观，声音效果好，最好加一些背景音乐。

3. 习题讲解类

这类微视频所涉及的课程如青蛙过河、斐波那契数列编程等问题，适合学生课下学习使用，课上没有解决或学习后再复习时，也可以自学使用。信息技术课程中，习题讲解较少。有时也要进行考试定分数，有些较复杂的习题也可录制成微视频。

（三）录制微视频注意事项

1. 有声音

录制微视频时要同时录制教师的声音，无声的操作视频没有生气，学生不愿意看。

2. 画面清晰

电脑屏幕中文字小，按钮很密集，因此录制微视频时画面一定要清晰、干净和整洁。

3. 录制声音设备

尽量使用耳麦，只有离话筒近的声音才能录到视频中，周围有噪声也不会影响录制效果。

4. 微视频制作软件

录屏推荐使用"EV 录屏"软件，完全免费，录制声音和视频都很清晰，且操作简单。

推荐使用 Vegas pro10.0 视频编辑软件，此软件可以任意添加轨道，界面简单，导出视频格式种类多，可以编辑高清视频。

总之，微视频录制要遵循小而精的原则，能简单说清楚的问题不要录制成微视频，较大而复杂的问题分割成一个个小问题，每个微视频要有一个主题名称，实现哪里不会点哪里。

二、"微视频"支持"导学案"教学模式之"导学案"编写原则

（1）简洁性原则。"导学案"研究已经很成熟，微视频制作建立在"导学案"基础上，"导学案"尽量简洁，一节课内容最好压缩在 2 页之内。

（2）全面性原则。"导学案"中包含学习目标、学习重点、学习难点、本课任务、学习过程等，使学生对本课知识有整体的把握。

（3）发散性原则。任务主题要具有发散性，学生才能自主学习，有收获感。学生完成的结果各有不同。例如，制作节日贺卡、宣传卡、海报、某个节日的动画、学校的活动策划、编写的程序等，教师的示例只能起到抛砖引玉的作用。

三、"微视频"结合"导学案"使用时间

（一）课上使用

初中信息技术学科使用微视频支持下的"导学案"教学模式建议在课上进行，根据信息技术学科特点，不适合将"导学案"和"微视频"学习放到课前，那样会拉长学习时间，降低效率。学生根据自己的学习能力，自适应学习，对于有些遗忘的知识也可以随时复习。

（二）课余使用

学生课余随时都可以观看微视频，一般做法是把资源放到网络中。经过研究，将资源放到网络中有三种方式：学校建立的云课堂中；学校的 Pad 教学系统中；教师自己建立的学习网站中。

课余分为课前与课后。

（1）课前是学生在课前观看微视频，预习未上课的知识内容，在真正上课时能进行更好的创新实践。有精力、感兴趣的同学在发现后会提前自学，

课堂上就更加得心应手。

（2）课后是学生对本节课内容不明白或时间长了有遗忘，需再次观看学习。

（三）不强制

不强制观看，信息技术学科特点决定不能给学生留课后任务，但是在课上要进行任务的完成，如果提前观看任务完成效果较好，这就是学生主动学习的结果。学生之间会交流自学资源在哪里，教师一定要对提前观看资源的同学进行表扬。不要求学生主动观看反而观看效果更好，养成学生主动观看的习惯。

四、"微视频"支持"导学案"评价

（一）课堂评价是关键

"微视频"支持"导学案"是学生自适应学习，评价是对学生自学能力的检测，对学习效果尤为重要，评价能让学生体会到自学后得到知识的成就感。教师要制定出能够激励学生的评价标准，每节课要利用最后时间进行评价，力图评价到每个学生。

评价中要体现对创新的评价，强调教师的讲解只是一个示范，在评价中要鼓励做出新颖的、有特点的作品。

（二）评价原则

1. 评价满分为 10 分原则

满分 10 分，可有 20 个等级，每个等级 0.5 分，对于学生一节课上完成任务的成绩比较容易迅速得出，学生之间的成绩有差距但不会太大。

2. 当堂评价原则

教师当堂给出作品分数，使学生迅速了解本节课作品的优劣，并进行同学间的横向对比，有利于学生认真对待课堂任务，让学生获得成就感。学生对教师提供的"微视频"支持"导学案"的自学资源加以重视，有利于激发学生学习兴趣。

五、"微视频"支持"导学案"教学的基本流程

教学中，教师在课前工作量中加入了"微视频"和"导学案"后，备课量增大。但是把课上要讲的内容提前准备好，可以精细化学习素材，使学生能够根据教师的资源进行自学。"微视频"支持下的"导学案"教学模式基本流程如图 1 所示。

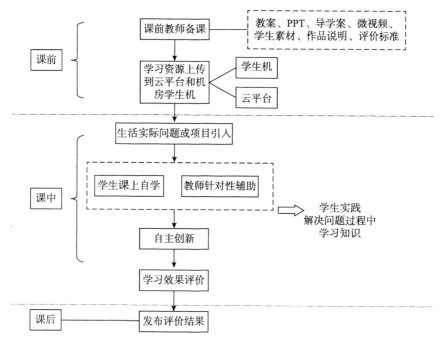

图 1　"微视频"支持下的"导学案"教学模式基本流程

六、"微视频"支持"导学案"教学模式的注意事项与影响

（1）微视频中已经讲过的内容，教师不统一讲解，让学生自学进而养成自学的习惯，教师尽量减少干预。

（2）教师可以把大的问题，分解成多个小的微视频，直指问题，使学生哪里不会点哪里，让学生自己寻找解决问题的方案，持之以恒坚持下去必将提升学生的自学和探究能力。

（3）微视频实现哪里不会点哪里，是碎片化学习。如果只有碎片化学

习，学生不易形成统一的整体的问题思路，而这正是"导学案"的特长，"导学案"一般采用图文形式，适合对知识与问题进行整体的设计，从而使学生对知识有一个整体的脉络。

该研究对参与学校的教师和学生都产生了积极影响。学生从单一性作品向个性化作品迈进，在课堂上学生不再应付任务，而是真正做自己的事，自主性、主动性增强。教学设计及教学论文共40余篇获国家级、市级、区级一、二、三等奖，在区域中小学教育领域产生了较大影响，形成了一定的学术影响力。

小学中高年级阅读思维"可视化"策略研究*

一、问题的提出

小学语文教育是基础教育的重要组成部分。在当前的语文教学中，教学偏向表象性，教师更注重对文字的解读，而在学生对文字背后的图像思考和想象方面则没有多加注意，缺乏"可视化"思维训练，学生思维活跃度偏低。显然，缺少思维内核的语文教学容易阻碍学生个性发展，学生的深层次思维意识不足，进而影响语文核心素养的形成和思维能力的发展。因而本研究聚焦阅读教学中的隐性思维显性化策略，提高阅读课的思维深度、广度和合作契合度，促进语文"思维发展与提升"核心素养的培育。

二、解决问题的过程与方法

首先，课题组成员在系统学习三类思维开发领域的思维工具、有选择地在语文阅读教学中进行尝试、对国内外研究现状进行深入分析的基础上，对核心概念进行了界定：所谓思维"可视化"，就是要借助一定的思维工具，把阅读过程中隐性的思考路径、结构和策略以图示或图示组合的方式呈现出来，通过个人或集体结构化的思考，提升学生的文意统整、推理判断等阅读理解中的深层次能力，以及交流合作能力，落实语文核心素养。

其次，课题组成员根据文体和阅读需求的不同，对不同类型的思维工具进行课堂教学实践，及时总结课堂应用效果，尤其关注阅读思维"可视化"所带来的小组交流效率的提高和学生语言表达能力的提升，并收集过程中的教学案例、学生作品，撰写成果报告。

最后，结合中高年级小学生思维发展特征，依托典型课例，系统设计语文阅读思维"可视化"策略工具，并在教学实践中进一步验证教学策略的有

---

* 本篇由任乃容、曹德芬、王建祁、李婷婷、范长岭撰写。

效性，最终形成了包含十种具有特定形式和用途思维"可视化"工具的《小学中高年级阅读思维"可视化"策略工具包》。

三、阅读思维"可视化"策略工具类型

1. 阅读中的"情节发展型"策略

阅读中的"情节发展型"策略主要包括"心情曲线图"和"流程图"。

"心情曲线图"分别适用于具有明显心理感受线索的叙事性文章或者时间线索明确的说明文。它们所关联的语文要素主要是信息的提取与概括，通过文章中人物的心理变化或者时间的推进来理解故事情节的发展。它所属的思维类型为顺序与因果思考，绘制方法主要是用心情曲线体现人物心情变化或者用流程图标注关键事件。评价的标准是图示能清晰呈现人物的心理变化过程或者事件发展过程，能有助于理解故事情节的发展。

2. 阅读中的"策略分析型"策略

阅读中的"策略分析型"主要是鱼骨图。它适用于策略分析型文章或习作练习，所关联的语文要素主要是多角度寻找解决问题的办法。它所属的思维类型为聚合性思维。它的方法为绘制鱼骨图形，鱼头处写目标，鱼骨处写方法，评价标准是能策略清晰地寻找解决问题的办法。

3. 阅读中的"概括提炼型"策略

阅读中最常用的"概括提炼型"策略主要包括括号图、气泡图、思维导图三种。这三类工具的共同点是需要有一个明确的主题词，围绕主题词进行分层次的信息概括。他们所关联的语文要素是信息的提取与概括，所属的思维类型为发散性思维。绘制方法是围绕中心词绘制大括号、气泡或者思维导图，评价标准是描述性语言丰富、精练，而且涵盖多方面的特征。

4. 阅读中的"比较分析型"策略

阅读中的"比较分析型"策略主要包括"对比图""双气泡图"和表格。它们的适用范围是具有对比价值的片段、情境或文字，关联的语文要素是比较分析。它们所属的思维类型为批判性思维或者分类、归纳。绘制和评价的标准是对比角度清晰，对比的条目清楚。

5. 阅读中的"辩证讨论型"策略

阅读中的"辩证讨论型"策略主要是"六顶思考帽"。它适用于人文主题含有辩证思考价值的记叙文，所关联的语文要素是理解感悟、概括分析，所属思维类型为水平思考法。绘制方法是参考全球优秀创新思维训练法开创者爱德华·德博诺博士的"六顶思考帽"水平思考法，找六个思维角度。评

价标准是能条理清晰地多角度阐发对话题的看法，或借助图示分工合作。

四、阅读思维"可视化"策略的实践效果

1. 思维"可视化"策略可以提升学生阅读理解能力

本课题的实验班经过三年的阅读思维"可视化"训练，在"文意统整"和"推论理解"两个深层阅读能力方面得到明显提升。文意统整是指统整文章中的整体信息，了解文章的大意及所要传达的主旨，主要包含寓意主旨、摘要、人物特质和分类归纳四个方面。推论理解是指读者无法直接从文章中找到答案，必须统整文章句子或段落内容，才能推论而得答案的能力，主要包含因果推论、发展预测、组织结构等方面，是阅读中的深层思考和整合能力。

2. 阅读思维"可视化"策略具有显著的"导学"功能

思维"可视化"策略具有高度概括、清晰、明了的特点，可以导标、导法、导思、导学。思维"可视化"策略以其高度概括、生动形象、发散思维的特点，能引导学生以文本为引子，循序渐进地解读文本，习得学习资料剪辑、摘要和整理的能力。比如，思维导图可以帮助学生梳理文章脉络，了解文章的主旨、取材及结构；"六顶思考帽"可以帮助学生思考并体会文章中解决问题的过程，能够思考和批判文章的内容；学会"借力"，方法运用会更加得心应手，对文本的领悟也更加细致、全面、深刻。

五、思维"可视化"的实践反思和建议

1. 不仅注重实证研究，更要重视应用评价研究

阅读思维"可视化"的案例研究和实验研究的成果需经过应用评价研究，才能反复试验、不断修正，更好为语文教学实践提供理论依据；而应用评价研究为案例设计研究和实验对比研究提供反馈，有助于进一步改进思维可视化的设计方案。所以，思维"可视化"的评价研究与实证研究应该相互促进、互为补充。

2. 不仅注重思维提高，更要关注思维评价

在本课题研究中，阅读思维"可视化"策略更多的是作为教师的教学工具和学生的认知工具，用于改善学生的认知结构，用于提高学生的思维能力，而较少关注其作为思维评价工具的作用，这也是本课题后续研究和实践需要努力的方向。事实上，阅读思维"可视化"策略作为思维评价工具能够

评定学生对某个篇文章或某本书的理解程度，探查学生的内部认知结构，有效地描述学生的思维过程，发现学生的思维特点，为优化教学活动提供依据。关注思维评价，即关注学生的元认知学习策略，可以从深层面提升学生的思维能力和学习水平。

3. 不仅加强教学中的思维训练，更要建立长效追踪机制

综观有关阅读思维"可视化"的实践研究，实践时间都显得较为短促，能在一线坚持实操性阅读思维训练的更是少数。从长远来看，对学生阅读思维发展和学习能力提升的影响如何还有待观察和追踪。如果学校能从机制层面高度重视学生思维发展，建立学生思维发展追踪机制，必将为包括阅读思维"可视化"在内的思维教学提供更坚实的平台和更广阔的空间。

"边学边交，自主领悟"
小学数学教学模式的研究[*]

新课程的实施，对小学数学课堂教学提出了新的要求："改变课程实施过于强调接受学习、死记硬背、机械训练的现状，倡导学生主动参与、乐于探究、勤于动手，培养学生搜集和处理信息的能力、获取新知识的能力、分析和解决问题的能力以及交流与合作的能力。"

一、"边学边交，自主领悟"课堂教学模式的提出

《义务教育数学新课程标准（2011年版）》明确指出：数学活动是师生积极参与、交往互动、共同发展的过程。学生是学习的主体，教师是学习的组织者、引导者与合作者。提出了培养学生发现问题、提出问题、分析问题和解决问题的能力。

在新课程实施的过程中，课堂教学存在许多问题：

（1）一些课堂表面看似生动活泼，但实际上问题设计缺乏探究性，缺少数学味。

（2）小组讨论环节看似热闹，但只是流于形式。

（3）老师讲授多，学生探究少，课堂教学实施过程中缺乏有效性。

（4）教师关注教学情境多，创设有效情境少。

课程改革的核心在课堂，教学工作的中心环节是课堂，因此课程改革的重点应该放在提高课堂效率上。根据现代教学论思想，按照儿童的心理特点、学生的认知结构和小学数学的知识结构，吸取国内外先进教法的有利因素，在教学实践中逐步形成一种新的教学模式——"边学边交，自主领悟"课堂教学模式，并将其作为提升小学数学课堂教学有效性的方法。

---

[*] 本篇由李小红撰写。

二、"边学边交，自主领悟"课堂教学模式的主要内容

（一）构建课堂教学模式新理论

一堂课40分钟，只要抓住几个关键环节和步骤，就会收到事半功倍的效果。为了有效解决新课程课堂教学存在的问题，使教师能更好地把握课堂教学的关键环节，构建了课堂教学模式新理论，称为"四环三步"操作要点。教学模式流程图如图1所示。

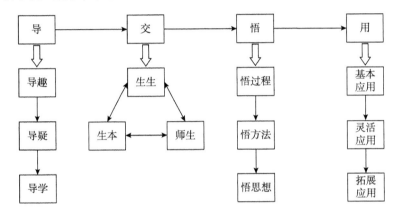

图1　教学模式流程图

（二）明晰课堂教学模式操作要点

"四环三步"教学模式在课堂教学实施中具有以下特点：

（1）导，即创设情境，导入新课。

导入新课环节是以"导趣、导疑、导学"的教学步骤，达到激发学生学习兴趣，培养学生观察问题、发现问题、提出问题的能力。

导趣：创设有趣的问题情境，引发学生自主学习的主动性。

导疑：找准问题的切入点，引导学生观察、发现，提出质疑。

导学：根据新知特点，引导、启发学生掌握探究新知的思路和方法。

（2）交，即交流互动，探究新知。

这一环节是教学的重点环节，要突出体现"边学边交"是一个在教师的有效指导下，学生自主领悟，边学边交、边"导"边学、边学边悟的教学过程。课堂教学在"学生与课本、学生与学生、学生与教师的交流互动"中，

学生展现出在探究新知过程中的体验、感悟和不同见解或意见，经过教师的启发与引导，在交流互动中突出重点，突破难点，提升分析问题、解决问题的能力。

（3）悟，即总结规律，感悟方法。

这一环节是通过学生对探究新知过程的回顾、分析、对比、归纳、整理，让学生经历"感悟过程、体悟方法、领悟思想"的学习体验。这是每堂课教学的重点，也是教学模式"自主领悟"的真正体现。

（4）用，即巩固应用，形成内化。

这一环节是通过"基本应用、灵活应用、拓展应用"，使学生在练习中掌握所学的基本知识与技能，积累活动经验，通过不同层次的练习，使不同的学生在数学上得到不同的发展。

为了有效落实"边学边交，自主领悟"教学模式的课堂实施，要求教师备课要做到"九备"。①教学目标；②教学重难点；③教学特色；④教学准备；⑤教学过程；⑥板书设计；⑦作业设计；⑧课后小结；⑨教学反思。

（三）整理了课堂教学模式应注意的问题

1. "导、交、悟、用"四个教学环节

"导"强调教师主导作用的发挥；"交"强化学生自主学习、探究交流、学会思考的过程；"悟"突出学生自主领悟知识建构的层次性，强调领悟思想方法的重要性；"用"增强学生技能训练意识。四个环节中特别突出"交"和"悟"的环节。

2. 边学边交，自主领悟

"边学边交，自主领悟"课堂教学模式是教学的基本模式在教学中，根据不同的课型，做到灵活与创新。

3. "四环三步"要灵活多样

"四环三步"操作要点在备课中可灵活多样，教师在备课和教学设计时，可根据自己的教学特点和课程内容，进行灵活多样的语言表述。

（四）课堂教学模式的特色

1. 抓住课堂教学关键

"导"体现了教师主导作用的发挥，"交"突出了学生自主学习的特色，"悟"强化了课程标准提出的领悟思想方法的落实，"用"加强了课程标准提出的训练基本技能的教学目标。这些关键环节和要素在"边学边交，自主领悟"教学模式中的应用，集中体现了新课程的新理念、课程标准的新精神。

2. 重视学生交流探究

在交流中，学生充分表达自己探究问题的深刻体会，解决重难点的过程。教学中充分发挥学生的主体地位，给学生充分独立思考、自主领悟的时间与空间是本教学模式的创新之处，也是教学模式的一大亮点和特色。

3. 强调教师主导作用

教师的教和学生的学是一个有机统一体，教学中，教师引导学生主动探索，合作交流，让学生在"导"中发现，提出问题，自主领悟，突出学生在教师引导下自主学习的特点。

4. 加强练习巩固

本模式在"用"的环节上，分层练习，充分体现"课标"所倡导的培养学生发现、提出、分析、解决问题的能力。

三、"边学边交，自主领悟"课堂教学模式的效果与反思

（一）研究效果

1. 把握教学关键环节

该模式是在新课程背景下构建的新的教学模式，集中体现新的教学理念、教学思想和新的教学要求。规范了备课要求，有利于教师把握教学关键环节。加深教师对教学思想的深刻理解和正确把握，有助于教师在课堂教学中突出重点，突破难点。构建了更有利于学生自主学习、主动探究的教学模式。

2. 提高教育教学质量

减负增效，提高教学质量是本研究的基本要求。经过对研究前后的作业对比，在正确率、书写端正程度等方面，很多同学都有了长足进步。为了确保课堂教学模式研究的有效性，我们把 2015—2018 年三年间实验班与非实验班第二学期的教学成绩进行了统计与对比，见表1。

表1　三年实验班与非实验班教学成绩统计与对比

2015—2016 学年度第二学期数学教学质量情况				
班级	人数	平均分	优秀率	合格率
实验班	278	93.7	90.3%	100.0%
非实验班	285	89.8	88.2%	100.0%

续表

2016—2017 学年度第二学期数学教学质量情况				
班级	人数	平均分	优秀率	合格率
实验班	306	92.4	91.5%	100.0%
非实验班	315	88.6	89.2%	100.0%
2017—2018 学年度第二学期数学教学质量情况				
班级	人数	平均分	优秀率	合格率
实验班	317	90.4	90.9%	100.0%
非实验班	308	87.7	87.2%	100.0%

上述统计结果表明，课题实验班成绩明显高于非实验班成绩，这说明使用这种教学模式可有效提高数学教学质量。

3. 增强学生自主学习的积极性

课堂教学中，学生是学习的主体。为了了解学生在"边学边交，自主领悟"课堂教学模式中主动参与课堂学习的情况，对实验班的学生进行了调查，统计情况见表2，可以看出，学生在课堂上主动参与学习的情况明显增强。

表2　学生自主参与学习情况调查表

	主动参与交流讨论	积极举手回答问题	积极参与小组活动	敢于向同伴质疑	敢于向老师质疑
使用前	40%	49.8%	47%	40%	9.8%
使用后	89.1%	100%	100%	90%	38.6%

（二）研究反思

"边学边交，自主领悟"课堂教学模式研究，是在不断地探索、研究、创新、验证、完善的过程中构建的，尽管课题研究已经取得了明显的效果，但在有些方面还需要进一步探究。

（1）"边学边交，自主领悟"课堂教学模式的理论水平与实际能力都还比较薄弱，基本理论还需要进一步完善，研究的能力还有待进一步提高，本研究还需要更多的理论支撑与实践验证。

（2）"边学边交，自主领悟"教学模式在不同学段、不同课型的应用特点还有待进一步研究。学生的认知水平不同，知识领域不同，教学内容呈现的特点就不同。不同的学科具有不同的特点，如何把"边学边交，自主领悟"教学模式更有效地应用于其他学科教学中，还需进一步在实践中探索与检验。

基于初中史地生学科交叉点渗透式
教学的实践研究[*]

目前国家在义务教育阶段的课程设置分门别类，学科之间衔接不够，相互间缺乏融合和渗透。初中阶段是学生刚刚对学科分类有比较系统的认识的阶段，无论是哪一学科，它都是人类在对自然界进行不断深入研究、细致观察后的精细化分类。因此，无论是自然学科（如生物），还是人文学科（如历史），或兼有自然和人文性质的学科（如地理），它们之间必然存在交叉的部分，而针对某一学科的具体内容，只不过是在对自然界现象研究的视角不同时而有所侧重。基于此，本课题组抓住几个隶属不同门类的学科的交叉点进行渗透教学，不仅有助于开阔学生视野，建立完整的、全面的知识体系，而且有利于培养学生获得多角度、多维度的认识自然和世界的能力，从而提升学生的核心素养。

一、解读核心概念，确定交叉渗透教学的路径

本课题组所研究的学科交叉指的是初中历史、地理、生物学科的交叉。因为从学科属性上看，历史属于人文学科，生物属于自然学科，地理属于兼具自然和人文学科性质的跨界学科；从学科内容上看，历史主要是从时间尺度进行描述，地理主要侧重的是空间尺度，生物则是从整个生态系统的尺度加以描述，因此，三个学科的交叉不仅包括学科教学内容上的交叉，还包括学科内在相通的学科方法、能力、情感上的交叉。渗透在字典里面的解释是指一种事物或势力逐渐进入其他方面。而将渗透应用到学科交叉教学中，这种事物或势力指的就是学科交叉的部分，其他方面指的就是学生。渗透的媒介或载体主要有资源（材料、故事等）补充和专题实践活动。在这里，学科交叉部分即为渗透的内容、基础和前提，而学生即为渗透的对象和目标。

＊ 本篇由赵茉、马如兴、吕艳玲、王路晓、玄立伟撰写。

二、归纳、整理基于教材的史地生学科交叉点细目，补充国家课程资源

从学科性质上看，历史属人文学科，生物属自然学科，地理属兼具自然和人文学科性质的跨界学科，因此，在整理交叉内容的过程中，课题组以地理为主导和桥梁，通过梳理教材内容、研读课标、互相听课评课等多种方式，整理归纳了交叉教学内容和内在相通的学科思想、理念、方法和能力，并不断积累，为日常教学提供参考。以下各举一例，如表1为教学内容的交叉，表2为相通的学科思想、学科理念、学科方法和能力上的交叉。

表1 教学内容的交叉

交叉内容	地理学科	历史学科	生物学科	说明
世界三大宗教	1. 自然地理环境对三大宗教传播的影响； 2. 现今三大宗教的分布状况； 3. 尊重不同国家和地区不同的宗教信仰	1. 三大宗教的社会根源； 2. 三大宗教的教义； 3. 统治者为什么会推崇宗教； 4. 宗教对现今社会的影响	从生物学角度解释与宗教相关的环境、动物、植物、人的特点	世界的三大宗教是初中地理和历史教材中共有的部分，其中有重复和交叉，但也有不同的侧重点。因此，本教学内容的设计应以历史学科为主线，即宗教的起源—教义—传播（历史）—传播（地理）—现今分布（地理）—宗教文化和传统（地理）—具体的宗教圣物（生物等）

表2 相通的学科思想、学科理念、学科方法和能力上的交叉

思想、观念、方法、能力	地理	历史	生物	说明
科学的探索精神——通过一系列人类对新事物的认识过程，学习先贤哲人为追求真理不懈努力的探索精神	对地球形状、大小的认识过程，对地球运动的认识过程，对海陆状况的认识过程	丝绸之路、郑和下西洋、新航路的开辟（达·伽马、麦哲伦）	弗莱明发现青霉素，并用实验加以证明；虎克研究显微镜，开启了崭新的生物世界——微生物；沃森和克里克发现DNA双螺旋结构；孟德尔的豌豆杂交实验	通过资源补充的形式渗透到某一学科日常的课堂教学中，或由学科教师选择相应的教学内容，采用连续授课的方式将科学的探索精神和研究方法渗透在各科教学中，使学生不仅获取了简单的学科知识，更为重要的是打开了学生的视野，提升了学生的思维宽度、广度以及学习品质

三、研发以综合实践活动为形式的史地生学科交叉渗透教学的专题课程

史地生学科交叉渗透实践活动课程的开发与设计，以发展学生的核心素养为总目标，紧紧围绕本校"目标明确、意志坚定、谦虚包容、善于合作"的"健全人格"的学生培养目标进行设置，具体体现在：（1）在知识层面：通过学科交叉渗透，打破学科壁垒，拓宽学生知识面，帮助学生构建立体知识网络；（2）能力层面：通过实践活动，在提升学科实践力的同时，提升与人沟通的技巧，锻炼和提高学生的语言表达能力、合作能力、组织能力；（3）情感层面：通过实践延续课堂，学生们通过帮助他人，体验成就感的同时，深刻地认识到所学知识的价值。基于此，课题组从社会主义核心价值观个人层面的四个方面设定"友善""诚信""敬业""爱国"实践活动主题，分别是：友善待人之纷纭转基因、诚信环保之垃圾处理、敬业之矿山的发展、理性爱国之中日关系（整体设计框架见表3）。

表3　学科交叉渗透教学专题课程设计框架

实践活动主题	时间	社会主义核心价值观	渗透的学科能力或学科素养
友善待人之纷纭转基因	七年级上学期	友善	查找—收集—整理—筛选有用信息的能力
诚信环保之垃圾处理	七年级下学期	诚信	地理：区域认知 历史：史料实证 生物：科学探究
敬业之矿山的发展	八年级上学期	敬业	地理：人地协调 历史：时空观念 生物：社会责任
理性爱国之中日关系	八年级下学期	爱国	地理：区域认知、综合思维 历史：时空观念、史料实证、家国情怀 生物：生命观念

四、基于周边环境，开发和建设多个综合实践活动基地

　　课题组采用学生自主推荐基地、师生共选基地以及走访专业单位等多种形式相结合的方式对所要开发和建设的基地进行选择。截至目前，课题组已经成功将学生生活地周边的社区（龙山社区）、子弟学校的校园（五中校园）、校园周边的河流（金水湾）、公园（农牧场公园）等地建设为学科交叉渗透教学实践活动的基地。根据基地的不同特点，课题组开发和建设的方向也略有不同，以"诚信环保之垃圾处理"专题实践活动为例，在此活动中主要涉及了两个实践基地：龙山社区基地和金水湾基地。（1）龙山社区基地：该基地垃圾处理设施和设备较落后，居民主要以老年人和小孩儿为主，接受新鲜事物较慢，学习能力较差，而本校学生绝大部分都曾经生活在那里，他们有迫切的愿望想要为这个小区贡献自己的一份力量。因此，课题组决定将龙山社区开发建设为调查和宣传基地。目的是通过学生的实践调查和宣传，发现小区内部的真实问题；通过学生自主学习和合作探究解决问题；通过研究成果的展示和宣传，进一步改善小区环境。（2）金水湾基地：由于人们垃圾处理意识薄弱，造成该条河流污染严重。因此，将金水湾作为实践活动的基地之一，课题组主要出于以下考虑：金水湾即代表自然环境（小型的生态系统），金水湾中的垃圾即为人类的活动，金水湾目前的状态即为人类活动对自然环境（生态系统）影响的结果。因此，学生可以利用此基地探索人类活动与自然环境间相互作用与相互影响的关系。

　　本课题研究在新课程改革的背景下，从一线教师课堂教学实际问题出发，对初中史地生学科交叉渗透教学进行了系统的研究。查找、整理出的交叉点为学科教师开展教学提供了参考和借鉴的资源，研发出的以综合实践活动开展的专题课既锻炼了学生的综合能力，发展了学生的核心素养，也为本校开展校本课程开发提供了很好的支撑。但由于课题组核心成员大部分为青年教师，参加工作时间较短，教科研经验有限，对本课题的研究很多时候都是在摸索中前进，因此也必然存在着一些问题，而这些问题本课题组还将进行后续的研究和完善。

专业视野下的学科教学设计与评价探索

小学数学教学中基于学情调研进行有效教学设计的研究
中学历史课堂基于价值观立意的教学案例设计研究
初中生语文阅读课有效讨论评价量表开发的研究
小学生数学空间想象能力发展评价及培养研究

小学数学教学中基于学情调研
进行有效教学设计的研究*

教育要以学生的发展为本，适合不同发展水平的学生个性和发展的需要。随着我国新课程改革的不断深入，在"以学生为本"的教育背景下，越来越多的教育工作者开展了针对"学情调研"和"有效教学设计"的研究。但在这些研究中，大多是论述、反思的研究，没有具体的方法指导；而且学情调研和有效教学的研究都是割裂开的，缺乏结合学情调研的有效教学研究。

在这样的背景下，本研究从北京市石景山区一线教师对学情调研存在的困惑出发，结合大量课例，通过对学情调研的反复实施和改进，形成了科学的、适用于一般课程内容的调研方法和步骤。基于科学的学情调研结果，通过教学设计的实施和改进，总结出了一些基于学情调研进行有效教学设计的具体方法；结合学情调研，通过在本校内进行的准实验研究，验证了基于学情调研的教学设计的有效性。

一、研究的背景和意义

在新课改的大背景下，教师的思想观念正在转变，从原来的"教师如何去教"转化为"学生如何去学"。"学情调研"作为一种研究学生学习能力水平的科学手段，是教师了解学生的重要途径，但在实际操作过程中，一线教师不能把握学情调研的程序和方法，对如何对开展调研、分析学情存在很大困惑，不能将其常态化，助力教学。

在以往的研究中，有"学情调研"的调研内容、方法、问题等研究，但利用学情调研进行有效教学设计的研究几乎空白；在这些研究中，概念性、思辨性的研究较多，缺少实践研究；对有效教学的研究，大多采用的是定性研究，鲜有定量研究，缺少数据的支持，难以证实教学设计是否合理有效。

＊ 本篇由刘昱、万东春、刘艳茹、李宏伟撰写。

本研究立足于解决现实教学中遇到的实际问题，探索学情调研的方法和步骤，总结基于学情调研进行的有效教学设计的具体方法，在此基础上通过量化研究，验证教学设计的有效性，填补此方面研究的空白。

二、成果的主要内容

（一）学情调研的方法

根据实施主体参与的方式与程度，学情调研分为经验型和科学型。科学型的学情调研方法更依赖于科学的统计和分析，较少受教师既有经验的影响，更有利于教师进行有效的教学设计。

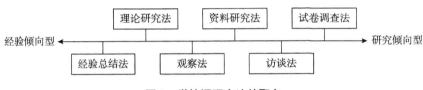

图1　学情调研方法的取向

（二）进行学情调研的基本步骤

1. 明确调研目标，确定调研方案

在开始进行学情调研之前，要理解一节课中的本质和核心内容，抓住课程中最核心的部分，然后确定进行学情调研的目标。目标明确后，结合教学内容的自身特点，设计调研方案。

2. 编制调研题目，实施问卷调查

在学情调研中，应用"半开放式"题目进行学情调研的方法，既有标准的答案可以判断正误，又能引导学生记录下思维的详细过程。这样能够在数据分析的基础上，准确了解到学生的思维水平。好的问卷，用1~2题就能获得有效的数据，帮助教师充分了解学生的思维水平。

3. 初步分析问卷，调整调研问题

在分析学情的过程中，首先进行正误统计，再对开放式（半开放式）问题进行"分类—统计—归因"的处理。通过整理，按学生表现出的不同思维水平分类，最后核对是否已经准确地了解了学情，决定是否需要继续访谈或重新进行试卷调研。

4. 选择代表个案，进行深入访谈

在问卷分析基础上，从每个水平的学生中抽取 1 人进行访谈，了解这部分学生在解决新问题中遇到的困难；有些个案可以进行单独访谈，了解其背后的学生原始认知，生成有效教学资源。

5. 得出调研结论，指导教学设计

学情调研后，用分析的结果支持教学设计，结合学情调研调整教学目标、设计学习方式、变革教学策略，让"学情调研"后的教学设计更有效。

（三）设计科学、高效的调研问卷

在问卷调研过程中，应设计既科学又高效的调研问卷（见表 1）。

表 1　学情调研问卷

领域		课题	课前调研题目
数与代数	数的认识	10 的认识	1. 画一画，用你喜欢的方式表示数 10 2. 写一写、画一画，表示出 10 可以分解成哪两个数的组成
		100 以内数的认识	画一画，用最清楚的方式表示出数 32
	数的运算	除数是整数的小数除法	计算 13.6÷4 = 把计算的过程记录下来
		……	……

（四）基于学情调研进行有效教学设计的方法

1. 以问题引领，生生互动的自主探究式课堂

很多学生通过前期生活经验和数学经验的积累，对即将学习的内容已经有所理解，在教学设计的实践中，可以给高水平的学生更具有挑战性的任务，如解释概念、评价他人等；同时，设计学生和学生交流、互动的环节，让思维产生碰撞，这样低水平学生在高水平学生的引领下向上发展，高水平学生在问题的引领下发展到更高的水平。

2. 以学生差异为背景的小组合作式学习

在合作学习中，小组成员可以自发地，或由老师规定的任务分配，好的合作学习能够激发学生的学习热情，促使不同水平的学生在交流中有最大的发展。水平较高的学生在小组合作学习中引领水平较低的学生，通过在小组中的讲解、演示、评述等活动，以达到更高的水平；水平较低的学生通过倾听、观看、参与讨论等活动，提高水平。

3. 探究活动整合的项目化教学

通过生生交流的课堂模式，小组学习的深入方式，促使教师对课堂进行更大的改革。在教学实践中，教师将课堂的活动进行整合，成为一个大任务，在任务中提出明确的要求和真实的问题。学生在完成大任务的过程中，交流往复，共同得到发展。

4. 在班级中通过"同质分层"进行教学

在大量学情调研的积累中发现，同一班级内的学生往往对数学的理解程度表现出极大的差异。"差异"才是不同学情中的共同点，教学中可以通过"分层教学"来达到差异发展的目的。具体来说，分层教学可以包括分层设定教学目标、分层设计实施教学、分层设计学习评价。

（五）基于学情调研对学生理解水平的划分

通过收集到的大量学前、学中、学后的学生样本，可以把学生对数学知识认识和理解的程度分为三个水平：事实水平、过渡水平和理解水平，对应不同的评价标准（见表2）。

表2　基于学情分析的数学理解水平划分样例

课题	课前调研题目	事实水平	过渡水平	理解水平
100以内数的认识	画一画，用最清楚的方式表示出数32	能够正确表示出数量，没有结构	用矩阵、分组等非"十进"结构正确表示数量	用"十进"结构，正确表示出数量
除数是整数的小数除法	计算13.6÷4＝把计算的过程记录下来	直接计算出结果，不能表达出计算的过程和原理	用竖式等方法进行正确计算过程的表示	用竖式等方法进行正确计算过程的表示，并能用语言进行合理的解释
……	……			

（六）基于学情调研进行有效教学设计并实践的有效性

基于学情调研的教学设计，只有应用到教学实践中，才能检验其是否有效。通过对一年级上册《11～20各数的认识》和下册《100以内数的认识》两课分别进行基于学情调研的教学设计，通过设计实施，学生的数学理解水平显著提升（如图2所示），高水平的学生显著增多，低水平的学生显著减少。

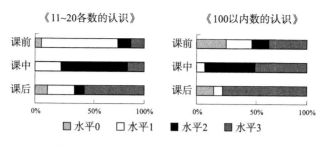

图 2 一年级数的认识单元学生掌握水平

针对《11～20各数的认识》这一内容，分别对两个班进行教学设计和实施，其中一个班是基于"学情调研"进行的教学设计。对比发现，基于学情调研进行的教学设计实施，无论在低水平学生的转化，还是在高水平达成都更加有效（如图3所示）。

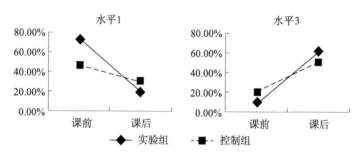

图 3 不同班级《11～20各数的认识》教学前后学生水平变化

三、效果与反思

在该研究中，研究的基本都是新授课。在实际教学中，学情调研应当作为一项日常教学工作开展，在练习课、复习课等环节中同样遵照科学的方式进行评价和分析，甚至应当增加针对个别学生进行诊断性的学情调研工作。在后续研究中，可以考虑加入复习、建构类课型及综合实践类课型等。

本研究中，将学生的数学思维分成为 4 个水平，没有对学生高阶思维的评价。在后续研究中，可以进一步整合、形成统一的学情评价标准，以更好地帮助教师进行学情调研。

中学历史课堂基于价值观立意的教学案例设计研究[*]

2012 年党的十八大提出了要把立德树人作为教育的根本任务，为把党的十八大关于立德树人的要求落到实处，2014 年颁发了《教育部关于全面深化课程改革落实立德树人根本任务的意见》，这个文件对基础教育提出了要研究制定学生发展核心素养体系的要求，历史教育专家朱汉国教授认为，历史学科的核心素养体现在两部分，一是通过学习获得的关键能力。其二是通过学习形成的能适合个人终生发展和社会发展需要的必备品格。就历史学科而言，是指学生通过历史学习形成的家国情怀和人文修养。这包括通过历史学习形成的对祖国历史与文化的认同感和自豪感，对国家、民族的历史使命感和社会责任感，也包括通过历史学习养成的积极进取的人生态度和健全的人格❶。黄牧航认为：一节好课必须有核心的价值追求，必须改变历史课堂"教学无中心、史学无神韵、观念无灵魂"的现象……，新课程反复强调要用课程的观念来理解教学，教师首先要做到的是依据课程目标来设计教学目标，通过理解课程价值来传授教学内容。由此可见，一节好课的标准是看教师有没有准确的价值定位。❷ 不难看出，依据教材、整合教材、挖掘出课题的价值观诉求对于要培养学生的历史学科的核心素养有着至关重要的作用。

一、研究采用的一些行之有效的方法和手段

首先使用了文献研究的方法，研究了国内外关于价值观立意研究现状的资料，从理论层面借鉴研究的成果，归纳与总结一般的确定价值观立意的基本方法，在研究过程中，很多学者和一线教师都对如何确定教学的立意提出

＊ 本篇由朱华、杨秀敏、毕秀洁撰写。
❶ 朱汉国：《浅议 21 世纪以来历史课程目标的变化》，《历史教学》2015 年第 10 期。
❷ 黄牧航：《中学历史课堂教学的好课标准研究评述》，《历史教学》2015 年第 1 期。

了自己的见解，比如，有教育教学专家指出，教学立意系指预设的通过这堂课的学习，学生获得的主题思想或总体感觉、体验和感悟，正如叶澜教授在《重建课堂教学价值观》所说：为实现拓展现有学科的育人价值，新基础教育要求教师在做教学设计时首先分析本学科对于学生的独特发展价值，而不是首先把握这节课教学的知识重点和难点。黄开红老师提出立意的出发点要能帮助启迪学生汲取历史智慧。北京师范大学李凯老师引用柯林伍德的观点，认为历史老师在讲课前要思考"我为什么要这样讲历史？""这样的讲法有什么道理""我能给学生的价值观带来怎样的转变"这些思考以及相关的一些文献，都对自己的教学研究有很大的启发。

其次使用了行动研究法与研讨法，在自然、真实的教育教学环境中，即在笔者的历史教学实践中，根据高中历史教学中以价值观立意为基础的教学设计所遭遇的实际困难与问题，提出实在的问题，以此为基础，研究解决实际问题的方法与策略，并将其付诸教学实践中，并且利用市区级公开课以及区级教材教法的机会，不断评鉴、反思、修正自己的教学设计，与同行教师研讨，抓住机会与各大期刊的编辑们研讨，进一步厘清自己的价值观立意的思路，将研究与行动相结合，取得了一定的成果。

二、初步探讨出历史教学价值观立意应遵循的原则和重要环节

价值观立意应遵循的原则是：历史学科的最重要的价值是以史为鉴，能够挖掘历史知识与历史价值的关系，思考历史与现实、历史与未来、历史与国家命运的联系，彰显历史学习的意义，在备课时，依据课标和教材，先思考通过这节课的学习，应该给学生带来什么样的价值观念，再以此为统领进行选材组材、谋篇布局。

在历史课程的教学中贯彻实施价值观立意的过程应有以下几个环节：其一是以立意为基础构建教学环节，每一个环节在程度上逐步地深化与实现教学立意；其二是以立意为基础择取资料和史实，将确定好的教学立意寓于史实的铺垫之中，启发学生的自主思维，提升学生的思维品质，通过对材料的分析引导学生理解历史的价值；其三，问题链的形式是深化探究，帮助实现教学立意的最为有效的途径，问题探究的目标直接指向教学立意，运用初步得出的结论思考与研究新情境下的新问题；其四是尽力做到以史为鉴，学以致用，让学生体会到历史学习的成就感和历史的重要功能，形成带得走的解决问题的能力，体会历史发展的规律和对社会的现实意义，更进一步地实现

教学立意。这些研究出的原则与环节均发表在国家级学术期刊上并进行了推广，社会反响良好。

三、在教学实践中，以重点课为依托，初步探讨出价值观立意的一些基本方法

方法1：仔细研究课标和教材之间的关系，专题内课与课之间的联系，每一课目与课目之间的联系，思考与寻找在这些纷繁材料下的价值线索，明线是什么，暗线是什么，深入挖掘价值主题。

方法2：创设情境，帮助学生汲取历史智慧，尝试解决现实问题。情境的创设既有利于拉近学生与历史的距离，也有利于激发学生探究的热情。

方法3：关注学术前沿，聚焦家国情怀。关注新旧教材的变化，关注这种变化背后的原因，能帮助我们寻求价值观念的变化。

四、教学成果在全国、市、区同行中的推广与启发

在进行以价值观立意的基本方法的研究与实施的过程中，课题组成员也有了很多的收获，不仅课堂更加厚实，也将这些方法进行了推广，让更多的教师受益。课题组负责人朱华老师在课题研究的过程中，在全国中文核心期刊、中国人文社会科学核心期刊、中文社会科学引文索引（CSSCI）来源期刊《历史教学》上发表了2篇教学设计，即2016年第10期上发表的论文《抗战胜利的基石：中华民族认同的形成与彰显——"抗日战争"教学的着力点》和2020年第3期上发表的论文《民族交融谋发展 推陈出新创伟业——高中历史部编新教材"辽夏金元的统治"教学设计》。在国家级学术期刊、国家基础教育核心期刊、华南师范大学主办的《中学历史教学》上发表了3篇教学设计，即2016年第10期上发表的论文《在中学历史教学中培养与提升学生的思维品质——以人教版选修Ⅰ〈北魏孝文帝的改革〉为例》、2016年第12期上发表的论文《中学历史课堂基于理解教学的达成途径——从人教版〈新中国的民主政治建设〉一课说起》和2018年第11期上发表的论文《创设情境，培养学生"求真、求证、求智"的素养——以人教版〈新中国初期的外交〉为例》；在国家级学术期刊、国家基础教育核心期刊、国家教育部主管陕西师范大学主办的《中学历史教学参考》上发表了2篇教学设计，即2016年上半月刊第8期发表的论文《教学立意的确定与达成——以"现代中国的外交关系"专题复习为例》和2016年下半月刊第2

期发表的论文《关于历史课堂落实学生探究的几点思考——从"甲午战争后民族危机的加深"的教学设计说起》，这些教学成果位于北京市前列，在中国知网下载次数多达千次以上，产生了较好的教学和社会影响。课题组老师所写的教学设计多次在北京市和石景山区获奖，承担市区级公开课多次，影响良好。

五、对学生的影响

教师在课堂中整合教材与价值观的联系在很大程度上激发了学生在历史课堂中去求真求证的热情，焕发出学习历史的兴趣，学生在阅读的习惯和思考的能力方面有了一定的提升，开始形成自己的价值判断。在经过长期的训练后，学生也慢慢地在思维方式上发生变化，表现在对历史课堂的参与更具有热情，期盼老师出示教材外的材料，对历史事件的探索有了更多的渴求，在做题中对材料题的分析更加辩证与深入，对社会热点的思考能够有自己的见解而不是人云亦云，对教师的满意度评价很高，在高考前的文综模拟考试中历史成绩优异，在年级各学科中名列前茅。

六、存在的问题与反思

在教学中，因为这样的备课方式会花大量的时间，需要阅读一些重点的文献和书籍，因此一些课还需要花费更多的时间与精力去挖掘和琢磨，才能够挖掘到核心的价值，也才能有深入的教学设计，这是一个循序渐进的过程。

初中生语文阅读课有效讨论评价
量表开发的研究[*]

　　《义务教育语文课程标准（2011 年版）》倡导"合作交流"的学习理念，而课堂教学中的"合作交流"主要是通过"课堂讨论"的途径来实现的，通过相互间合作探究，学生相互吸收、相互完善，培养学生思维的广泛性和深刻性。"讨论式"的课堂教学能促使学生充分发挥学习的积极性，在宽松、愉悦的氛围中，不断提高语文学习能力。目前，中学语文教师在课堂上经常组织学生进行讨论，学生讨论的场面往往都很热闹。但在这种表层的热闹下也存在一些问题。

　　"阅读"是从视觉材料中获取信息的过程。阅读是一种主动的过程，是由阅读者根据不同的目的加以调节控制的，陶冶人们的情操，提升自我修养。阅读同时是一种理解、领悟、吸收、鉴赏、评价和探究文章的思维过程。"有效"主要是指通过教师在一段时间的教学之后，学生所获得的具体的进步或发展。也就是说，学生有无进步或发展是教学有没有效益的唯一指标。"讨论"是指为了实现一定的教学任务，指导学生就教学中的某一问题相互启发、相互学习的教学方法。其特点在于能更好地发挥学生的主动性、积极性，有利于培养学生独立思考能力、口头表达能力和创新精神，有利于促进学生灵活运用知识和提高分析问题、解决问题的能力。

一、初中生语文阅读课有效讨论的研究过程与方法

（一）初期，了解国内外研究现状，总结存在的问题

　　（1）有关讨论法教学历史的研究。新中国成立以来，语文学科教学已经走过了七十多个年头，期间各种教学方法、教学模式层出不穷。从早期的教

---

　　* 本篇由朱明欣、王晶晶、邓爱杰、卢虎成、王蕊撰写。

师"一言堂"到"满堂问"再到师生合作探究，各种教学方法、理念各有千秋。在教学的过程中，通过学习过程激发学习兴趣尤为重要。课堂讨论这一课堂教学模式符合改善课堂教学氛围的需要。

（2）收集并了解国外研究现状。在美国，国家标准规定语文教育目标是确保所有的学生都能获得语言学习的机会并得到鼓励，使他们形成为追求个人生活目标，包括丰富个人生活而发展语言技巧的观念。

（3）有关讨论法存在问题的研究。首先，语文阅读课多是教师向学生传递自己的阅读经验，学生参与度不够。在很多阅读课上，教师兴致勃勃地讲述自己阅读文章的感受和体会，而学生是否能够理解到这样的层面不得而知。其次，语文阅读课讨论的问题是否有价值。教师提供的问题一定是清晰地指向某些知识点或者是教学的重难点，学生一读便知的问题，讨论的价值相对低下。最后，讨论形式的单一。在许多教师眼里，课堂讨论往往流于形式，学生简单交流后如果无法解决，教师就开始自己解决自己提出的问题，形同于自问自答。

（二）中期，初步建构课堂讨论评价量表的结构，确定维度及一级、二级指标，对各类指标赋予权重

1. 确定量表的维度及一级指标

本研究对课堂讨论有效性的测量及评价维度按照程序结构确定。综合整理文献资料，把收集到的指标进行认真分析、筛选合并，最后确定了以下两项一级指标。如表 1 所示。

表 1　初中生语文阅读课有效讨论评价量表的维度和一级指标

主题	一级评价项目
课堂讨论 （课堂实施）	教的效能
	学的效能

2. 建立量表的二级指标

结合已有研究，对一级指标进行细化以建立量表的二级指标，初步构建的课堂讨论有效性结构模型，如表 2 所示。

表2　初中生语文阅读课有效讨论评价量表的维度，一级、二级指标及评价要素

主题	一级评价项目	二级评价项目	评价要素
课堂讨论（课堂实施）	教的效能（40）	教学理念	热爱、尊重、信任、赏识学生；准确把握引导者、组织者、合作者、促进者的角色定位；体现完整高效的课堂
		教学目标	学习目标明确、合理，"三维"目标整合，年段语文实践目标突出，可操作性强
		教学内容	1. 让学生在读好书的同时认识更多有益的课外书籍，从而进一步提高课外阅读的兴趣，养成良好的阅读习惯。2. 指导学生归纳阅读方法，并实际运用到课外阅读中去。3. 指导学生学会在阅读后和他人交流自己的所得所悟
		教学过程	1. 能根据学生的特点准确地把握教学重点、难点和关键，关注阅读方法的指导。2. 教学思路清晰，内容安排不繁琐，环节简化；教学内容把握合理，教学重点突出。3. 将阅读与感悟、合作与交流、汇报与运用等语文实践活动相结合
		教师素养	1. 课堂调控有序，反馈评价语言多样、有效，体态语言自然。2. 创设良好的课堂教学氛围，激发学生的阅读兴趣；注重阅读方法指导，突出习惯养成。3. 能根据阅读教学的特点，合理利用现代化信息技术，为有效教学服务。4. 善于组织教学，具有一定的教学技巧，调控能力强
	学的效能（60）	参与状态	1. 学生应答面广、质量高；课堂气氛民主、和谐、活跃。2. 阅读教学中体现学生的主体地位
		思维状态	学生主动参与到阅读教学每个环节，能自主阅读、积极思考、质疑探究
		习惯养成	在学习过程中，学生注意良好学习习惯的养成，不良的读书、倾听、表达等行为能及时得到教师的指正
		目标达成	1. 在教学中获得一定的阅读方法。2. 通过本课学习对课外阅读、人际交往感兴趣

（1）教学理念。语文课程的基本理念是：全面提高学生的语文素养，正确把握语文教育的特点，积极倡导自主、合作、探究的学习方式，努力建设开放而有活力的课程。

（2）教学目标。指在教学活动中所期待得到的学生的学习结果。教学活动以教学目标为导向，且始终围绕实现教学目标而进行。

（3）教学过程。指师生在共同实现教学任务中的活动状态变换及其时间、流程，由相互依存的教和学两方面构成。

（4）教师素养。又称教师专业素质，是指能顺利从事教育活动的基本品质或基础条件。

（5）参与状态。是学生在教师的指导下全身心地积极参与教育教学活动，实现学生主体建构与发展的过程。学生的参与状态、参与程度直接影响着教学的效果。

（6）思维状态。即学生在思考问题时或参与讨论时所表现出来的具体的思维态势。

（7）习惯养成。习惯是在长期的过程中逐渐养成的、一时不容易改变的行为、倾向或社会风尚。

（8）目标达成。新课标对于学生应该达到的能力方面提到，"学生对文学作品要能感知、品读、评价，能提出自己的观点与见解，鼓励质疑并验证自己的假设"。

3. 对量表中各类指标赋予权重

本阶段使用的方法包括专家排序法和问卷调查法。在本研究中，确定权重的方法采用专家排序法。将所有一级指标按照重要程度进行排序，对每项一级指标下属的所有二级指标也同样是按照重要程度排序，所得数据均为等级数据。本研究从石景山区 6 所学校随机选取 30 名中学语文教师作为研究对象。中学语文阅读教学课堂讨论有效性的一级评价项目指标权重如表 3 所示。

表3　中学语文阅读教学课堂讨论有效性的评价类别指标（维度）的统计分析

一级评价项目	所占比重
教的效能	40%
学的效能	60%

从表 3 权重可看出，"学的效能"比"教的效能"高出了 20 个百分点，说明相对于教师的教来说，课堂应该更加重视学生的学，也就是突出学生的主体地位。

（三）后期，对量表进行实证性检验与修改

本阶段主要运用课堂观察法在教学实践过程中对评价量表进行检验。笔者选择了石景山区的中学语文高级教师、一级教师、二级教师各 3 名，并从本校抽取两名教师的课堂实录作为观察对象。本研究所确定的课堂教学都运用了课堂讨论这一活动方式。通过观察进一步确定本研究所建构结构模型角

度的可行性和实用性，并对量表进行进一步的充实、修改与完善。中学生语文阅读课有效讨论的评价量表见表4。

表4　中学生语文阅读课有效讨论的评价量表

主题	一级评价项目（总分值）	二级评价项目	评价要素	分值
课堂讨论（课堂实施）	教的效能（40）	教学理念	热爱、尊重、信任、赏识学生；准确把握引导者、组织者、合作者、促进者的角色定位；体现完整高效的课堂	5
		教学目标	学习目标明确、合理，"三维"目标整合，学段语文实践目标突出，可操作性强	5
		教学内容	1. 让学生在读好书的同时认识更多有益的课外书籍，从而进一步提高课外阅读的兴趣，养成良好的阅读习惯。 2. 指导学生归纳阅读方法，并实际运用到课外阅读中去。 3. 指导学生学会在阅读后和他人交流自己的所得所悟	10
		教学过程	1. 能根据学生的特点准确地把握教学重点、难点和关键，关注阅读方法的指导。 2. 教学思路清晰，内容安排不繁琐，环节简化；教学内容把握合理，教学重点突出。 3. 将阅读与感悟、合作与交流、汇报与运用等语文实践活动相结合	10
		教师素养	1. 课堂调控有序，反馈评价语言多样、有效，体态语言自然。 2. 创设良好的课堂教学氛围，激发学生的阅读兴趣；注重阅读方法指导，突出习惯养成。 3. 能根据阅读教学的特点，合理利用现代化信息技术，为有效教学服务。 4. 善于组织教学，具有一定的教学技巧，调控能力强	10
	学的效能（60）	参与状态	1. 学生应答面广、质量高；课堂气氛民主、和谐、活跃。 2. 阅读教学中体现学生的主体地位	15
		思维状态	学生主动参与到阅读教学每个环节，能自主阅读、积极思考、质疑探究	15
		习惯养成	在学习过程中，学生注意良好学习习惯的养成，不良的读书、倾听、表达等行为能及时得到教师的指正	15
		目标达成	1. 在教学中获得一定的阅读方法。 2. 通过本课学习对课外阅读、人际交往感兴趣	15

从统计数据可知，就教的效能部分来说，教学内容、教学过程及教师素养分数较高。说明教师们普遍认为，以上三个方面在对于影响学生课堂学习效率方面起到极大作用。由此可知，教师们为了达到最佳的课堂效果，就应当将提高自身素养、精心设计教学内容和环节放在首要位置。

就学的效能部分，评价结果表明，在课堂讨论实施过程中，学生的表现包括参与状态、思维状态、习惯养成和目标达成均是需要被重视的。这说明教师们的观念已经随着新课改中所强调的要重视学生在课堂上的主体地位而进行改变。

二、研究的初步结论

（一）教师应该转变教学观念

新课改之后，教师在课堂中的身份由传统意义上的简单的知识传授者，转变为学生学习的组织者、引导者和参与者。教师要注意学生的能力水平，基于其生活经验及已有知识，并结合教材，与学生共同开展深入的思考与探讨；要经过广泛的讨论甚至是激烈的辩论，最终获得知识，使能力和情感得到进一步的升华；而不是仅局限于教师自身的讲解及教材的固有内容。所以，课堂讨论在课堂中运用时，转变教师传统的教学观念是首要任务。

（二）明确讨论有其适用范围

教师在选择课堂讨论时应充分考虑其适用范围，如小学的低年级（1~2年级）学生就不适合运用过多，而高年级的学生也限于围绕一些比较生动具体、浅显易懂的问题开展。课堂讨论作为整个教学活动的组成部分，根据实际情境将其利用在不同阶段的教学中，将会达到更好的教学效果。

（三）论题要科学选择与设计

教师在撰写教学设计时，必须充分考虑到学生已有的知识水平。要提高学生解决问题的能力，就应该注意选择与学生生活实际相关的话题，创设与其认知水平相适应的讨论情境，才能收到好的效果。教师可以通过书籍报刊、网络等资源选取讨论素材，生动有趣、能够吸引学生注意力的话题，更能激发学生的参与兴趣及情感投入。

小学生数学空间想象能力发展评价及培养研究[*]

对于小学生而言，培养自身的数学核心素养是数学学习的重中之重，因此，教师必须关注培养学生的学科关键能力。小学数学学科关键能力中就包括空间想象能力。小学生空间想象能力的提升，可以帮助学生更加轻松地理解现实世界的空间形式，自身的创造力也将得到形成和发展。

一、关注数学核心素养，聚焦空间想象能力

（一）小学数学中空间想象能力的地位

中国数学教育界在较长一段时间内保持着"三大能力"，即空间想象能力、运算能力、逻辑思维能力。近年来，小学生的课程体系从未停止过改革的进程，2011 年版数学课程标准在"数学思考能力"培养中重点关注了以下五种能力的培养，分别为运算能力、空间想象能力、数据分析能力、推理能力、抽象能力。可见，空间想象能力历来是图形与几何领域学习过程中的重要能力之一。

（二）小学生空间想象能力的发展特点

小学生在小学阶段已经通过绘画、游戏、现实等活动形成了一定的空间想象能力。但是这些空间想象能力往往是无意性的、模仿性的，这样的特性将伴随着小学生年龄的增长以及知识经验的不断丰富而渐渐发生转变，他们在年龄和阅历都逐渐有了更多积淀后，空间想象能力随之发生了一系列变化，最大的特点便是具有模仿性；想象目的性增强；想象富有现实性。

---

[*] 本篇由顾文立、李亚群、王芳、金中梅、季阔撰写。

二、关注图形与几何教学，培养和发展学生的空间想象能力

学生空间想象能力的形成是建立在以下五个基础上的，分别为操作、感知、观察、思考和想象，特别是对于小学生，实际观察和操作是发展空间想象能力的必备环节。教材对图形的认知往往遵循以下编排顺序，即：立体、平面再到立体。当然，教育的最终目的是帮助学生将知识应用于生活，因此教材的教学顺序有以下特点：生活中抽象出图形—应用于生活；直观辨认—探索特征；直边形—圆形；知识由浅入深，要求从低到高，既符合小学生的认识规律，又利于数、形结合，增加动手实践的数学活动，有利于学生空间想象能力的培养和发展。

（一）依据空间想象能力水平培养和发展空间想象能力

结合范希尔几何思维水平划分，结合数学学科能力标准中关于空间想象能力的评价标准，我们细化分析和梳理了教材图形与几何领域的内容，并划分了水平等级。我们认为，可以使用数学学科能力标准中的空间想象能力水平界定，把小学生空间想象能力划分为三个水平，见表1。

表1　小学生空间想象能力水平

	水平一	水平二	水平三
空间想象能力	能依托实物和模型辨认简单的几何形体。并能简单描述一些物体的几何特征。能在头脑中再现生活中物体的表象	能根据物体特征抽象出几何图形。根据几何图形想象出所描述的实际物体。能想象出物体的方位和相互之间的位置关系	能想象并描述出图形运动和变化的过程。能依据语言的描述画出图形

依据空间想象能力的水平界定，以图形与几何领域的相关内容为载体，在复习课中培养和发展学生的空间想象能力。

（二）在动手操作的数学活动中培养和发展空间想象能力

小学中有关"图形与几何"的学习都建立在学生的经验和活动基础上。在这个过程中，学生将会用到所有的感觉器官，如此一来，在空间想象能力方面学生将能得到巨大提升，所以教师必须加强认识，在实际操作中把动手

操作的数学活动放在十分重要的地位，对学生进行积极引导，使其可以亲身参与进去，在观察、比较、想象中参与认知，沟通联系。在长方体、正方体的教学中，学生再次经历看一看、摸一摸、数一数、量一量、比一比等数学活动，学生在观察、操作、比较、交流的数学活动中逐步建立起"长方体"的概念。学生经历从实际背景中抽象出数学模型，形象地捕捉到物体的属性，水到渠成地从点、线、面等多维空间来认识长方体和正方体。帮助学生建构和描述现实世界的空间关系，培养和发展空间想象能力。

（三）在观察、比较和想象中培养空间想象能力

观察是一种主动参与的感知过程，是学生获得空间感知的重要环节，只有通过观察、分类、比较，进一步认识图形及其性质，学生才能够积累数学活动经验。重视学生的观察、操作和想象等数学活动，在观察、操作、想象等数学活动中，加强对学生空间思维和想象能力的培养。

在实际学习过程中培养学生空间思维的这一过程离不开观察、对比和想象。图形的形状、大小、变换等性质，除了观察与动手操作以外，还可以联系现实的情境，在对比图形内在联系的过程中，进一步感知和认识，在观察、联系、沟通、比较和想象中培养和发展学生的空间想象能力。

（四）通过几何建模进一步培养和发展学生空间想象能力

模型在空间想象能力的培养中起着重要作用。直观模型能提供具体的、特殊的和感性的经验，它是培养学生空间想象能力的起点，也是学生深入学习的根基。

学习中应加强数学建模，突出模型化思想，使学生亲历数学建模的过程，经历从实际情境中抽象出数学模型，从现实的生活空间中抽象出几何图形，注重经历实践探索的全过程，这才更利于学生空间想象能力的提升。在教学中应提倡以"问题情境—抽象模型—整理回顾—应用拓展—小结反思"的基本模式进行呈现，在有层次的数学活动中培养和发展学生的空间想象能力，这种方法最为符合学生图形与几何领域学习的思维路径。

三、在学科实践活动中培养和发展小学生空间想象能力

小学中有关"图形与几何"的学习都是建立在学生的经验和活动基础上的。因此，我们万万不可忽视对学生实践活动的引导，在观察、比较、想象中参与认知，沟通联系。在教学实践中可以创编素材，结合学科实践活动培

养和发展学生空间想象能力。

A4 纸是孩子们身边常见的物品，围绕一张 A4 纸，创设符合孩子们的教学素材和教学内容，设计有主题、有目标、有层次、有趣味的主题系列综合实践活动，把动脑思考与动手实践相结合，已有经验与探索创新相结合，让孩子们在玩中学、做中学、想中学。帮助学生在动手实践和解决问题的过程中发展空间想象能力。

有趣的 A4 纸系列主题实践活动内容包括：A4 纸对折中的规律；一张 A4 纸能剪出多大的洞；一张 A4 纸可以托起多大质量；一张 A4 纸可以做什么；A4 纸能做多大的纸盒。通过十余次学科实践活动，收获如下：

1. 学生喜爱这样的活动

根据学生在微信群自愿进行交流、分享和展示情况来看，学生的参与度极高，充分证明了学生对这类活动的喜爱。自觉主动地参与其中，每个孩子都有了属于自己的成功与收获。

2. 由不敢想、不敢说、不敢做转变为敢想、敢说、敢做

孩子们在微信群的生生交流、师生交流互动中，在动手操作、反复验证、不断反思、改进创新的实践中，由原来的不敢想、不敢说、不敢做，一下子转变为敢想、敢说、敢做，这是此次系列实践活动体现出的最大价值，令很多人眼前一亮的价值。

3. 发展空间想象能力、应用意识和创新精神

通过玩中学、做中学、想中学的实践活动，进一步感受数学与其他学科的联系，帮助孩子感悟数学应用的广泛性。在生生交流、师生交流的互动中，在动手操作、反复验证、不断反思、改进创新的实践中，相互引领，温故知新，经历发现和提出问题、分析和解决问题的完整过程，积累数学活动经验，发展学生的空间想象能力、应用意识和创新精神。

从上面的研究中，我们可以认识到，对于每一位数学教师来说，培养学生初步的空间想象能力是一项重要任务。因此在实际教学中，教师必须尊重规律、尊重差异，必须竭尽所能排除任何有可能对学生产生干扰的因素，采用多种教学手段、教学方法，引导学生发挥多种感官功能，使具体事物的形象在头脑中得到全面的反映，以促使学生对几何形体有深刻的认识，循序渐进地培养和发展小学生的空间想象能力。

第三章

专业视野下的学科教学资源开发探索

小学英语词汇教学中学习型微课资源开发与应用
小学语文微信支持下的群文阅读实践与研究
基于 **3D** 文物模型制作的传统文化教育实践研究
小学语文整本书分类阅读梯度训练案例研究

小学英语词汇教学中学习型微课
资源开发与应用[*]

在信息化时代发展下，教学向多模态转变，微课成为助力英语教与学的有效手段。该课题通过对微课进行系列主题设计、开发，在小学英语词汇教学中应用研究，建立微课资源库探索"教学＋微课"的教学模式，形成了"校本微课资源库及其建设模式""微课资源的开发"和"微课资源的应用'教学＋微课'多模态教学模式"的研究成果。

一、建立了校本资源库，探索出微课资源库开发的模式

（一）资源库建设的立足点和出发点

"以校为本"是资源库建设的立足点和出发点。学校为"中国青少年信息技术创新教育示范基地"，信息技术学科为优势学科，英语教师团队人数较多且素质高。课题实验的文献梳理、设计规划、实践推行、总结整理均在学校开展，所使用的英语教材为北京版义务教育一至六年级教材。

（二）资源库建设的目标

该资源库建设以服务学校整体育人目标为核心，以深化英语学科词汇知识和培养学科素养为重点，以方便学生使用和学习、改变学习方式、提高学习效果为最终目的。

（三）资源库建设的框架结构

依据教材单元主题，构建微课结构框架；开发单元主题微课、专题递进式系列微课、"同主题异构"微课。准确定位知识难点，搜索或设计微课，以适合不同年级不同课型。

＊ 本篇由贺昀、李晓军、杨红、班世伟、赵宁撰写。

在微课设计和录制之前，首先进行六年小学英语教材的分析和整合，设计出各年级的微课主题，便于形成微课的系统化，提前交给信息组教师，以便将资源及时分类整理。当同一主题的内容循环式上升时，将其归纳为一个主题，但是又有所递进。通过四年的时间，课题组已经网络搜索了400多节质量较高的微课，并自主设计了150多节微课，录入为学校校本微课库的资源。

（四）资源库资源的开发方式和途径

　　1. 开发方式

　　该课题主要运用资源选择、资源改编、资源整合、资源创作四种方式开发资源，每一种都可单独或综合运用。

　　（1）资源选择。该课题团队依据《英语学科微课主题规划表》的需求，搜索网络资源，选择录制质量高的视频，由英语教师进行教学设计和中英文配音的检查，拟定三个关键词，备注出处和作者，交由信息组教师统一管理。

　　（2）资源改编。从不同版本、不同风格的英语教材中选择适合主题框架和本校学情的微课资源。

　　（3）资源整合。将各种途径搜集的同一主题、不同风格、不同难度的资源进行整合，由师生根据所需自选使用。

　　（4）资源创作。由教师（或教师指导学生）根据教材特点、学情基础、教学需要自主设计微课。

　　2. 开发途径

　　该课题以网络搜索和自主创作为主。

　　3. 资源库的开放与共享

　　通过学校"微册馆"建立微课电子档案，收集课件、文稿、视频、练习页，面向教师开放，便于学习和共享；通过"微册馆"建立视频资源库，面向学生开放，学生可自主选择、改变学习方式；通过对"微册馆"中下载数量的分析，定位学生的难点、兴趣点，进一步改进微课和课堂设计。

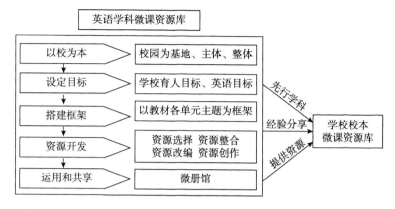

图1　"小学英语词汇教学中学习型微课资源库"建设模式及其影响

二、两种途径开发微课，建立微课制作流程和标准

（一）两种途径开发资源

该课题的资源开发有网络资源搜索和自主设计两种，其中自主设计又有教师设计和教师指导学生设计两种。

1. 搜索网络资源，分类整理、系统管理，资源共享

在拟定微课资源库主题表后由信息技术教师拟定微课质量标准，如视频大小、音频质量等，再由英语教师团队和骨干学生搜索网络微课。随后由英语教师依据发音是否规范、讲解是否清晰等标准，筛选出高质量的微课，再备注来源、出处和原作者，交给信息组教师进行分类归档、存放，通过系统管理以便于教师检索和查找。

2. 自主设计微课，结合学情、精心策划，资源创新

自主设计的微课由教师（或教师指导学生）作为开发主体。

（1）教师创作微课贴近教学需求。教师以教材为中心，贴近主人公和人物设定；以学情为基础，确定难点、选择素材、组织资源；以词汇为焦点，设计问题、梯度递进；以兴趣为先，贴近生活、分层设定任务。

（2）学生创作微课展现风采。由学生设计和录制的微课，主要由五、六年级学生来承担。在设计的过程中，均由教师辅导、协助设计和安排录制。一般要经历三稿设计，两次录制。

（二） 建立微课制作流程和标准

根据该课题组四年的探索，将微课设计和录制设定为以下流程。

1. 根据主题意义和学情，设计各课时微课的主题

根据教材分析和学情，为单元设计一组微课，均围绕单元主题展开。

2. 根据微课主题，精选教学内容、巧妙搭配组合

第一，要考虑教学内容的难度。思考所设计的微课内容与教材和学情相比难度，教师需要计划好要拓展哪些词汇、拓展原因、拓展方式等。

第二，要考虑教学内容的总量。所设计的教授内容既包含教材词汇，又拓展符合发音规则、拼写难度适中的词汇。

第三，要考虑教学内容之间的组合。如考虑某个微课内新词与旧词的比例，考虑一组微课中词汇在各课时的分布，考虑词汇难点的差异或相似等。

第四，思考微课的使用途径。课前预习、课堂播放、课后复习、自主学习，还是多用途兼顾。该课题中所设计的微课，基本为多用途的微课。

最后将所组织的教学内容和素材再次与教材进行比较和微调。

3. 设计教学目标、诊断重难点、设计突破方法

目标明确清晰，描述更简洁明了。重难点更倾向于教学内容本身的难点、该年龄段学生的心理特点和普遍的认知难点，并针对重难点预测将出现的问题、预设对应的策略、设计难点突破的方法。

4. 设置微课情境、体现语用环境，增强趣味性和连续性

一组微课在一个整体设计的大情境内，各微课又有各自的线索，保持情境、知识和学习体验的连贯性。教师倾向于选择与教材画风相近的视频和图片，设置相似于教材对话的语境，尽力采用教材人物并符合人物设定，在情境中呈现和讲解相关的单词，遵循语言习得的规律，贴近教材，生动有趣。

5. 设计教学过程、反复斟酌脚本，制作高质量的微课

微课的脚本需要特别说明课件出示的时间、技术应用的情况，甚至要写出鼠标点击的时机、录制人员之间的配合等。要保证英语和汉语语言的规范和严谨，且与面授课程不同，可以适当使用中文。

6. 精心设计作业单，形式多样，检验核心知识的理解

微课作业的设计着眼点要小，精选题目考查的是微课所学的重点和难点，便于学生通过检测后查漏补缺或反复播看微课，或寻求教师帮助。微课作业的难度要适合该年龄段孩子的一般认知水平。

7. 团队助力反复打磨、试讲修改、正式录制

设计好微课后，也需要团队一起研究和修改，进行简单录制和反思，最

后进入录课室进行专业录制、归档和整理。

三、形成了四种"教学＋微课"的课堂模态

该课题组进行了多角度、多方式地运用微课资源的尝试，摸索出四种"教学＋微课"的教学模态。师生依据教学和学习的实际需求选取适当组合。依据教学实际需求，选取适当的"教学＋微课"模态组合。

课前使用微课，预热难点突破；课中使用微课，创造真实情境、助力突破难点、拓展文化知识或展示语言支架。同一主题的课，根据不同课型和教学目标选用不同设计的微课。课后播放，利用碎片化时间复习。系列的专题微课有利于渐进地突破难点，同主题异构微课提供不同支持。

微课的使用是教育信息化环境下的一种教学策略。它可以与其他教学策略和教学元素配合使用，也可以再现教师施教活动过程。微课既体现个性化，达到知、情、意融合；又体现数字化，可重复运用。同时，它又是学生自主学习的重要资源。

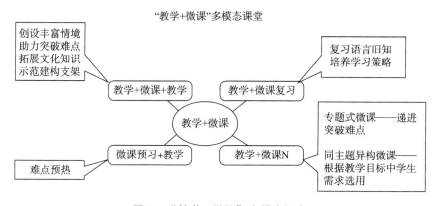

图2　"教学＋微课"多模态课堂

在该课题的带动下，学校资源库的建设飞速发展，信息技术与教学加速融合，教师个人注重专业发展，教师团队大大提升了教科研能力，最终达到了改善教学、转变学生学习方式、提高学生学习能力的目标。

小学语文微信支持下的群文阅读实践与研究[*]

语文核心素养是学生通过语文教育所获得的最具终身发展价值的人格修养与关键语文能力。新统编语文教材是贯彻了"语文核心素养"这一理念的。温儒敏教授曾提到：新教材的单元编排是有意采取"群文阅读"的，教学中可以尝试采取"群文阅读"的办法，在比较中加深对课文内容的理解。课堂是群文阅读教学的主要阵地，但是课堂教学受到场地、设备、课时的局限。课题组教师们利用微信连通群文阅读课堂内外，增加学生阅读实践机会，打破课堂教学边界，努力培养学生的语文核心素养。

一、"微信支持下群文阅读"的课程目标和课程体系

课题组研究制定了微信支持群文阅读的课程目标，配合语文教材形成了"教读—自读—课外阅读"三位一体的阅读教学体系。

（一）课程目标

本课程目标概括为"三读、三会、一提高"，即：好读书，喜欢阅读；读好书，扩大阅读量和拓宽阅读面；读整本书，真正阅读。会读书，学习阅读方法，提升阅读理解能力；会交流，提高学生表达能力；会思考，促进学生思维发展。整体提升语文素养，让读书成为师生的一种自觉行为，一种日常必需的习惯，配合新教材专治不读书。

（二）课程体系

本课程体系是在实践中总结出来的，具体的课型分类和课时安排等详见表1。

---

* 本篇由王艳、马如兴、吕艳玲、玄立新、许傲寒撰写。

表 1　微信支持下群文阅读课程建设

课程划分	课型分类	课型细分	课型目标	课时安排	选用书籍	教学形式	微信支持作用
课内课外整合	1 篇课内 + 多篇课外（1 + X）	解文 求同 比异	学阅读方法，理解教材	每周 4 ~ 5 节	教材 + 《诵读》《群文阅读》《语文报》等课文同步拓展类阅读材料	精读 + 略读	课前预读，课后延读
	课内一单元带多篇	单元复习课	学方法并应用	每两周 1 节		浏览 + 略读	课后延伸，互评
	课内多篇整合	单元导入	整体感知，提效	每两周 1 节	教材文章	整体略读	课前预读，评价
课外多篇群文	课外多篇	议题而定	激发兴趣，扩大阅读面	每周 1 节	《小学生群文读本》及同步拓展类阅读材料	略读	预读评价
整本书阅读	教材推荐书籍阅读、其他书籍推荐	导读课指导课展示课	学会阅读，提高速度，养成习惯	单周 1 节	"快乐读书吧"书籍和配合时事的扩展阅读	浏览 + 精读	资料收集，延伸阅读互评
	学生读书展示	故事会朗读会小剧场	展示读书情况，提高表达能力	双周 1 节	配合整本书阅读，节日、教材主题	学生讲、说、演	延伸展示，互评

二、微信支持群文阅读的日常教学策略

日常教学中，微信可以课前推送选文，布置任务单，评价学生朗读，收集学生预习后的疑难点，了解学情。课堂上可以记录学生的学习情况，展示学习成果，搜集课堂评价等。课后可以指导延伸阅读等，从而拓宽课堂教学内容。在微信的支持下，不同的群文阅读课型也有不同的教学策略。

（一）"微信支持 1 + X 群文阅读"教学策略

本策略结合精读课文的语文要素引入课外群文，使群文阅读和日常阅读教学相结合。策略概括为：微信辅助学习前置，广泛阅读学生提问，延伸阅读评价。分两课时实施，具体策略如图 1 所示。

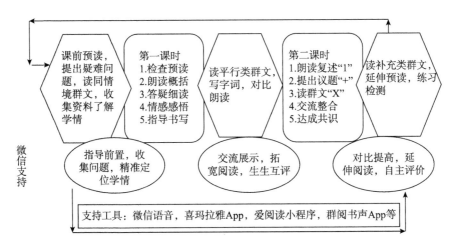

图1 微信支持"1＋X"群文阅读教学策略

（二）"微信支持课外多篇群文阅读"教学策略

课外多篇群文阅读教学能扩大学生的阅读视野，学习提炼群文议题的方法。实验班级开设课外多篇群文阅读课，《小学生群文读本》和《群文阅读》结合穿插使用，每周一节课。微信支持学生课前预读，提升课堂效率。课上学生默读思考，交流朗读，集体讨论核心问题，学习阅读方法，最后达成共识。开展本课程使课外多篇群文阅读教学课程化，让课外阅读走进课内，拓展了学生阅读量，拓宽阅读视野，让阅读更有兴趣。

（三）"微信支持整本书阅读"教学策略

整本书阅读是群文阅读的最高层次，可以让学生真正学会阅读，微信支持下的整本书阅读教学，突破课堂教学局限，让整本书阅读教学从"自由化"转为"课程化"。

1. 选文策略

根据小学低年段学生认知特点和阅读兴趣，课题组确定整本书阅读以绘本为先导。如一年级选《我的妈妈》《爷爷一定有办法》等名著绘本上导读课，识字量增大后可选用《小木偶奇遇记》等图文结合书共读。入门后主要围绕每册语文教材"快乐读书吧"推荐书籍共读。

2. 教学策略

以导读课策略为例介绍：①看封面猜内容；②认作者知背景；③读目录猜故事；④品读片段细节；⑤制订计划共读。微信发挥课前推荐共读书目、家委会选购图书、群内自读展示、课后分享片段、交流互读和落实计划等作用。

三、群文阅读的微信支持策略——以疫情期间群文阅读教学为例

如果说在日常教学中，微信发挥着辅助教学的作用，那么在新冠肺炎疫情期间的群文阅读教学中，微信则发挥着主导作用。居家学习时微信群成为一间读书教室，师生直接在群里上群文阅读课，直接研讨课堂上的问题，交流互动，达成共识。课题组制定并实施居家学习期间"群文阅读的微信支持策略"，取得良好效果。

（一）语音转文字策略

为提高学生的观察能力和表达能力，教师巧妙地运用微信的语音转文字的功能，让学生们体会编写故事并不难。本策略主要应用在图画类书籍阅读教学中。共读《父与子》时，教师让学生自读、观察、想象、创编故事，学生们发言积极踊跃、故事生动有趣。老师评价孩子们后选取其中几个音频，利用语音转化文字功能，把孩子的说话内容转化为文字，修改后发送到微信群里，并注明"这是××同学的小故事"。学生们先是惊喜，然后纷纷学习老师的方法把自己讲的故事转化成文字并修改、抄写。学生兴趣盎然，潜移默化中口头表达能力和书面表达能力都得到提高。本策略降低了学习的难度，提高了学生自主阅读、表达的兴趣。

（二）阅读任务单策略

微信群内上课前，老师借助美篇 App 制作不同形式的"阅读任务单"指导阅读，引领学生深入思考，细致读书。美篇制作任务单的优点是便于传播和保存。新冠肺炎疫情期间老师共做了 26 个共读任务单的美篇，任务单上的问题类型有图文结合问题、思维导图问题、对比阅读问题、表格整理式问题等。实施过程：课前老师备课，围绕主题提出核心问题，并制作任务单发到微信群；课上激发学生阅读兴趣，学生带着任务单读书填表；学生小组内交流，如还有问题，班级群内交流，最后班级群内达成共识。如图 2 所示。

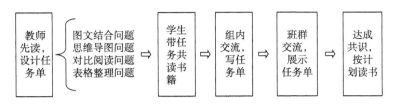

图2　阅读任务单策略

（三）"微信支持线上故事会"策略

新冠肺炎疫情期间，借助任务单引领，师生一个星期就能共读一本书，一个月共读了"快乐读书吧"推荐的4本书。学生们有展示自己读书收获的愿望，老师也想了解师生共读情况。于是，课题组开发了"微信支持线上故事会"，为学生提供实践的机会。每次故事会前几天，老师会在微信群内发布故事会的具体策划方案，学生分组读书并准备故事会。8~10名学生负责讲故事，主持人准备主持稿，值周小组准备整理材料。线上故事会一般安排在周五或周日晚上。首先是主持人开场演讲，然后学生按顺序讲故事并提出问题。听众们抢答问题，主持人和提问同学共同评价出最佳答题人。故事会尾声由老师点评，主持人整理出讲故事选手的得分，评选出2~3名最佳听众。最后老师为"故事达人""最佳听众""最佳组织人"颁发电子奖状。会后值周组做总结宣传美篇。开展线上故事会，让学生读书和讲故事的兴趣更加浓厚。

通过实施微信支持下群文阅读教学策略，让群文阅读教学课前自读可见、课上共读高效、课后延读落地，从而促进了学生阅读素养的提升，同时促进学生语文核心素养提升。在这三个方面有具体的体现：第一，通过观察和数据记录，了解到学生对阅读兴趣浓厚，阅读习惯良好，阅读量大。第二，学生语言表达流利，积极参加各种活动，仅在疫情期间学生读、写、说方面获奖达到近百人次。第三，观察到学生逐渐养成深入思考阅读的好习惯。本研究还有很多需要细致深入的地方，课题组还要继续探索。

基于 3D 文物模型制作的传统文化教育实践研究[*]

近几年来，国家越来越重视传统文化教育。作为一名初中教师，如何更有针对性和实效性地在初中开展传统文化教育？笔者结合多年的文物模型制作教学经验，将历史、3D 打印技术、文物模型制作和传统文化教育进行整合，基于 3D 文物模型制作开展传统文化教育，引导学生"做"中学，用 3D 创意守望传统文化。

一、问题的提出

党的十八大以来，以习近平同志为核心的党中央高度重视中华优秀传统文化的传承发展。2014 年教育部印发的《完善中华优秀传统文化教育指导纲要》指出：改革开放以来特别是新世纪以来，中华优秀传统文化教育不断加强，取得了显著成效，但是，面对新形势、新要求，中华优秀传统文化教育还存在不少突出问题，对中华优秀传统文化教育重要性的认识有待进一步提高，教育内容的系统性、整体性还明显不足，重知识讲授、轻精神内涵阐释的现象还比较普遍，课程和教材体系有待完善，教师队伍整体素质有待提升，全社会共同参与的教育合力有待加强等，有效解决这些问题，迫切需要进一步完善中华优秀传统文化教育。

从我校来说，传统文化教育存在如下问题：传统文化教育中学生的自主性和选择性不够充分，学生对传统文化的深入挖掘不足，师生对传统文化的理解运用不够，传统文化教育与现代科技缺乏整合等。

由此，笔者结合校情、学情、历史教学特色和教师特点，在北京市石景山区实验中学开展了基于 3D 文物模型制作进行传统文化教育的实践研究。

---

* 本篇由王红光、栗国英、宋乔撰写。

二、解决问题的过程和方法

（一）研究内容

1. 基于3D文物模型制作学习理解传统文化的研究

文物是凝固的历史，承载着传统文化。在制作3D文物模型的过程中，学生开展项目式学习，挖掘、学习和理解文物中所蕴含的传统文化因素。

2. 基于3D文物模型制作实践再现传统文化的研究

3D文物模型制作活动，学生不仅动手制作，也关注文物产生的文化背景和传统工艺，并用现代科技手段去实践、再现传统文化。

3. 基于3D文物模型制作创意应用传统文化的研究

课题还引导学生设计打印3D文化创意作品，在学习和解构的基础上进行传统文化的创意应用，让传统文化更好地服务于现代生活。

（二）研究过程

1. 课题研究初期（2016.2—2017.9）

本阶段具体主题为"青铜记忆""十二生肖"。师生主要是制定规划，技术突破，梳理路径。

2. 课题研究中期（2017.10—2018.9）

本阶段具体主题为"建筑传奇"。师生研究实践的重点是完成前期、中期调查，实践路径从侧重技术向侧重文化转移。

3. 课题研究后期（2018.9至今）

本阶段具体主题是"科技之光""从午门出发去看故宫"和"故宫三大殿"。师生研究重点是完成后期调查，凝练路径，整理成果。

（三）研究方法

行动研究法：在本研究中，老师组织学生在制作3D文物模型的过程中开展行动研究，边研究，边实践，边改进。

个案研究法：师生以小组为单位，进行个案分析，关注小组和个人活动中的成长故事和反思感悟。

三、成果的主要内容

（一）积累了一批 3D 文物模型作品和创意作品

四年来，师生制作了"青铜记忆""古建传奇""文史中的建筑""科技之光""从午门出发去看故宫""故宫三大殿"等专题的 3D 文物模型和创意作品 100 多件套，其中"故宫窗"文具套装获得 2019 年故宫文具创意设计大赛青少年设计特别奖。这些作品饱含着孩子们对传统文化的热爱，对动手实践的渴望。

图1　同学们制作的部分 3D 文物模型和创意作品图

（二）形成了一批基于 3D 文物模型学习传统文化的过程性资源

学习中，同学们留下了一系列 3D 文物模型制作过程用表，记录着他们学习传统文化的全过程。此外，还有案例视频、教学设计、知识专刊、课程短片等。这些资料，既是重要的学习成果，也是重要的学习资源。

表1　基于 3D 文物模型制作开展传统文化教育的课程资源简表

资源名称	资源形式
初中生中国传统文化学习状况的调查问卷	调查问卷
3D 文物模型及创意作品 100 余件	3D 模型
3D 文物模型制作过程性资料	过程用表、图文资料
3D 创意 + "青铜记忆、十二生肖" 3D 创意 + "古建传奇、未来北京、文史中的建筑" 3D 创意 + "科技之光、从午门出发去看故宫"	视频短片
3D 创意 + "青铜记忆、十二生肖" 3D 创意 + "古建传奇、未来北京、文史中的建筑" 3D 创意 + "科技之光、从午门出发去看故宫"	课程画册
《为梦想落泪的小马》《酷爱 3D 打印机的李耳》	学生故事
《唐朝葡萄花鸟纹银香囊研究》等 8 篇	学生论文
"览阅亭""梦之桥""故宫窗系列文具套装""金瓯永固文具套装"等	参赛资料
……	……

（三）积攒了一些基于 3D 文物模型制作来学习传统文化的学生案例

四年来，3D 文物模型制作活动积攒了许多案例故事，如《为梦想落泪的小马》和《酷爱 3D 打印机的李耳》等，从中我们得到一些共识：

（1）进入 3D 文物模型制作活动的学生或喜欢历史，或喜爱 3D 打印，或有绘画特长，但都充满对传统文化的热爱与执着，也都喜欢"做中学"；

（2）3D 文物模型制作只是一个切入点，一个聚焦点，一扇窗；

（3）每一个孩子都是一个世界。

（四）构建了一条基于 3D 文物模型制作的传统文化学习路径

这条途径以项目式学习为主要方式，包括选题学习、聚焦绘图、动手制作、创意延展、解说反思等五个步骤，贯穿于学生基于 3D 文物模型制作学习传统文化的全过程。

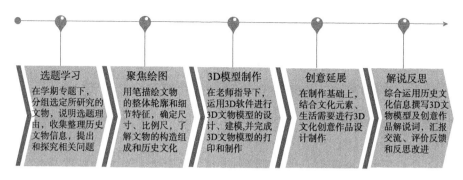

图2　3D 文物模型制作活动流程示意图

（五）探索了基于 3D 文物模型制作来开展传统文化教育的策略方法

（1）从历史教材出发，注重课内外联系；

（2）从简单文物入手，关注学习的递进性；

（3）规范操作流程，开展探究学习。

（六）编制了一套基于 3D 文物模型制作来开展传统文化教育的评价工具

教师和学生们还积极探索基于 3D 文物模型制作来开展传统文化教育的效果评价问题，编制应用了基于 3D 文物模型制作来开展传统文化教育的评价工具。

表2　"3D 文物模型制作"学习成果评价表

小组：　　　　　　　研究对象：

内容　　　　等级	优秀 100%～85%	良好 84%～70%	合格 69%～60%	问题及建议
选题学习 30 分				
聚集绘图 10 分				
3D 文物模型制作 30 分				
创意延展 15 分				
解说反思 15 分				
合计得分				

四、研究效果

（一）"做中学"的传统文化学习方式深受学生喜爱

作为一种"做中学"的传统文化学习方式，3D文物模型制作得到学生的认可和喜爱。这是学生写下的感言：

"非常喜欢这个课程，让我了解到了很多历史文化和我之前根本不会在意到的地方的细节，扩大了我的知识范围，对学习和探究很有帮助。"

"3D社团让我了解了许多东西，丰富了我的生活，喜爱至极！"

朴素的言语流露出孩子们对3D文物模型制作活动的喜爱，其背后更多的是对祖国传统文化的热爱与赞叹。

（二）3D文物模型制作促进了学生的传统文化学习

2016年以来，课题团队编制了《初中生中国传统文化学习状况调查问卷》并进行了前期、中期和后期调查。数据显示，同学们对中国传统文化的认知程度在增加，印象态度更加正面积极，获取渠道更加侧重博物馆、文物古迹、图书、报刊和动手制作，学习目的更加侧重于兴趣，对传统文化的作用认知方面更加重视，弘扬途径方面更加注重每个人的责任和与时俱进、继承创新。

（三）3D文物模型制作提高了学生的历史学科核心素养

（1）时空观念方面：活动中，学生思考的第一个问题就是所选文物的"时空坐标"。每个小组的学生都能清晰地说出本组所选文物的时空定位。

（2）史料实证方面：在选题学习环节，教师引导学生去挖掘"史料中的文物"。在3D文物模型的制作过程中，同学们的史料实证能力和意识在不断增强。

（3）历史解释方面：活动中，学生研讨"透过文物看历史"这样一个话题，还为每件文物模型撰写"解说词"和"说明书"，其历史解释能力得到了一定的锻炼和提升。

（4）家国情怀方面：每份3D文物模型说明书最后一栏都是"制作收获和感悟"，写的最多的还是对于历史沧桑的感慨和历史文化的赞叹，渗透着浓厚的家国情怀。

（5）唯物史观方面：在"选题学习"环节，学生需要思考"文物何以出现在这个历史时空?"学生在对历史问题的思考中理解和运用着唯物史观。

（四）3D 文物模型制作促进了教师的专业成长

3D 文物模型制作也让教师开拓了教育教学视野,积累了传统文化教育的经验,尝试了项目式学习、翻转课堂和博物馆教学等多种教学方式,相关教育教学成果获得了 27 项国家、市、区各级奖励,并在《北京教育》杂志发表,促进了教师的专业成长。

五、研究反思

一是在传统文化的学习研究上应该投入更多的时间精力。

二是在学生的传统文化学习成果上应该有更丰富的表现形式。

三是需要深入引导学生运用传统文化因素进行创意延展。

结语:基于 3D 文物模型制作开展传统文化教育,推动了学生的传统文化学习,提升了初中学生的历史核心素养。用 3D 创意守望传统文化,做中学史,以史育人,传承文化,继承创新,任重道远!

小学语文整本书分类阅读梯度训练案例研究[*]

一、研究背景及问题的提出

自 2011 年起，课题组以"小学同类文体教学有效梯度训练案例研究"为主题展开研究，旨在解决语文教学中耗时多，收效少，在"整体把握、有效衔接、教学定位、有效训练"等方面存在的问题。通过案例研究法、文献资料法、行动研究法、经验总结法等，探索在不同文体教学中进行梯度训练的有效策略，形成典型的案例。既聚焦课堂，又拓展课外；既关注整体，又把握微观。其中包括四个板块儿的研究，即学段教学梯度、单元教学梯度、"文""本"教学梯度、习作体验梯度，2011 年至 2015 年，各板块研究均有推进。2016 年至 2020 年重点在"文""本"整合板块展开研究，其主题是"整本书分类阅读梯度训练案例研究"，通过整本书分类阅读组课例研究的实践，探索总结各类文体整本书阅读的基本策略，形成纵向衔接，横向深度拓展的研究思路，以此进行有实效的案例分析，逐步形成整本书分类阅读课程化的初步建构。

二、问题解决的过程与方法

解决的主要问题是——"整本书阅读策略与规律的探索"。在日常的整本书阅读中，学生接触的阅读书单比较繁杂，阅读过程深一脚、浅一脚，不易把握阅读的基本策略与规律。在课内学到的文体阅读方法又很难迁移到整本书阅读中来，面对这样的问题，我们力求通过"整本书分类阅读梯度训练"来突破难点，找到解决问题的方法，探求整本书阅读的策略与规律。

---

* 本篇由杨红兵、王琦、刘晓群、刘畅、崔静撰写。

（一）　实现单篇阅读方法向整本书阅读方法的有效迁移的过程

基本流程：单篇阅读方法运用—尝试运用—自主实践。

我们从不同文体的单篇文章做起。由此总结出方法，再向整本书阅读迁移，让学生在学习实践迁移运用的过程中，逐步掌握阅读整本书的方法，例如，语文教材中有《杨氏之子》一文，它出自《世说新语》一书，教师在引导学生学会阅读之后，再从《世说新语》中选择相应的篇目，让学生进行尝试阅读，进行方法的实践运用。课后，教师再给学生推荐一些篇目，让学生进行自主阅读，使之逐步掌握阅读整本书的方法。

（二）　不同类别的整本书阅读案例研究过程

基本流程：确立主题—典型课例研究—常态课例研究。

在课例研究中，我们以实验校为单位，低、中、高年级教师共同来进行备课研讨。首先来选择阅读的书目和主题，共同进行备课，彼此之间有衔接，梯度训练层次明显，易于教师把握尺度，利于对学生进行有效的指导。例如，教师在指导寓言类整本书阅读时，低年级教师注重引导学生对故事情节的讲述，并明确其中的道理；中年级学生在讲述故事的同时认识故事中的人物，并明白寓言之意；高年级学生需要了解不同寓言的特点，梳理寓言中的人物关系及表达的寓意。由此可以看出训练的梯度层次。案例研究起到了点位上的引领作用，在此基础上做进一步的拓展研究，使之起到以点带面的作用，课程的实践也是在不断的循环往复中精进。

（三）　整本书阅读分类层级内容与目标建构过程

基本流程：确立内容—确立衔接点—开展研究—拓展完善研究。

在课题研究中，课题组以实验校为单位来进行分类阅读内容的确立，然后在确立内容的基础上，要找到低、中、高年段在阅读整本书的过程中的一些衔接点，以保证在阅读指导中根据不同年段学生的特点进行阅读。在开展研究的过程中，有针对性地去寻找有效的教学策略。在此基础上，学校进一步运用这些策略进行深入的案例研究，并进行案例分析，使这样的内容与目标建构成为日后研究的指南。

三、课题研究成效分析

（一）按文体分类进行整本书阅读梯度训练内容与目标序列构建

课题组在原有开展整本书阅读研究的基础上，以课程整体构建的理念为指导，以实验校为单位进行某一类整本书内容的整体排列，这样对于一类整本书的阅读而言，学生从一年级到六年级，形成阅读的梯度，能力培养呈螺旋式上升。课题组先后完成了文言文、童话、寓言、动物小说、神话等类别的整本书序列建构，促进阅读朝着课程结构化的方向发展，促进教师对学生的语文阅读素养的培养有序且相对完整。

（二）推出整本书分类阅读典型案例及案例分析

按照前期整本书分类阅读的构建，课题组定期推出某一类整本书阅读典型课例，每一组课例形成"文"与"本"或低、中、高年段的梯度衔接，使教师们在实践中找到在同一类别的整本书阅读中，不同年级应有的样态，所采取的策略也有所不同，对于学生的素养形成序列，有了深刻的理解和体验。在实践之后，形成团队合力，完成案例分析，促进教师的整体反思与提升。

（三）总结出整本书分类阅读有效梯度训练的基本策略

教师在整本书分类阅读实践中，注重年段之间的衔接，所使用策略有共性的特征，但更突出学生的年龄特点。策略的使用既指导学生读书的方法，又激发学生的读书兴趣。带领学生自然而然地走进书的世界，使之爱上阅读。

（1）文体探究策略：文体探究策略在整本书阅读中根据文体特征，对书籍进行分类，按照年级选择相应的书目，教师围绕典型书目展开研究，指导学生阅读，从而探索某一类书的阅读方法策略及其规律；

（2）有效衔接策略：在整本书阅读研究中，低、中、高不同年级阅读同一类书，在梯度的把握上是有所区别的，教师根据学生的年龄特点开展研究指导，不过分拔高，也不降低要求，从而适时适度地指导学生进行阅读；

（3）情境创设策略：教师在指导学生进行分类阅读时，适时组织学生开展实践活动，通过情境创设引导学生深入阅读，如读《西游记》，谈到在师父面前去留的问题，教师引导学生展开口语交际，在情境辩论中表达观点，谈感受；

（4）任务驱动策略：在整本书阅读指导中，教师给出相应的阅读任务，或有思考价值的问题，让学生走进书中去探讨交流，在对问题与任务的探索中，形成对人物情节的认识，从而提高阅读兴趣，获得阅读感悟；

（5）拓展应用策略：在整本书阅读指导中，教师在引导学生总结迁移阅读方法后，经常把学生带到更高的领域，进一步向外拓展，促进学生运用方法扩大阅读成果，扩大阅读量；

（6）自主创新策略：在整本书阅读中，学生最终必将走向自主阅读，教师给学生更多的空间，让学生通过思维导图、填表格、列提纲等多种方法呈现阅读感受，表达阅读感悟，形成对书中主题及艺术特点的深刻认识。

（四）初步形成了课程化及培训资源的建构

每一次实践探索的案例都成为下一步实践推进的主要资源。从内容的整体构建上逐步形成课程化的整体思考，也成为教师进行整本书阅读学习的培训资源。在 2020 年新冠肺炎疫情防控期间，课题组教师在前期研究的基础上，进一步推出各类文体的整本书阅读微课 22 节，成为广大师生学习的重要课程资源。在特殊时期，成为孩子们阅读指导的法宝。

四、课题研究创新点

（一）在迁移中，实现整本书分类阅读由课内向课外拓展

整本书分类阅读指导研究体现了由课内向课外的迁移。在语文教学实践中，课题组引导教师从问题入手展开研究，促进学生掌握某类文章的阅读方法。在此基础上，由某类文章的阅读向某类书的阅读过渡，在阅读方法上实现有效的迁移，利于学生从教师的"领读"过渡到"自主阅读"。

（二）在分类中，实现整本书阅读由一本书向一类书延展

在整本书阅读指导的过程中，我们经历了从任意挑选阅读指导到分类阅读指导的过程，从这个意义上说，后者更具有计划性，克服了随意性，更利于教师摸索阅读指导的规律，也更利于学生掌握阅读的方法。在实践体验中，逐渐达到学以致用，逐渐向更高层次的阅读迈进。

（三）在衔接中，实现整本书分类阅读由浅层向深层发展

在课题研究中，从纵向来说，低、中、高年段的教师要在一起共同研究

阅读指导的方法，针对学生的年龄特点，选择更具有针对性的阅读指导方法和策略，梯度层次明显，更利于教师把握教学的尺度，利于学生在相应的层次有更大的获得感。从横向来看，在某一类别的整本书阅读中，既有共性特点，也有个性特征，利于教师把握规律，实现异中求同，而在同一类别的整本书阅读中，也有进一步拓展的空间，使之同中求异，引导学生的整本书阅读向纵深发展。

（四） 在实践中，实现了培训资源由点向面的扩展

每一次案例研究的推出都是一个宝贵的经验积累过程，每一次的线上或线下的展示都带动了更多课题组成员观摩学习，起到了点面结合的作用。而这些资源为下一个新的资源的创生起到了引领的作用，课题组教师在反复的推敲学习中"实践—创新—发展"，引导学生在整本书阅读中不断迈向新的台阶。

案例研究不是一时兴起，需要长期的坚持。提升学生语文素养的道路艰辛而漫长，我们将继承以往研究的精神，在常态化的教学中不断实践—实践—再实践，让学生语文素养的发展落地生根，开花结果。

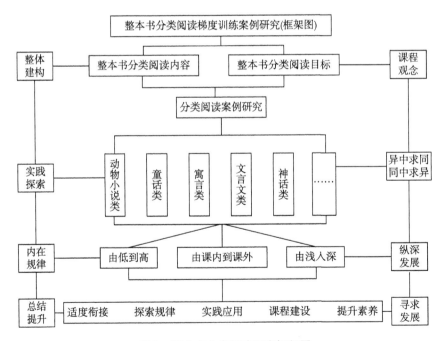

图1 整本书分类阅读研究框架图

第四章

专业视野下的学科实践活动探索

中学跨学科教学实践基地的开发与运用研究
基于"实验创新"的高中化学实验教学实践研究
核心素养培育下小学学科实践活动的探索研究
小学数学综合实践活动教学素材开发与实践研究

中学跨学科教学实践基地的开发与运用研究[*]

自然及社会的内在复杂性决定了跨学科研究的必要性。许多科学问题不是单个学科可以解决的，它需要多学科综合地渗透、合作、交流。单一学科的研究很多时候反倒会产生学科偏见。各个学科都有其认识世界的一套方法和方法论，经济学有经济学的，心理学有心理学的，地理学也有地理学的……从多学科的角度综合认识更能把握客观世界的整体特征，避免盲人摸象。

教与学说到底是要：（1）理解历史。学科的知识、理论、思想是学科运用自己的方法和方法论对已经发生事情的归纳和解释。（2）认识当下。运用学科的知识、理论、方法、思想认识当下发生的事情。这种认识包括认识自我、认识生存环境。（3）把握未来。理解和认识都是为了决策，确定未来如何更好地生存和发展。基于一个真实的区域来教学可以将这种过程具象化，还原学科知识、理论、思想的形成过程，并基于此理解实践区域的当下，探讨区域未来的规划，以及自我在区域中的发展。

教材中的理论往往是对现实世界的抽象化总结，要想对这些理论有真正的理解，需要把抽象的理论还原到一个真实、具体、有体验的情境中，通过对情境的观察总结归纳形成认识。教材上虽然精选了不少案例情境，但也只是文字和图片，它是死的、抽象的、陌生的，满足不了学生发展的需求。因此，必须组织学生参加野外实践，把抽象的理论与实际的区域环境结合起来，才能真正理解和掌握书本上知识的丰富内涵。教师基于自己日常对所在区域环境的关注和研究来教学，甚至把学生也引入这种研究中是教学所必需的。

地理学是研究地球及其自然和人文环境的学科。地理学经常成为自然科学和社会科学的桥梁，是处理空间变化卓越的学科。地理学使得从地方到全球尺度研究人类活动及其相互关系、人类与环境之间的相互作用成为可能。在问题研究中以地理为主线，穿插历史、生物、化学、信息技术等学科的研

---

* 本篇由宋波、林琳、宋秋宾、戴君、赵秋月撰写。

究方法，让我们对问题的认识更加整体全面。2017年年底，教育部颁布了新版的课程标准，提出要进行面向学生终身发展的核心素养的培养。中学地理教育的核心素养，分别是区域认知、人地协调、综合思维、地理实践力等。以地理为主融合其他学科是跨学科实践的重要途径。

学生跨学科实践能力培养的基础途径有两个方向：其一，跨学科实践基地的建设；其二，跨学科实践课程的开发。跨学科实践能力的培养，是一个长期训练的过程，学生在训练中观察体会、形成习惯、提升能力，这个过程需要一个安全、稳定的实践场所作为基地。实践基地是"肉体"，实践课程是"灵魂"；实践基地是死的，实践课程是活的。基地建设为课程开发提供内容，课程开发为基地建设提供后劲，二者相互促进，它们共同指向学生的发展。

基于以上考虑，笔者基于北京小西山南坡的八大处地区开发跨学科综合实践基地，同时基于区域背景开发出一套跨学段学生实践能力培养课程，并且总结出可推广的一般性基地开发和课程设计思路。

一、基于八大处地区开发跨学科实践教学基地，总结出基地开发模式

实践基地应该资源丰富且有真实的问题供师生研究。实践基地可以配合教材中需要实践的教学内容做主题式开发，也可以以某区域的人地关系为背景进行多要素、多学科综合开发。每个区域都有其独特的资源，想要满足地理教材中某些特定部分内容的实践需求，往往需要综合多个区域的资源，这些区域往往相隔遥远，分布在全国各地。鉴于中学教学的实际状况，时间问题、经费问题、人员安全问题等，中学不大可能像大学一样安排全国性的实践基地，也没必要安排这样的实践基地。并且作为中学生而言，能参与地理实践的机会和时间是非常有限的。因此，抛开教材中具体的知识性内容限制，从培养素养的角度进行区域综合开发的可行性更强。

实践基地可以选择校园周边环境良好或交通方便、安全的场所、线路设计考察内容。每一个区域无论其尺度大小，都有其整体性和唯一性。教师可以结合学校所在区域资源特点，统筹自然和人文相关内容，以问题为引导，以学生能力发展为主线，整体设计野外实践活动。实践地点的选择除了要考虑空间距离的近体性以外，还应该具备综合性（要素综合、学科综合）、安全性、稳定性等特点。每个学校所处的空间位置不同，可挖掘具有地区区域特色的实践教学资源，开发满足学生好奇心和探究需要的实践基地。在地点

的选取上可以考虑从城市景观向乡村景观的过渡地带，考虑有一定人文历史底蕴的地带，考虑地形复杂多样的地带，考虑本区行政区划管理内的地带，考虑一些开发比较成熟的风景区等。户外实践基地建设可以自主开发，也可以利用高校已有实习基地进行二次开发。

在野外考察中直接凭感官或借助一些简便的装备，即可进行观测研究。可以从相对高差不大的地势起伏、地形部位的变化、地面岩性和土质的差别、水文和小气候的不同，以及植被和栖息于其中的动物的状况等来认识这种局地分异。往往可以沿某一剖面去发现、探索自然要素及其组合呈现的序列性或重复性的变化。人为活动及其产物，则叠加在不同级别的局地自然分异背景上，所以也必须顾及人文事项上的相应变化。这是由于自从地表发生了人类文明，区域就是自然过程、人文过程以及二者相互作用形成的整体了。只有对自然、人文及其质类、数量等方面都有所顾及，才能比较深入地认识一个区域，把握区域发展脉络。

二、基于核心素养的跨学段、跨学科实践课程体系整体开发思路

实践课程的开发应重视学科思想和方法论的渗透。新修订的"普通高中课程标准"把培养学生的核心素养作为主要目标，立足于关键能力和必备品格的培养，而地理核心素养实际上体现的就是人们认识世界的一套地理学思想和方法论。地理学认识世界的角度具有宏观性、基础性、实践性、综合性、区域性、交叉性等，笔者以此来关注人类活动与地理环境的关系。这是认识世界的一个角度，除此以外还有其他学科的角度，比如经济学的角度、心理学的角度等。地理教育的育人价值除了提供地理知识、方法以外，最重要的是培养学科所特有的一套思想和方法论，在教学中要加以渗透。

实践课程需要基于真实区域的要素结构和时空结构，探讨真实的自然和人文问题。地理实践力包含两个层面的意涵：一是地理实践活动的技能和方法；二是在实践活动中表现出来的科学精神、意志品质。让学生走进真实的自然和社会，动手触摸、用眼观察，发现、思考和处理地理问题，最终认识和理解真实世界中的地理现象，在与自然、社会互动中增长智力、情怀、责任和勇气。

实践课程的开发应该分年级进阶。不同学段、不同年级的学生在知识储备、学习能力、认知水平等方面都存在着差异，应遵循分级进阶的原则：实践区域、问题情境从熟悉到陌生，从简单到复杂；要素分析从单一要素、双

要素到多要素综合；区域认知从点到线再到面的建立；地图、工具从简单到复杂，从单一到多样等。教学环节方面体现从教师引领示范到学生半独立实践再到学生独立实践的过程。这个过程中学生对问题的认识应从感性到理性，思维从简单到复杂。实践过程中应注重培养学生统筹规划、沟通交流、团队合作的能力和意识。建议对中学不同阶段的实践课程进行整体规划，如图1所示，确立不同学段的分级进阶目标。

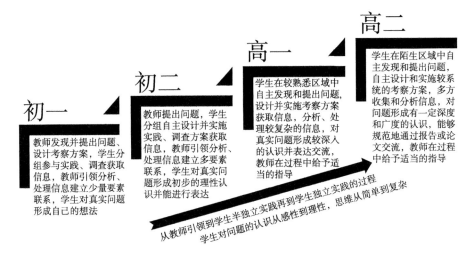

图1　整体设计下的分级进阶目标设计

时间上结合学校实际情况灵活安排，可利用综合实践活动、选修课、研究性学习、研学旅行等时间进行整个学段、学期的系统设计，也可根据章节教学内容进行整体设计。内容上从知识技能方法方面拓展，开设学校及其周边地区地质遗迹寻踪、地理信息技术应用选修课等。

三、基于教学实践总结出问题研究导向的野外考察活动设计思路

一次野外考察的基本过程包括：发现并提出问题，设计研究方案，实践调查获取信息，分析处理信息，形成科学认识，服务决策等。除了线性的流程，有时还会有反复，如通过实践调查发现前期研究方案需要调整，甚至问题需要重新聚焦等。

前期准备过程中需要准备资料，收集或查阅区域相关地方的地质、地貌、气候、水文、土壤、生物等资料，根据这些资料提出考察问题。可根据

教科书上的教学内容结合当地实际情况，设计并提出一系列适合学情、学生"够得着"的问题，也可围绕当地正在发生的一些热点事件展开。这些问题可以是教师设计的，也可是学生提出的。应鼓励学生提出一些值得研究的问题，教师可以辅导学生，帮助提炼挖掘。

提出问题后，应设计好研究方案、研究流程，哪些过程必须在户外进行，野外考察需要收集哪些信息等。通过什么手段获取信息，如走访有关权威部门、实地测量、野外采样、实验室分析、问卷调查等。

根据研究方案准备好野外考察的装备。常见的装备包括考察区域内的遥感影像、地形图、罗盘、GPS、照相机、野外工作笔记本等。遥感影像可以通过谷歌地球等工具获取，也可使用遥感软件直接获取处理原始影像，拿到遥感影像后应该提前阅读，熟悉考察区概况。等高线地形图，可以联系当地测绘部门获取，也可以通过 DEM 数据绘制，对于比例尺要求高的区域，还可以通过无人机低空摄影测量获取。智能手机是很好的野外装备，有的应用程序（百度地图、两步路户外助手、GPS 状态、外业精灵、GeoCompass、Rocklogger、形色等）整合了遥感影像、地形图、罗盘、GPS 等功能，大大方便了笔者的野外考察。装备和使用方法方面应体现出学科的专业性和科学性。

野外考察最基本的方式是线路考察和代表点观测。观察点和观察线路的选择是否科学合理，直接关系到野外调查的效果和效率，最基本的思路就是从单个观察点入手，将数个相关的观察点，连成一条观察路线。几条相关的考察路线铺成一个面，就可以基本了解整个区域的状况。出于时间的安排，在线路的设计上，还应该注意初步考察和细致考察相结合。

然后是根据设计好的考察线路实施考察方案。野外考察中要注意多观察、多记录。实地观察，是需要有目的、有计划地运用所学知识和学习工具，对自然环境和人文现象进行考察的。观察发现的一些现象要做好记录，野外工作笔记是野外考察最基础的成果，要及时、真实地记录观察到的现象，包括沿途观察和观察点观察，记录的内容主要包括观察时间、观察地点、编号、位置、天气状况、观察点描述，等等。内容记录应反映客观实际，力求全面详细、重点突出，注意格式的统一，方便后期资料的整理。用文字不方便记录的可以绘制直观的野外示意图，拍摄野外照片，野外地图填图等。可以针对提出的问题，提前设计好野外调查记录表格，既方便野外记录，又方便后期资料的分析整理。野外考察中还应该注意样本的采集、地理事物的测量和记录。

野外调查获得的资料要注意及时地分析整理。这个过程包括对野外图表的清绘、照片的整理、数据转图表等。分析的思路和方法很多，如空间分析、时间分析、区域对比分析等。根据获得的资料回答提出的问题，或者根据分析重新聚焦问题。如果一次野外考察不能满足解决问题的需要，还应该设计下一次野外考察。

收集到的信息通过分析处理后就可以撰写野外考察报告或者论文了。论文的撰写应关注学生对自己收集信息的分析和使用，特别要引导学生相信自己获取的第一手调查资料，而不是去互联网上随随便便复制粘贴一些资料来使用。对于文献的使用也应该强调标注引用，这里可以渗透一些科学研究中的学术规范和学术道德教育。

最后是汇报交流。可以通过模仿学术会议的形式开展班级学术会议，强调学术会议的规范性，过程可以稍微正式庄重，要有基本的会议规范。发言人精心准备，着装得体，声音洪亮，逻辑严密；听众认真听讲，做好笔记；发言人发言完毕可适当安排提问环节。生生、师生间就一个问题思维碰撞的过程就是学生思维能力的提升过程。班级优选的报告可在全校范围内交流，全校优选的报告可以推荐参加各种科技创新大赛。

四、跨学科实践基地的开发对学生成长有重要意义

通过参加八大处跨学科实践基地的开发和参与基于实践基地的实践课程，不同学段的学生都有各自不同的成长。

初一"以实践之手，创文明之城——八大处公共厕所服务水平调查"通过野外调查和访谈，运用空间分析方法研究公共厕所配置这样的社会问题，再到区域的发展、文明城市建设等问题，学生通过基于"问题"的实践过程（真实问题—活动方案—获取信息—比较分析—建言献策）为区域发展建言献策。通过多次考察、论证，不断发现问题并试图解决问题的过程，就是实践能力、跨学科思维能力提升的过程。从学生写的感想来看，从开始对于厕所调查的排斥，到后来意识到这件事的意义，再到初一下学期愿意参与其他野外调查，笔者确信了这种改变。公共厕所建设是一个事关文明的问题，这种问题可以通过地理来研究将成为学生永远的记忆。

初二"寻景观差异，享时序之美——八大处公园物候观测"相比初一的调查活动，初二参与调查的学生自主性更强。比如，对于观察对象的选择，对于对比要素的选择，可能存在的差异性对比，等等，都需要学生的自主思考。通过生物学中植物物候的观测来探寻区域内部的环境差异，利用发现的差异规律来为西山文化带景观建设提供建设性意见。寻找差异—感知差异—

利用差异，同样是春季赏花，我们的角度和生物老师的角度又有所不同。在这样的活动中学科间的界限模糊了，学生对问题的发现能力、研究能力提高了，思维链条延长了。

高一年级学生对研究的参与度更高，自主性更强，分析问题的逻辑更严密，团队合作水平更高，能够自己提出问题，自主设计和实施较系统的考察方案，多方收集和分析信息，对问题形成一定的认识，还能够通过小报告的形式表达交流。寺庙和地形的关系、公园排水系统是否合理、公园小商品售卖点分布、茶文化、楹联等都是他们感兴趣的地方。学生开始基于真实的问题灵活运用不同学科的思维和方法来研究解决问题。

高二年级的学生通过相关学科知识的积累，以及开设的校本选修课的学习，再加上高校实验室的支持，一部分同学已经具备初步的科学研究能力，并且能够通过规范的研究论文表达。《八大处公园地下水的水化学和同位素时空特征》《基于TM卫星影像数据的小西山地区植被变化动态监测》《八大处碑刻故事研究》《探究楹联的历史与八大处楹联的赏析、价值及保护》《八大处地区地质科普资源开发建议》等都成为他们的论文题目。相比高一学生，他们研究的问题科学性更强，通过他们的研究甚至能够部分填补区域研究的空白。他们是基地资源开发的主力，其他年级的部分实践资源实际上是基于他们的研究形成的。

随着研究进程的推进，一部分参与到研究中的同学高中毕业升入大学，有的选择了高中研究题目的相关专业继续深造，有的选择了非地理专业，但是依然在使用高中学习的研究方法在大学开展研究，也有的同学对野外考察充满留恋，带大学同学重走笔者的考察路线成为交际的方式。

这个过程中，教师的作用首先是激发和引导，其次是在学生的研究过程中及时地给予指导，最重要的是帮助学生收获成功。学生研究的问题涉及面极其广泛，对教师的多学科背景、研究水平具有较高要求，除了寻求相关学科教师合作以外，取得有关研究单位、高校实验室等的帮助也是必需的。

五、跨学科实践基地的开发对区域发展建设有重要意义

地理景观可以分为自然地理景观和人文地理景观两大类。从空间上讲，一个地方距离大城市越近，那里受到人为活动的影响越强烈，在自然景观中就会叠加更多的人文因素。从时间上讲，随着人类文明的进步，一个地方人文景观的成分也会增加。与自然景观相比，人文景观的变化要迅速得多。由于历史的变迁，它们或兴或废，或存或亡，在自然景观的背景上，形成了一

幅世事沧桑的历史画卷。北京近郊的八大处地区也不例外，它从史前的纯自然景观，演变成为目前这样一处覆盖着人工林和次生灌丛的风景名胜区，既有它优越的自然地理条件为基础，也有历史上人文活动的深刻影响。八大处地区处于城市向纯自然过渡的地带，长久以来为北京西山佛教圣地，不管是自然遗迹还是人文景观保存都相对完好。

漫长的地质演化过程中形成的岩石地层和构造运动是一个地区地貌发育的基础，八大处地区的这个过程可以追溯到 4.5 亿年前的奥陶纪。这个过程还为土壤的形成提供物质基础，为地下水系统提供通道。地貌在构成地理环境的各种自然要素中，是一项相对稳定的基本要素。在八大处这样范围不大的地区，地貌对小气候的形成、土壤的发育、水系的发育以及不同类型植物群落的分布，都有明显的影响。此外，地貌本身还是一种重要的风景资源。挖掘这些资源背后的成因对于景观的开发和保护具有重要意义。比如，公园管理部门目前对于八大处地质科普资源存在重复开发的现象，地区特色缺乏，针对性不强，建议结合八大处地区本身的地质构造和岩石地层开发地质科普资源。再比如，逆温现象的存在，对海拔较低处宗教活动区域焚香活动产生烟气的扩散是不利的。

八大处地区的范围虽然不大，山也不算高，然而却有着富于变化的中、小地形，这就足以影响植物的生长、发育，造成同一物候现象在空间上发生早晚的不同，从而形成一种时序美的空间推移。在保护现有植被的基础上，进一步搞好以山色变化为目标的生态绿化工作，会增加这里独特的地方文化内涵。比如，"春山杏林"在空间上的推移，在时间上的延续。通过对八大处地区物候现象的初步研究，笔者认识到八大处地区在物候方面与近在咫尺的城区有着一种小小的时间差，这是一种宝贵的旅游资源。

现今一处风景名胜的文化内涵，在很大程度上是由历史上人文活动的情况决定的，而人类活动又往往受到自然环境的影响，打上深刻的地方印记。八大处地区离京城不远的空间位置，背风向阳的地貌，优越的小气候条件，甘甜而稳定的地下水，为这里人类活动的出现提供了条件。至少从隋唐就开始建筑寺庙，以后又有皇帝的赐建，再后来又有私人别墅的修筑。宗教文化、皇家文化、文人文化交相辉映。"北京西山文化带建设"应该充分挖掘地方文化的内涵，地方文化的"根"才能更好地"建设"。比如，八大处"茶文化"的"根"不在茶，而在水，在人。

六、跨学科实践基地开发过程中形成的作品和影响

跨学科实践基地开发过程中，课题负责人发表论文 5 篇，其中核心期刊 3 篇，参与编写新版高中地理教参一章。总结起来成果既有课程开发方面的，如《高中地理核心素养中地理实践力的培养——以"京源学校及其周边地区地质遗迹寻踪"课程为例》，目前被引用 9 次（基于中国知网截至 2021 年 6 月 24 日的数据，下同）；也有教学设计方面的，如《对"遥感技术在区域地理研究中的应用"一课有效教学的思考与实践》，目前被引用 3 次；也有学科研究方法方面的，如《无人机低空摄影测量技术获取高分辨率基础地形和遥感影像资料——以 Pix4Dcapture、Pix4Dmapper 软件和 DJI Mavic Pro 无人机为例》，目前被引用 2 次；还受中国地图出版社邀请独立编写普通高中教科书《地理》配套地理教师教学用书必修第一册第四章自然地理实践的基本方法部分。

师生共同研究的成果如《基于 TM 卫星影像数据的小西山地区植被变化动态监测》《八大处公园地下水的水化学和同位素时空特征》等作品在北京市青少年科技创新大赛中获二等奖 2 项、三等奖 3 项，在登峰杯全国中学生科技创新大赛中获二等奖 4 项，中国青少年环境地图展示活动中获一等奖 1 项。另外，利用基地培养了学生的学科能力，比如学生参加国际中学生地理奥林匹克竞赛（IGEO）中国大陆地区选拔赛，两年获得 2 项铜奖，参加国际地球科学奥林匹克竞赛选拔赛，两年共获得二等奖 1 项，三等奖 5 项等；教师荣获"全国优秀指导教师""全国优秀科技辅导员"等称号。此外，"遥感技术在区域地理研究中的应用""识无字天书，知地球历史"等课例在国家级、省部级教学评比活动中获奖。

成果推广方面，课题负责人受邀在首届国家公园论坛上做"在自然中做自然教育"报告，在中国地理学会 2018 年地理科普工作会议、2019 年中国地理学会（华北地区）学术年会上就"关于地理核心素养培养整体规划和设计的思考与实践"做报告。此外还参加了一系列国家级、市级教师培训项目在其中做主题讲座，本课题的研究成果都是主要内容，比如"基于地理实践力提升的项目式教学——以自制微型自动气象站为例""初中地理实践活动设计与实施""以实践之手，创文明之城——八大处公共厕所服务水平调查"等。结合基地课程资源与中国地质大学开展了"红色一加一"、北京师范大学开展了"高端备课"等活动。

基于"实验创新"的高中化学实验教学实践研究*

化学实验是化学课程的重要组成部分，由于化学实验需要当堂演示和生成，往往容易出现以下一些问题：一是演示实验一般是教师在讲台、讲桌前演示，不能让所有同学实时观察清楚；二是有些实验即使改为分组实验，由于实验本身设计的问题也不易观察到实验现象，不易外显；三是有些实验受外界环境影响较大，不易一次成功，有一定的随机性等。这些问题的出现严重影响了教学效果，不利于教学活动的开展和学生体验科学实验的过程，不利于学科基本思想和基本方法的落实。

北京市京源学校化学组教师基于以上问题，在实验教学过程中大胆进行了"实验创新"的教学实践研究，从实践层面促进了"科学探究与创新意识"化学学科素养的形成，学生的学科成绩和动手能力都得到了发展，并在实践中形成了符合学校学情的教学资源包，参与实践研究的学生和教师都得到了不同程度的发展。

一、教学实践研究过程与内容

根据学校的课程结构、学生特点和软硬件条件，实验创新教学实践由教材实验、高考试题、校本课程、科创竞赛几个板块构成。

（一）教材实验的优化与改进

1. 演示实验与分组实验的优化与改进

化学实验的教学过程与科学研究中的认识过程本质是相同的，所以教学中的化学实验在使学生形成化学概念，理解和巩固化学基础知识，培养学生提出问题、分析问题、解决问题的能力等方面有着十分重要的意义，为更好地达成此目标，教师对部分教材实验进行了优化和改进（见表1）。

---

* 本篇由刘华、牛丽亭、杜明妍、原雁翔、张鸿智撰写。

表 1 教师优化教材实验（部分）

实验内容	优化或改进	效果
碳与浓硫酸反应	iPad 技术搭建实验装置组装过程	有毒实验数字化，复杂过程简单化
碳酸钠和碳酸氢钠的性质	自制玻璃加热仪器、引入 pH 传感器	自制玻璃加热仪器增强了实验的对比性，pH 传感器使实验结果外显
铁与水蒸气反应	自制玻璃弯管，引入了 X 晶体衍射等	外显了物质结构，形成了证据推理的和模型认知的学科思想和方法
不同价态含硫物质的转化、影响化学反应速率的因素	跨单元进行项目式教学设计实施"给新鲜葡萄设计并制作一款保鲜片"	学生自主分析设计了物质转化和物质制备方案，并通过多次实验探究优化实验方案，修正实验数据，制得成品，并进行了产品包装和二代产品开发。完整地体验了运用化学知识解决真实问题的过程和方法
搭建球棍模型认识有机化合物分子结构的特点	新冠肺炎疫情期间居家学习家庭实验	人人参与，动手制作常见有机物（CH_4、C_2H_6、C_2H_5OH 等）球棍模型，初步认识了有机物中碳原子的成键特点、价键类型及简单分子的空间结构，体会科学探究的艰辛与喜悦

2. 科学实验探究的"三步走"策略

通过实践，发现提升"实验创新"应以科学探究为突破口，通过以小组合作学习方式，根据学生的认知规律和思维发展规律，教研组提出科学探究分阶段分步骤进行的"三步走"策略：

第一步：高一年级初步形成科学研究的基本思路和掌握科学研究的基本步骤，凸显教师的引领性和示范性，学生在教师的引领和示范下继续研究问题，设计实验，实验验证，得出结论。

第二步：高二年级重在锻炼学生在新情境下知识和方法的迁移能力，高二学生的基本方法和研究的基本思路已经初步形成，鉴于学生能力发展的局限性，需要教师给予学生一定的指导，指导学生在遇到陌生物质时需要查阅资料，遇到陌生情境时需要调用自己的已掌握的知识和化学原理来迁移应用等。

第三步：高三年级培养学生的创造性思维和创新能力，高三的学生已经具备独立完成一般科学探究性实验的能力，可以对实验探究中的异常问题、实验方案的进一步优化、实验试剂的优选、多角度系统的分析实验等研究性任务和设计性任务进行进一步研究。

（二）高考试题实验探究与创编

对处于题海中的高三考生来说，高考真题是最好的教材，也是高三教师最好的研究对象，对于高考实验探究题，不能仅满足于做过、会做，而且要对试题的功能进一步开发，对试题的素材、内容、方法、思路、实验手段、实验反思、实验评价、实验进一步创新进行深度研究，而且有条件的一定要进行实验再现，不能"纸上谈兵"，而要"做真实验、真做实验"，对不符合理论研究结果的异常实验要进一步研究，促进学生创造性思维的发展。这样才能达到举一反三、事半功倍的效果。

（三）基于"实验创新"的课程开发实践研究

学校校本课程分为化学实验选修课、大学先修课、研究性学习等，以大学先修课"以环境科学与食品安全为载体科学研究方法的培养"为例，课程内容包括：食品安全检测、土壤成分分析、水质成分分析、大气质量检测四大主题。

学校生化实验室与清华大学有机磷重点实验室、中国地质大学水资源与环境实验室等高校实验室合作实现资源共享，为了保证课程内容的科学性、规范性、专业性，结合课标要求和以生为本原则，确定课程内容和实施步骤，如图1所示。

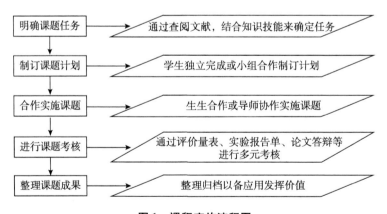

图1 课程实施流程图

实践表明，参与此课程的学生们对化学学科都产生了浓厚的兴趣，通过课程的学习，很多学生在科研能力上大幅度提升，所有学员在课程学习期间都学会了查阅文献资料的方法和技能，采集、制备、检测样品的方法和技能，论文写作和 PPT 汇的报方法和技能。

（四）学科竞赛和科创活动引领高端"实验创新"

建立"拔尖人才"的培养和选拔机制，采取校内导师制和高校专家指导相结合的方式，在学科竞赛和科创活动中，借用高校优质高端实验条件，以高中大学衔接课、周末拓展课、暑期集训课为活动载体，让优质生源提前接触前沿科研课题，了解高端检测仪器的使用，系统地学习科研方法，经历科研论文的撰写，培养严谨务实的科学态度，体会科学探究的艰辛与喜悦。

二、教学实践研究效果与反思

（一）研究效果

学生在实验学习中学会了科学研究的基本方法和思路，学会了应用实验事实、数据、证据等素材，对生活中的一些化学问题学会用相关科学知识解释，在突发事件面前，体会到了化学对人类活动和生命健康的影响。

培养了一大批优质选考生源，学校各年级化学成绩和历届高考成绩在全区名列前茅。近三年化学竞赛中获一等奖 18 人；科技创新大赛一等奖 1 人，二等奖 2 人；金鹏科技论坛一等奖 3 人，二等奖 5 人；登峰杯大赛一等奖 9 人。

教师的"实验创新"能力和教学能力得到提升，2018 年北京市京源学校化学教研组被吸纳为北京教育学院批准立项的"中学化学实验教育"学科创新平台（XKCXPT003）实践基地，多名教师在此项目比赛中获得教学案例一等奖，并有多篇实验创新被收录在《中学化学优秀实验微案例集》中，教师的专业化水平得到一定的提升。2019 年完成北京市基础教育阶段创新人才培养项目"京源翔翔基地理科指导教师学科研究能力培养研究"，做专题报告 1 次，市级公开课若干节，开发了系列科学实践活动学习单，公开课参与教师有来自京津冀地区市级骨干 30 多人，得到广泛好评。

（二）研究反思

本研究有如下反思：第一，"实验创新"要围绕课程标准和学业水平展开，无论实验仪器、实验方法、实验素材如何创新，但是通过实验过程让学生掌握一定的知识与技能、方法与能力，形成化学学科核心素养的目标是不变的。第二，"实验创新"不能盲目求新，要充分进行学情分析，进行分层教学，满足不同水平学生的需求；新方法和新素材的引入要考虑学生的认知水平和发展规律，要符合"最近发展区"理论，切记不能一股脑儿地把多种新鲜事物一次性推给学生。第三，"实验创新"要结合学校的实验条件和设施，保障实验顺利进行，如可以结合生活废物有效再利用，增强学生的绿色环保意识。

核心素养培育下小学学科实践活动的探索研究[*]

核心素养培育下学科实践活动是指在学生必备品格和关键能力、必备学科观念、思想方法、知识能力培养目标引导下开展的学科知识综合应用的实践性课程。具备以下价值：第一，促进学生学科核心素养形成。实践活动注重学生必备品格和关键能力、学科知识能力、思想方法等的形成，有利于促进学生核心素养及学科核心素养的形成与内化。第二，体现学科知识的应用价值。学生应用所学的学科、跨学科知识解释、解决生活实践中的现象和问题，沟通与建立学科知识与社会生活之间的联系，实现知识的有用性。第三，关注学生的经验生成。以学生的已有经验为基础，通过开展一系列的实践与活动，让学生在发现探索中获取知识经验的增长，关注学生的实际成长与适应社会的能力的提升。

一、系统构建了基于核心素养培育下的小学学科实践活动目标和主题

课题组根据核心素养培育的关键要素，开发了学科内实践活动和跨学科实践活动两种范式，系统构建了小学学科实践活动目标和活动主题。学科内实践活动设计按照学科核心素养要素，设计了学科实践活动目标，研发活动主题。小学语文系统设计了"读—行—写"习作实践活动、四季序列性阅读实践活动、汉字寻根语文实践活动和经典诵读实践活动四个主题，小学数学系统设计了数学绘本实践活动、基于问题解决的实践活动、空间观念系列实践活动和数据与生活实践活动四个主题，小学英语系统设计了英语戏剧课程、节日课程、英语绘本实践活动和学生微课实践活动四个主题。跨学科实践活动按照核心素养要素，开发了行走的课堂——京城名胜探寻课程、中草药种植实践活动和劳动实践活动三个主题。

---

* 本篇由龙娟娟、李爱霞、王琦、赵丹、何云撰写。

二、探索出核心素养培育下小学学科实践活动的基本流程与内容实施

课题组基本形成了核心素养培育下小学学科实践活动的四个基本流程：顶层设计、研制方案、实施方案和交流展示（如图1所示）。

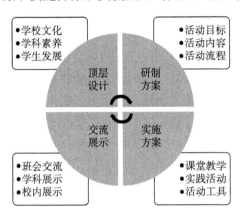

图1　核心素养培育下小学学科实践活动设计的基本流程

（一）顶层设计阶段

顶层设计阶段的主要任务是集合教研组力量，以学科核心素养为引领，设计出同一主题分层实施的主题实践活动。在顶层设计过程中，需要考虑学校文化、学科素养和学生发展三方面因素。

一是学校文化因素。本研究认为，实践活动是学校文化育人的有效载体，在活动设计之前需要充分考量学校文化在活动设计中的引领和渗透。比如，在数学绘本实践活动中，课题组基于绘本特点，将绘本实践活动课程归属到学校的拓展类课程，一方面拓展学生的数学视野，另一方面拓宽学生的数学思维。在活动中实现学校育人目标"为了人的终身发展和一生幸福"，培养具有"真、善、美"品格，有能力担当社会责任和创造幸福生活的高素质人才。

二是学科素养因素。顶层设计阶段课题组对学科核心素养进行解读，对学科课程标准和教材进行研究和挖掘。比如，语文实践活动的"读—行—写"习作实践活动设计来源于基于语言的建构和运用，课题组解读了语言的建构和运用的内涵，语言建构和运用对语文学习的重要性，语言建构和运用

对学生发展的重要性，基于语言的建构和运用的"读—行—写"习作实践活动的价值四个方面。

三是学生发展因素。学科实践活动设计的出发点和落脚点是为了促进学生的发展。比如，数学组以期借助绘本实践活动，帮助学生了解数学绘本故事中蕴含的数学思想与方法，引导学生经历数学绘本中问题解决的过程，经历创作绘本讲数学故事的过程，促进学生对数学知识的深度理解，实现知识的输出。

（二）研制方案阶段

研制方案阶段主要是年级组和教师根据学校顶层设计，研制出活动的主题、目标、流程和活动预期效果。课题组认为，在此阶段，关键要素有三方面：活动目标、活动内容和评价工具。

一是活动目标。活动目标是对活动结果的预期判断，是活动发展的方向。一个好的活动目标的特征是操作性强、可检测、促发展。以三年级一次习作主题活动"我的植物朋友"为例，实验教师制定的活动目标是：能调动多种感官，观察一种植物，并做简单记录；能借助记录，写清楚植物的样子、颜色等，并写出自己的感受。

二是活动内容。活动内容是实现活动目标的有效载体，是活动发展的重要平台。一个好的活动内容的特征是紧密贴合生活实际，能够激发学生探究的兴趣，促进学科知识的深度应用。以《春风里的清明节》实践活动手册为例，融合了劳动教育、语文、数学、科学和德育等多学科知识，体现了劳动教学、学科实践活动课程与生活教育的充分融合。一、二年级的活动内容有废物利用制器皿、种植豆芽、记录绿豆芽成长日记；三、四年级的活动内容有中草药的调查、制作环保花盆、养护中草药、记录养护日志；五、六年级的活动内容有制作小白花、扫墓、诗会、制作风筝、清明习俗大调查、巧蒸馒头。每个活动内容融合了劳动技术、科学、语文、数学、美术等多种学科知识，并促进学生的情感发展。

三是评价工具。评价工具的设计是检测活动目标实现的有效手段，是活动开展是否有成效的重要评价指标。一个好的评价工具的特征是简单易操作，能够关注活动过程，多主体参与评价。以"行走的课堂——京城名胜探寻"活动课程评价为例，活动侧重于过程性评价，关注学生的学习过程，肯定学生的进步。过程性评价包括学生自评、同伴互评和教师点评，教师制定一份过程性评价表，让学生以小组为单位进行过程评价。每次活动中，教师都会设计一份活动评价表，让学生直观感知评价目标、内容和方式，实现活动目标。

（三）实施方案阶段

实施方案阶段的主要任务是由教师和学生依照学科实践活动方案，开展具体的活动。包括三个主要任务：课堂教学、实践活动和活动工具。

一是课堂教学。课堂教学是实践活动的知识准备、方法储备，为后期开展实践活动奠定学科基础。课题组认为，学科实践活动是一系列的系统性活动，不能脱离课堂教学，课堂教学是学科实践活动很重要的一部分。数学绘本实践活动中"悟绘本"的环节，是课堂教学中最重要的环节。教学目的是教师要设计有层次、有深度的问题串联整个学习过程，引导学生经历绘本中发现问题、提出问题、分析问题、解决问题的过程，进行数学的深层次分析与讨论，帮助学生实现由表及里的数学问题解决过程，促进学生数学思维的发展。课题组通过课堂的指引，可以帮助学生建立基本的学科方法以及方法适应性，为学科实践活动中如何运用知识提供了参考。

二是实践活动。实践活动是学科实践活动中实现知识应用的重要平台，是实现知识转化的重要环节，也是检验学生知识应用的情境。基于数据分析培养的小学数学实践活动设计中，一年级开展"我是空气质量记录员"的活动，五年级开展"蓝天陪我过大年"的实践活动，学生经历制订方案、收集数据、整理数据和描述数据、分析数据，并得出结论的过程，以此提升学生数据分析观念、提高数学思维灵活性。基于文化意识培养的小学英语实践活动中，课题组以西方代表节日为抓手，开展节日课程，学生通过创办英语角、制作手抄报、五分钟演讲、表演等实践活动，在真实语言情境、语言任务中进行交往、运用，在用中学，在学中用，感受语言的实践性、得体性。此外，学生在英语实践的过程中了解英语国家的文化，开拓文化视野，加深对本民族文化的理解，逐步发展跨文化交际的意识和能力，实现英语教学的最终目标——发展学生的综合语言运用能力。

三是活动工具。活动工具是学生开展学科实践活动的重要支架，是实现知识与实践活动之间转化的桥梁。本研究中的活动工具特指活动手册和活动方案。基于社会参与的小学生生活实践活动的活动工具是实践指导手册，课题组依据劳动教育与学科实践活动课程的融合点，设计了实践活动手册——以"春风里的清明节"为例，每册活动手册的基本板块：清明节知识与传统文化教育—实践活动—实践活动成果展示。学生通过记录单或者指导手册，明确实践活动内容和方式，并能记录活动成果。

（四）交流展示阶段

交流展示阶段的主要任务既是分享学生学科实践活动的成果，又是对学科实践活动的深化，帮助学生建立知识与生活的直接联系，体会学科知识学习的价值和意义，促进学生思维和情感发展，激发学习积极性。交流展示有三条途径：班会展示、学科展示和校内展示。

一是班会展示。班会是发展和培养学生积极情感的重要手段，是帮助学生建立积极情感、态度和价值观的有效方式。课题组开展了劳动实践活动之后，就开展了"劳动中懂得爱"主题班会活动，本次班会以劳动节为主题，依托劳动实践手册，培养学生在学校、家庭、社会要懂得爱：爱校、爱劳动者；爱家、爱亲人；爱社会、爱他人。通过这一系列活动的开展，孩子们也在慢慢地发生着变化：班里的卫生情况越来越好，并主动为班级贡献自己的力量，同时，孩子们对待保洁人员的态度也有了很大转变，也懂得了保持公共区域干净整洁，珍惜别人的劳动成果。家长也给了很多反馈，觉得孩子在家里变得爱劳动了，自己的事情自己做，还能帮着家里做一些力所能及的事，能用实际行动表达对家人的爱。孩子们在劳动中不仅获得了快乐，还懂得了爱。可以看出，班会不仅帮助学生认识到开展实践活动的价值，了解了完成劳动实践手册的意图，还能升华学生情感。

二是学科展示。学科展示是培养和发展学生学科意识的有效途径，能帮助学生建立学科知识与生活应用的联系，树立正确的学科学习观。小学数学实践活动"理财能手"，学生在寒假经历了实践活动后，大多数学生达到的程度是能够做到统计、制图，选择一家银行调查。部分能力较强的孩子不仅会详细规划自己的压岁钱，还能调查不同银行的数据，进行列表对比。更有能力较高的学生根据自己的本金算出在不同银行不同存期的本息，并列表对比，最后做出在哪家银行储蓄的选择。还有的同学对股票、货币基金、银行理财产品都做了调查比较，预测一年后的收益是多少。在课堂展示环节，教师设计了合理存款和当家理财两个探究活动，从中得到感悟：要大概了解生活用品的价格，采购的目标要明确，生活要节约、花费要合理等道理。

三是学校展示。学校展示是拓宽学生学科视野、增加学习交流的机会，同时也能激发学生学习积极性，从教育和教学两方面落实核心素养培育。在语文汉字寻根的语文实践活动中，进行汉字寻根小讲师的活动，意在为学生搭建跨年级的交流平台，为高年级学生搭建实践活动展示平台，拓展高年级学生对实践活动的深度，并能通过活动输出、内化已有知识，在讲授过程中促进高年级学生对学科知识的深度思考，实现学科育人价值。同时，课题组还搭建了语文经典诵读实践活动、英语戏剧实践活动、节日课程等的学校展示平台，让孩子们通过诵读贤人诗词、红色经典故事，编演课本剧、讲述故事的形式展示诵读学习的成果，促进学生在更高平台上体会、认同学习价值和意义。

三、研制了核心素养培育下小学学科实践活动的过程性学习评价工具

评价是促进学习者发展的过程，它应该是在学习过程中发生的、学习者参与的、渐进的价值建构过程。评价既是检验活动效果的有效手段，也能指导实践活动有效开展。学科实践活动的评价以过程性评价为主，关注学生在活动中的表现，关注学生与情境的交互作用，关注学生的知识和能力获得以及情感培育。

课题组在实践活动中，注重对过程性评价量表的开发和设计，以期引导学生实现自我发展。如"行走的课堂——京城名胜探寻"课程重视对学生科学探究能力、情感态度与价值观等方面的评价，评价主体包括学生、同伴、教师和家长，评价方式采取等级评价（表1）。

表1　行走的课堂——京城名胜探寻课程评价表

评价项目	组内互评	组际互评	教师评价（家长评价）	综合评价
任务承担				
合作交流				
积极表达				
其他				

（评价标准：优秀★★★，良好★★，再努力★）

也有的在实践活动中抓住关键环节，引导学生进行过程性评价。如在小学语文"读—行—写"习作实践活动中围绕习作的关键要素：主题、结构、内容、表达、写作技巧等方面展开，评价的主体是学生和教师，评价的方法是等级评价和文字描述。学生通过这张评价表，能感知习作的关键要素和评价方法，为学生开展实践活动提供了方向，也是后期自我诊断和自我提高的方法。

四、核心素养培育下小学学科实践活动的影响

在课题的引领和辐射下，实验学校积极开展学科实践活动，并有 5 项子

课题成功立项为北京市规划办课题。实验学校在课题引领和推动下，扎实开展学科实践活动设计与实施，丰富了学校特色课程，彰显了育人特色。实验学校的学生的实践水平不断提升，学生自主原创的绘本和实践活动作品得到了专家的好评，并多次在学校大型现场会上展示。

小学数学综合实践活动教学素材开发与实践研究[*]

2015 年 7 月 9 日北京教育委员会下发了关于印发《北京市实施教育部〈义务教育课程设置实验方案〉的课程计划（修订）》的通知（京教基二〔2015〕12 号，以下简称《课程计划》），明确指出，要加强学科实践活动课程建设，具体为中小学校各学科平均应有不低于10%的课时用于开展校内外综合实践活动课程。在《课程计划》中进一步明确指出：要关注课程的整体育人功能以及学科内、学科间的联系与整合，加强综合实践活动课程的开发与实施，大力培育和践行社会主义核心价值观。

一、问题的提出

由于我国长期以来实施的是分科教学，《北京市教育委员会关于印发北京市基础教育部分学科教学改进意见的通知》和《课程计划》要求加强学科实践和综合实践活动，不少一线教师均觉得无从下手，不知该如何设计相关课程。为了了解各学校"综合实践活动"的开展情况，前期我们对北京市9 所学校的教学主任或任课数学教师进行了关于开展"数学综合实践活动"的调研。教师们也提出了一些问题和困惑。如：什么是数学综合实践活动呢？如何挖掘数学综合实践素材？如何把挖掘的教学素材转化为数学综合实践课？

本课题的研究开发了一些小学数学综合实践活动教学素材，构建小学数学综合实践分学段目标，对小学数学综合实践活动素材进行分类整理并明确实施路径，对小学数学综合实践活动课进行了能力指向划分。真正解决了一些教师的问题和困惑。

---

* 本篇由邓晶、刘晓婷、马连香、高堃、龚莉莉撰写。

二、成果的主要内容

（一）构建小学数学综合实践活动学段目标

在小学阶段，课题组把数学综合实践活动分成了三个学段。第一学段包括一、二年级。该学段小学数学综合实践活动的问题是由教师确定的，实施过程由教师进行引导，研究成果在教师指导下进行有效的分析。第二学段包括三、四年级。该学段小学数学综合实践活动的问题是由学生和教师共同确定的，实施过程由教师进行适当的引导或者是采取小组合作的形式进行。研究成果以记录表、小报或者简单的研究报告等形式呈现。第三学段包括五、六年级，该学段小学数学综合实践活动的问题由学生自己确定。实施过程由学生自主完成，最后以小报或者小论文的形式呈现。学生经历了整个研究过程，积累了活动经验，发现、提出问题的意识提高了，数学思想进入了萌芽阶段，对知识之间的内在联系都进行了研究。（如图 1 所示）

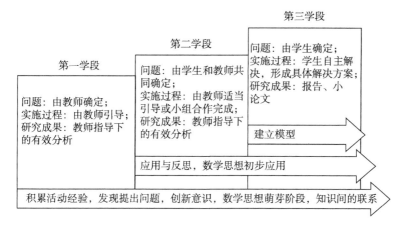

图1　小学数学综合实践活动分学段目标

（二）挖掘小学数学综合实践活动教学素材

1. 对课内资源的开发

对于教师来说，最熟悉的就是教材。课题组对人教版、北师大版 1～6 年级的教材进行了梳理。通过梳理把部分教学素材转化为数学综合实践课，突出了数学综合实践课的价值，搭建了教材与生活之间的桥梁。（见表 1）

表1　教学素材转化为综合实践课的案例表

教学内容	素材开发点	解决的问题	综合实践课的价值
超市中的学问	人教版小学数学一年级下册第五单元《认识人民币》例4的学习内容，有关兑换的知识	解决"在买商品付钱，找不开钱时我们可以怎么办？"这个实际问题	体会人民币兑换的意义和等值的思想
数种子	人教版二年级下册《万以内数的认识》，例1. 经历数数和计数的过程，感受计数单位的价值与不同计数单位间的联系	数不清楚怎么办	主动构建位值之间联系；在数中积累活动经验
给图书找家	人教版三年级上册实践活动《数字编码》，加深数字编码体验，并通过实践活动进行简单的数字编码，培养数学思维能力	给图书找家	在实际问题情境中，体会数字编码的价值
到底派谁参赛？	人教版四年级上册《条形统计图》，例1. 丰富学生数据处理的方法，发展学生数据分析观念	派谁参加比赛	体现了图形分析数据的工具性
营养午餐	人教版四年级下册实践活动《营养午餐》，通过对班内午餐情况进行调查，提出问题	怎样搭配出符合10岁儿童标准的既有营养又好吃的午餐	主动运用所学知识和经验解决问题
树叶的面积	人教版小学数学五年级上册第六单元《多边形的面积》，例5. 求不规则图形的面积	求曲边图形的面积问题怎样解决	凸显了方格法的价值
学校停车位问题	人教版小学数学五年级上册第六单元《多边形的面积》	聚焦车位是否省地	经历图形面积推理的过程
出租车计价方案	人教版小学数学五年级上册第一单元《小数乘法》例9. 出租车计价问题。学生经历了由新闻事件引发数学问题的过程	出租车计价涨价方案	通过讨论出租车涨价问题，能站在不同的角度全面地思考问题
到底哪只蚂蚁跑得快？	素材来源于学生的课间游戏，玩蚂蚁。让学生经历了数学综合实践活动的整个过程	到底哪只蚂蚁跑得快	重点放在读取数据、分析数据。真正把统计知识当成工具，来分析自己的观点

教学内容	素材开发点	解决的问题	综合实践课的价值
雾霾探秘	关注社会热点问题，设计了雾霾探秘，将其分成了3个课时	汽车尾气的排放会导致雾霾的形成吗	两个相关因素的比对研究；产生数据需求，通过分析做出推理
1亿有多大？	人教版四年级上册《大数的认识》，学生在实践之后的评价与反思	品读学生作品的方法与思考价值	评价、反思

2. 对课外资源的开发

课外资源开发主要从学校、家庭、社会方面进行。在学校"喝梨水"问题引发了学生思考，课题组开展了一次数学综合实践活动的研究。孩子们设计了测量梨水的方案。然后又经过三个月的数据测量，通过分析和对数据的解读最终解决了问题。从家庭方面，家长们可以结合家庭实际，让孩子去研究一天的节水量是多少。从社会方面，有的教师带着孩子来做雾霾探秘的研究，还有的教师带领孩子们做关于商业区垃圾桶的位置安排的研究。都是从社会角度来找到综合实践的材料，都是非常好的材料。

（三）对小学数学综合实践活动素材进行分类

数学综合实践素材通过大家多次讨论分为四类：数学实验类、数学调查类、数学制作类和数学测量类。对于前期整理的1~6年级开发的数学综合实践素材再次进行了分类整理。（见表2）

表2　小学数学综合实践活动教学素材分类表

	一上	一下	二上	二下	三上	三下
数学实验	①比较（轻重、长短、高矮）；②分类（整理书包、房间）；③搭积木	①我会分扣子；②神奇的珠子	如何剪出轴对称图形	陀螺上不同位置的点转出的是什么形状	①吨的认识练习题：节约用水；②怎样捆最节省胶带	无
数学调查	①位置与顺序（前后、上下、左右）；②数学好玩（淘气的校园）	①不同角度观察物体；②蚂蚁的速度	①×××的一天（合理安排时间）；②班级旧货市场	①校服应该选择什么颜色呢？②给学校购买图书提建议；③上学时间	星期六的时间表	小小鞋店

续表

	一上	一下	二上	二下	三上	三下
数学设计	①数学好玩（一起做游戏）；②"小明的一天"时间计划	有趣的图形（有趣的拼摆七巧板）	①百变三角板（利用三角板上的角画角）；②小小商店	①折一折剪一剪（小人图）；②制作校园方向板	①数字编码：给图书找家；②数学广角：集合；③搭配中的学问	①动物园导游图；②租船问题；③制作活动日历；④旅游中的小学问：倒时差；⑤设计拔河比赛；⑥小小设计师
数学测量	①校园中的数学知识；②超市中的数学知识	①购物中的数学（人民币的兑换）；②数一数（百以内数的认识）	①一根旗杆的高度；②量一量、比一比；③教室有多长；④身体上的奥秘	①数种子；②一千克有多重？③1千米有多长	①1分钟、1秒钟有多长；②1千米有多长；③不规则图形的周长；④校园中的测量	1吨有多重

	四上	四下	五上	五下	六上	六下
数学实验	滴水实验（S）			包装中的问题	反弹高度(S)	
数学调查	小小气象员	营养午餐	掷一掷	身高与足长	节约用水；蚂蚁的速度；生活中的百分数	雾霾探秘；测量梨水；购物中的折扣问题
数学设计	小小设计师；沏茶问题；田忌赛马	轴对称图形密铺（S）*；烙饼问题	动物园一日游；设计秋游方案（S）；出租车计价方案	打电话；找次品	我是小导游；确定起跑线	北京五日游
数学测量	1亿有多大	奥运中的数学（S）	树叶的面积			

*：S是北师大版数学教材里的素材；其他是人教版数学教材里的素材。

（四）形成小学数学综合实践课实施路径

通过实践研究，我们整理出了四类小学数学实践活动课的实施路径。（如图 2 所示）

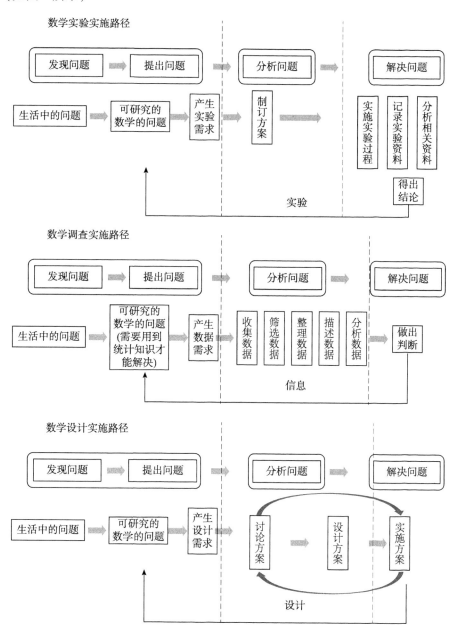

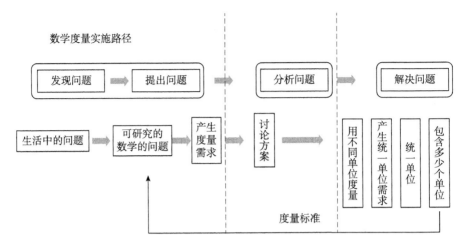

图2 小学数学综合实践课四类课型实施路径图

（五）小学数学综合实践活动课能力指向划分

2017年9月中共中央办公厅、国务院办公厅印发《关于深化教育体制机制改革的意见》。根据文件中的关键能力结合课题内容，课题组把小学数学综合实践活动中培养学生的关键能力划分为两个能力水平。一级能力有认知能力、合作能力、创新能力、职业能力和审美能力。还有二级能力目标。认知能力二级目标又细分为：数感、运算能力、空间想象力、数据分析能力、推理能力、表达能力、评价与反思能力，等等。其他一级能力的二级目标不——细述，可参见表3。

表3 小学数学综合实践活动课能力指向表

	认知能力									合作能力		创新能力	职业能力		审美能力	
	数感	运算能力	空间想象能力	数据分析能力	推理能力	表达能力		评价反思能力		与他人合作	契约精神		动手实践能力	解决实际问题	数学美	一般审美
						语言表达	写作能力									
数学实验																
数学调查																

续表

	认知能力					表达能力		评价反思能力	合作能力		创新能力	职业能力		审美能力	
	数感	运算能力	空间想象能力	数据分析能力	推理能力	语言表达	写作能力	评价反思能力	与他人合作	契约精神	创新能力	动手实践能力	解决实际问题	数学美	一般审美
数学设计															
数学测量															

三、效果与反思

课题的推进，使教师教育观念得到更新、专业素养得到提高。教学模式的改革使学生的学习风格发生很大变化，学生由传统的"单一、被动、陈旧"的学习方式向"自主学习、探究学习、合作学习"转变，学习积极性、主动性有所提高，学生观察力、思维力、想象力、创造力等都得到发展。

一名学生设计的"钟表量角器"获得了国家专利。一名学生写的《蚂蚁和人谁跑得更快》获得了北京市创新大赛银牌、北京市金鹏论坛三等奖。课题组所在学校很多学生写的数学综合实践小论文也都刊登上了《中小学生教学报》、公众号。课题组把学生的作品和学习感想编制成了《学校学生成果集》。

本课题的研究增强了数学教师投身课改的责任心，树立了信心，提高了数学教师开展教学研究的能力水平和反思水平。三年来，教师进行研究课、公开课、大赛课共 39 节。其中，参与全国课 8 节、北京市级课 20 节、区级课 11 节。参与各类论文获奖 31 篇。在研究过程中，还有 2 名教师立项了自己的区规划办课题。1 名教师被评选为区数学骨干教师。部分教师参与编写《真问题驱动的教学反思》《发展儿童数学关键能力》《小学数学经典内容教学设计与评析》等丛书。在《中小学数学》《小学教学设计》《北京教育》等刊物发表文章 14 篇。课题研究促进了教师的专业成长。

第四篇

专业视野下的教师与学生发展探索

第一章　专业视野下的教师发展探索

第二章　专业视野下的学生能力培养探索

第三章　专业视野下的学生素养与品质培养探索

学校教育的最终目的是促进人的成长与幸福。近年来，随着学生核心素养与学科核心素养的提出，学校教育越来越有意识地将学生发展作为核心任务，不再将知识传授作为教育教学的中心，而是注重培养对学生终身发展有益的能力和素养。在教育教学活动中，从关注教师的"教"转变为关注学生的"学"，注重探索与思考培养学生各方面的能力、素质及品质。而教师的发展则是学生发展的支持性条件，教师能力与水平对学生发展具有重要的影响。

　　对于专业视野下的教师与学生发展，我们主要进行了以下研究探索：其一，教师学习与教师专业发展。我们着力探索了教师校本研修、新教师培训等几个方面，注重教师研修与培训支持性条件的开发，例如，教师读书、教师学习共同体建设、师带徒等，注重对新教师、经验型教师专业成长规律的探索，既有理论上的探讨，也有典型案例的开发与呈现。其二，学生能力培养。对于学生能力的培养研究，我们基于某些内容或某种途径、方式等进行了多项学生能力培养的深入探索，包括学生信息获取能力、创新能力、反思能力等多个方面，注重对于各项能力要素的进一步分析与针对性培养。在培养途径和方式方面，注重创新性、情境化、实践性、研究性等，尤其注重学生的自主性，促进学生自主设计与实施学习活动，在实践之中真实提升学习能力，获得对于学生有用的知识。其三，学生素养与品质培养。我们既有对学生综合素养的培养，也有对学生学科核心素养某一方面或学生某一重要品质的培养，例如，政治学科的政治认同素养、公民意识，理科的科学素养、数学思维品质，等等。在学生素养与品质培养研究中，我们注重概念内涵的分析，弄清基本要素，以及开发有针对性的实践途径与策略，目标明确，路径清晰。

专业视野下的教师发展探索

教师校本"读·思·行"研修及知识转化研究

新入职教师培训课程体系构建与实施的研究

教师校本"读·思·行"研修及知识转化研究[*]

一、问题的提出

教师日常工作中经常面临诸多问题与困难。近年来,各种新课改理念扑面而来,新概念层出不穷,很多教师对其完全陌生或只知其一不知其二;教师参加各种学科培训、教研活动,但很多知识在教师那里仍然是一知半解,没有经过系统学习与个人化加工;有些课题核心概念不清,研究不深入,研究进入瓶颈期;很多青年教师步入学校即担任班主任,每天面对与处理各种班级问题,缺乏经验,常常焦头烂额,遇到突发事件更是手足无措;还有些学校文化不佳,部分教师胸怀不够宽广、职业倦怠,消极情绪、负能量较多。

基于此,很多学校开始尝试建立教师读书研修机制,力图推动教师共同读书、促进解决一些教师工作实践中的共同问题,同时解决教师日常工作繁忙、无暇读书,惰性、拖延、在无督促机制下一个人很难静下心读书的问题,以及教师在专业发展方面遭遇的理论瓶颈问题。那么,教师读书研修如何进行呢?读书研修怎样去解决实践问题呢?书本知识又是如何转化为教师知识的呢?教师个人的知识又怎样与团队共同的知识相互转化呢?

二、成果的主要内容

(一) 中小学教师校本"读·思·行"研修内涵

教师校本研修是一种教师专业发展制度,其特征是"以校为本""教师主体""集体研修",研修既有研究之意,也有修习之意,以解决真实问题、满足学习需求、完成某项任务为目标设计研究与修习内容并开展系列活动,

---

* 本篇由李爱霞、何云、朱红燕、师雪峰、王蕾撰写。

促使教师在集体探索研究、修炼学习中获得成长。

"读·思·行"指的是读书、思考与实践联结，在读书中联系实践理解与思考，在读书中反思实践与经验；在读书中思考当下问题与困惑，从问题出发到书中寻求答案；从读书中获得启发去探索、思考与行动，在探索与行动中再回顾读书。

教师校本"读·思·行"研修指的是校内组织的以教师为主体的阅读、思考与实践联结的一种教师研究与修习活动。研修团队基于目的与问题、需求确定，如教研组、课题组、班主任团队、学校中青年教师团队或者全校教师等，研修活动将基于问题、需求、任务等持续一定时间，研修意在开启一种教师不断读书、认识与解决问题、改变、修炼自己的过程。

（二）中小学教师校本"读·思·行"研修中的关系探讨和要素分析

1. 教师读书、思考与行动的关系探讨

读书、思考与行动三者之间是一种错综复杂的互动关系。读书联系实践思考，对行动产生影响，实践联系读书反思，通过交互作用增进认知、认识与解决问题，如图1所示。

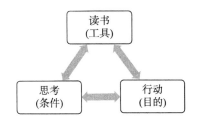

图1　教师读书、思考与行动的关系

（1）读书是思与行的工具。课题组推动的教师读书是一种有目的的读书，是一种问题、需求主导下的读书，是为了理解问题、探索问题和解决问题，是为了更好地行动。在这种工具取向的教师"读·思·行"研修中，读书是思与行的工具。

（2）思考是读与行的条件。读书中教师总要有自己的思考。在实践行动中，思考也总是要贯穿其中的，或思考自己如何行动，或行动中思考和觉察自己行动的含义，或做出行动后反思自己行动是否得当，思考、调整、控制、强化，这样才能使下一次的行动更有力、更恰当。

（3）行动是读与思的目的。读书与实践相联系时，读书才有用。实践是实现知识转化与增值的重要通道。在课题组推动的教师"读·思·行"研修中，要通过实践促使书本知识向教师个体知识转化，促使教师理解、内化书本知识，逐渐发展成为个人能力，然后才能更好地去行动、去解决问题。

2. 教师校本"读·思·行"研修的要素分析

中小学教师校本"读·思·行"研修包含以下要素：

（1）问题与需求。问题与需求是教师校本"读·思·行"研修的起点。没有当下问题的焦灼、拉扯，教师的专业阅读很难维持，教师很容易感觉读书枯燥乏味、精力不济、消极懈怠，而且，读书过程中所产生的联想、意义联系也会较少，读书的价值会削减很多。因而，我们倡导的是一种基于问题的教师"读·思·行"研修。

（2）读书、反思、意志和行动。读书、反思和行动是教师校本"读·思·行"研修的过程。教师在问题与需求驱使下读书，从书中寻求解释和答案，引发认知与行为冲突，启发和指引行动；在行动过程中，探索尝试，再反复去读书，反思自身行动，运用意志力不断修习，强化正确观念与方法，在行动中自我调整、矫正。

（3）方法与信念。方法与信念是教师校本"读·思·行"研修的结果。教师从读书中获得的知识、观念在行动中不断得到验证，逐渐成为教师确证的信念，或者教师在实践中对书中观念、知识进行反思与加工，形成自己新的认可的信念。在观念引导下，教师采用一些新的方法、策略，做出改变，并在实践中观察自己行动改变的结果，反思行动成败的原因，确证正确的方法，强化意志力，磨炼心性，塑造新的行为。

（4）共同体与情境。共同体为教师"读·思·行"研修提供了支持性环境，既是教师定期研讨交流的外部环境，也是教师情感与心灵归属的内在环境。情境是知识与经验整合的条件。只有在一定情境下，引发教师读书需求，并在情境与行动中不断反思、验证、调整、改变，书本知识才能真正被教师所理解、体悟，真正转化为教师个体知识，并获得新的发展与意义。

（三）中小学教师校本"读·思·行"研修共同体的探讨

1. 教师校本"读·思·行"研修共同体内涵

教师校本"读·思·行"研修共同体本质上也是一种学习共同体，是教师在共同读书、思考与实践之中形成的团体。由读书与成长的需求而形成，在共同目标和制度约束下共同读书修习，团体成员关联紧密、持续互动、互相影响，交流知识、情感与观念。

2. 教师校本"读·思·行"研修共同体的构成与运行分析

研修共同体由领导者与成员共同构成，有些共同体又有外部引领者支持。共同体成员共同身处一个读书研修的空间，形成共同目标，在共同的"读·思·行"研修活动中，进行互动对话，或赞同，或反对，或讨论，或协商，在读书与个体叙事中引发情感共鸣、解释理解，在多次反复的读书互动活动中，共同体成员之间逐渐形成联结、支持，彼此理解与认同，并对共同体产生归属感。"读·思·行"研修制度与环境为共同体发展与持续下去提供了外部条件，如图2所示。

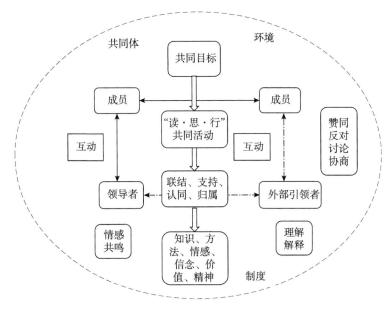

图2 教师校本"读·思·行"研修共同体的构成与运行分析

（四）中小学教师校本"读·思·行"研修的类型分析

教师校本"读·思·行"研修出于各种解决问题需求而建立，其阅读内容和方向不尽相同，在对诸多教师校本"读·思·行"研修分析基础上，笔者基于其建立目的的不同而做出以下大致的分类，如表1所示。

表1 中小学教师校本"读·思·行"研修的类型分析

研修类型	研修目的	研修成员	研修内容
学习成长型	促进教师学习与成长，增进教育教学理解，提高解决问题的能力	班主任、青年教师研修团队	阅读关于班级管理、教育教学类书籍，实践反思

续表

研修类型	研修目的	研修成员	研修内容
研究探索型	增进教师对于课题研究的理论认识，增加课题研究的广度与深度	课题组成员	阅读与课题理论、方法相关的书籍，实践反思
学科教研型	促进教师理解学科本质、学科教学内容和方法，并反思改进教学	教研组教师	阅读与学科理论、实践类相关的书籍，实践反思
教学改革型	促进学校教学改革，促进教师学习和实践反思新课改的教学理念	全校专任教师	阅读关于教学改革、学生核心素养培养理论类书籍，实践反思
文化变革型	促进教师理解与认同学校文化、促进学校文化的革新	全校教师	阅读与学校文化理念相关书籍，实践反思
人生体验型	促进教师探索、体验生活与工作意义，陶冶情感，增进人生智慧	探寻人生、生活意义的教师	阅读关于人生体验、积极心理学类书籍，实践反思

（五）中小学教师校本"读·思·行"研修的实践案例（部分）

1. 基于名著阅读教学的语文组教师校本"读·思·行"研修案例

2018 年上半年，基于语文教师名著阅读及教学的需要，S 校语文组教师进行了校本"读·思·行"研修，先是自选名著进行阅读与交流，后来大家共同阅读一本名著《骆驼祥子》，并进行内容理解交流、教学设计与课堂教学，开展了一系列阅读、研讨、思考与行动，其问题、过程分析如表 2 所示。

表 2 基于名著阅读教学的语文组教师校本"读·思·行"研修案例

问题	新中考要求初中生名著阅读与探究，教师需要深入理解名著内容，引导学生进行整体理解与主题探究。但是，实际上很多教师不会去特别认真地研读名著，也不知道如何上名著阅读课——由此，S 校开启基于名著阅读教学的语文组教师校本"读·思·行"研修
过程	（1）教师假期独立阅读与思考。假期语文组教师独立阅读书籍内容，理解全书构思、思想含义、语言特色等。 （2）教师共同交流读书感悟。部分教师解读不深入，经过研讨交流和指导者参与，教师们逐渐对主题内涵、人物性格等形成共同认识。 （3）教师共同研讨教学设计。讨论教师教学设计中的问题，如内容杂乱、零散、缺少主线；活动浅显、形式化；逻辑性问题；交流修改。 （4）教师从不同角度实施教学。语文组 5 位教师接连上了 5 节《骆驼祥子》阅读与探究课，教师同课异构。 （5）教师共同研讨课堂教学。课后，指导者与教师对课堂教学进行研讨，交流了优点，指出了某些教学实施方式、策略方面的不足

2. "生活体验型"小学教师校本"读·思·行"研修案例

2017—2019 年，J 小学教师先后共读 4 本与生活体验相关的书籍，教师们每次读书分享交流活动都倾情投入，在大家共同营造的情感氛围中，体验美好、艰辛、责任、智慧，抒发内心、坚定信念、明确方向，开展基于生活体验的小学教师校本"读·思·行"研修，如表 3 所示。

表3 "生活体验型"小学教师校本"读·思·行"研修案例

问题	很多教师对人生、生活充满了困惑、迷茫，缺少对生活的深刻理解与感悟，甚至对生活、工作抱怨、不满，呈现出一种疲惫、倦怠状态，学校领导对此颇感忧虑，思索如何改变教师这种状态，促进教师精神成长
内容	(1) 体验生活中的幸福。教师共读《幸福从不缺席》，分享生活中的小确幸，回忆家庭生活中的幸福，讲述孩子们带给自己的幸福。 (2) 追忆过去的艰难岁月。教师共读《长征》，教师们为红军长征时的严酷、恶劣生存环境所震撼，对红军战士经历的种种艰难困苦感到心疼…… (3) 感受生活中的爱与暖。教师共读《傅雷家书》，重温这些爱与温暖，让教师们更加内心坚定，更加理解了自身肩负的责任与使命。 (4) 从童话中感悟人生道理。教师共同阅读《格林童话》，回归人性本真的探讨与追问
策略	(1) 基于多角度生活体验选择书籍。在书籍内容方面兼顾多角度的人生体验，如：幸福、温暖与爱，人生的艰辛、拼搏与奋斗，为人处世。 (2) 创设情感交流的情境与氛围。拟定主题，如"读《长征》——心如长征"，布置情境化背景电子屏，教师走红毯，声情并茂朗诵与交流表达等。 (3) 教师联系自身生活真挚交流。围绕主题形成情境与情感氛围，教师们联系自身经历谈体会，表达内心最真实的情感与想法。 (4) 领导者情感投入与价值引领。领导者每次都参与读书交流，与教师一起谈感想、谈认识，谈经历，表达观点，抒发情感

（六）中小学教师校本"读·思·行"研修中的书本知识与个体知识转化研究

教师校本"读·思·行"研修目的各异，但都是为了解决教师碰到的某些问题或源于教师的某些需求，教师个体与书本之间会发生一定互动与对话，促使教师个体认识发生变化，并引发行为或行动决策中的改变，获得一些显性或隐性的新知识，也由此实现个体与书本、隐性与显性知识之间的转化。在大量文献研究与实践考察基础上，课题组初步构建了教师校本"读·思·行"研修中的知识转化模型，如图 3 所示。

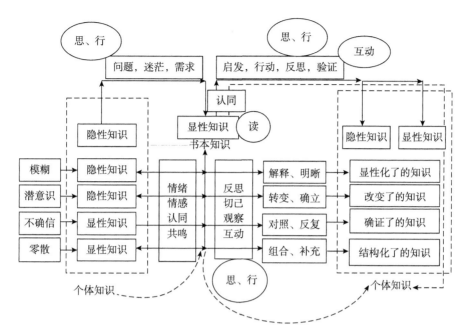

图3 教师校本"读·思·行"研修中的书本知识与个体知识转化模型

（七）中小学教师校本"读·思·行"研修中的个体与组织知识转化研究

教师校本"读·思·行"研修中的个体与组织知识转化是指在教师读书、思考与行动的研究修习活动中，由教师从读书、经验与反思中所获个人知识通过读书交流、实践互动等转变为超越个人、为组织内成员所共享的组织知识，同时组织知识也会潜移默化影响个人知识。在分析与借鉴国外 SECI模型基础上，本研究尝试构建了教师校本"读·思·行"研修中的个体与组织知识转化模型，如图4所示。

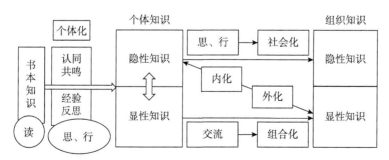

图4 教师校本"读·思·行"研修中的个体与组织知识转化模型

总之，校本"读·思·行"研修促进了教师读书研修与共同体建设，促进教师反思与改进教育教学实践，教师校本"读·思·行"研修应长期坚持，并进一步发展线上"读·思·行"研修共同体。

新入职教师培训课程体系构建与实施的研究[*]

　　一名教师的职业生涯经历过很多内容和形式多样的培训，教师在不同发展阶段所接受的培训，对其发展的影响和作用也不一样，新入职的教师培训对教师职业发展起着积极的促进作用。新教师从高校大门进入到中小学大门，需要在入职阶段解决好"如何过渡"的问题，由于新教师的个性、能力、专业背景等有诸多不同，也造成了每个人发展起步的快慢和发展起点的高低不同，本研究旨在解决新教师在入职三年内面临发展的共性问题，突出校本培训的特点与优势，优化教师发展进程，帮助他们成就职业生涯的起始阶段。

一、青年教师发展的"微"阶段

（一）"微"阶段的外部特征与内部需要

　　即使是入职不到三年的教师，其成长也是阶段性的，每个时间段长短又因人而异，这里称为"微"阶段。根据教师的行为表现和内部需要，分成五个小"微"阶段，以下简称"微一阶段""微二阶段"等，我们认为"微一阶段"到"微五阶段"是递进关系，但是由于成长背景和个性不同，不一定每一名新教师都经历这五个阶段，或者新教师也有可能同时具备这几个阶段的特征，特别是"微五阶段"，它是教师获得发展的重要基础。新教师对即将开始的职业生涯充满期待，渴望被认可、尊重，其实现成长的内部需要要得到学校的高度重视和支持，这几个阶段解决得好不仅可以获得学校和同事的认可，还可以建立自信，获得发展能力，体验到职业的幸福感。具体如图1所示。

---

　　* 本篇由李文革、周春红撰写。

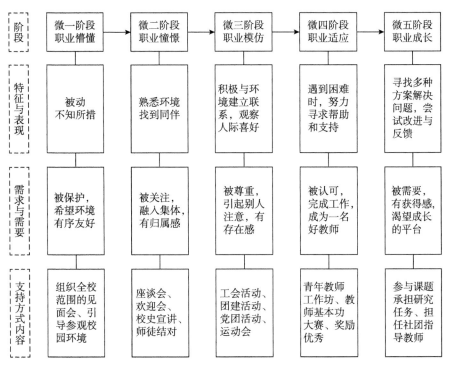

图1　新教师发展的"微"阶段

（二）"微"阶段的工作困境分析

学校对新入职教师提供支持与帮助内容的重要参照，来源于我们对发展"微"阶段教师工作困境的分析，见表1。

表1　新入职教师工作困境及分析

问题与困境	归因	需求分析
对教材的把握，对课堂的管理，对教法的选择等	实践性知识、经验、能力的欠缺	带教跟学的师傅、榜样，优秀案例的示范与学习
学业成绩与预期的差距、培养学习兴趣、学生动力等	理论知识与实践知识的转化	学生心理规律，学习规律的实践学习与实践应用
规章制度的束缚与大学宽松环境的矛盾，成长的愿景等	职业认识、角色认知	职业规划，"好教师"的实践解读，成长的平台和资源
师生关系，与学生、同事、家长的沟通	人际关系	人际沟通的技能技巧、情绪管理

（三）"微"阶段的支持与评估系统

根据每个"微"阶段的教师工作困境和需求，仅凭着市区等培训支持显然是不够的，需要学校根据特有的文化、理念、资源、师资等具体情况进行整体设计与实施，学校各部门结合部门工作特点和工作内容协同合作，统一部署，将外部支持力量可以转化为内部的发展动力，激发青年教师的创造力。具体如图 2 所示：

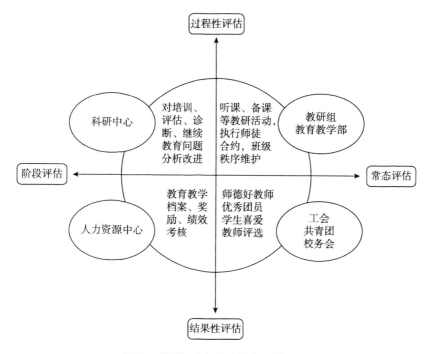

图 2　"微"阶段的支持与评估系统

二、基于青年教师发展的培训课程体系

青年教师发展既反映当前状态又体现持续的过程，基于学校又扎根于学校的培训是教师成长和终身学习重要的外部力量，作为培训的重要组成部分，培训的内容与方式则影响着整个培训效果。以课程的形式对培训的各要素进行整体设计规划，是对市、区、校等各级培训的重要补充与提升，也是保障教师发展持续性的重要推动力。

（一）课程设计的原则

1. 内容科学多元

青年教师发展不同于青年教师专业发展，前者反映的是全面发展观下，正确的人生观、价值观、世界观以及适应新时代教育发展的教育观和学生观，因此培训课程内容涉及了职业规划、职业道德、教育教学等六大领域的内容。

2. 导向实践问题

课程设计团队与青年教师共同参与建构培训课程，由于新入职的青年教师欠缺的是实践性知识，对于"零"经验的他们，其困难和困惑均指向现实情境。因此，从他们在实践中最容易出现的问题入手，解决他们相应的能力短板、弱点，是保证课程实效性的重要条件。

3. 激发内驱力

教师的发展具有阶段性，我们经常看到有些教师遇到发展的"瓶颈"，会停步不前，甚至出现职业倦怠，保持教师发展的持续性，帮助他们走向更高的发展阶段，最有效的外部干预效果是引发内部动机，激发教师成长的渴望，帮助他们获得持续发展的动力。

（二）课程的设计体系

1. 课程内容结构

在学校"为了人的终身发展和一生幸福"的办学理念下，基于新教师发展的"微"阶段，根据每一个"微"阶段的需要与需求，针对新入职教师的工作困境与归因分析，学校对新教师培训工作做了整体设计，确定了6大领域、15个模块、27个专题的课程体系，如图3所示。

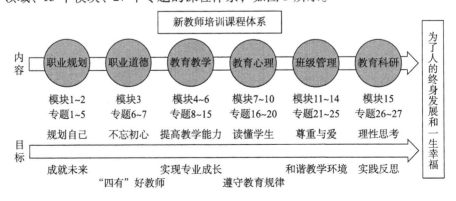

图3 新入职教师培训课程体系

2. 课程的实施策略

首先，学校规定新入职教师不承担班主任工作，每周三上午半天不排课，这样每周就有 4 课时的时间保证教师参与课程，确保观看视频案例、小组活动、个人分享等培训环节的设计。其次，通过校园网平台、微信、"教育戏剧"、"学校四季"等多种途径开展青年教师培训成果的宣传与展示。最后，成立青年教师学习共同体，形成"2—3—3—2"的工作坊模式，具体说来，包括工作坊的两项原则、三个活动环节、三个活动策略、两个必要特征。

工作坊的两项原则。一是营造开放氛围，激发积极体验的原则。工作坊形式有别于传统的讲座，它以学习者为中心，由于没有领导专家身份的压力，氛围开放平等，教师更容易表达真实观点和感受，彼此互动，触发放松、快乐、被关注、成功等积极体验。二是营造话题讨论，关注实际获得的原则。从青年教师的实践问题、实践困惑入手设计的话题，更有针对性且更容易引起教师的关注和兴趣；在隐性知识不断显性化的过程中，青年教师可以不断地从成功经验中汲取养料，彼此激发，增强解决问题的能力。

工作坊的三个活动环节。环节一，热身游戏，引入话题。游戏的设计目的一是让大家情绪放松，体验快乐；二是通过引导分析游戏背后的原理，引入将要讨论的话题。环节二，话题导入，案例展示。将每个专题内容以案例的方式呈现，揭示实践性的问题或现象冲突。环节三，讨论分享，行动延伸。以小组讨论、组内分享，代表陈述等方式进行案例分析，学习或寻找解决方法与途径，形成行动方案，以布置作业的形式，进行实践应用。

工作坊的三个活动策略。策略一，头脑风暴，用于完成三项任务，一是对原有知识和经验的回顾，帮助教师补充和梳理已有知识，为学习新任务做好准备；二是对于有挑战性的任务，容易提出更多方案，以及产生新观念或激发创新设想；三是创造融洽轻松的氛围和竞争的意识。策略二，角色扮演。培训中的情景模拟活动，通过场景重现，展现冲突现场或展示解决方案的不同结果，有利于青年教师进行观察学习，对教育教学行为做出有效的修正。策略三，ORID 焦点讨论。"O"指向客观观察的事实性问题，"R"指向主观直觉感受的反应性问题，"I"指向原理价值的诠释性问题，"D"指向行动的决定性问题。基于四类问题的设计进行聚焦式谈话，从事实入手，重视教师内部感受，思考事件原理意义，最后落实行动。通过对这四类问题的分析与讨论，拓展教师思考力、学习力和行动力。

工作坊要体现的两个特征。特征一，结构性。从每个模块内部的专题内容，以及模块内容上讲，注重将每次工作坊的活动衔接到前次培训内容，使每次活动之间具有联系，或并列或延伸；从活动的环节和活动方式策略上更具有一致性。特征二，生成性。在开放、积极的工作坊活动氛围中，教师与教师、教师与引导员是合作伙伴，也是学习者，通过讨论问题与深度对话，交流实践知识与经验的理性认识，修正认知偏差，彼此促进生成新观点，发现新需求，进一步激发学习的动力。

3. 课程的评价

教师发展是持续的过程，对新入职教师的评价以诊断、激励、发展为原则，对新教师工作的各个环节进行全面而系统的观察，建立教师成长电子档案袋，以过程性和总结性评价相结合的形式，进行新教师的成长评价。例如，过程性教学档案是反映教师教学实况的资料，包括参加各项培训的记录、评定类，师徒活动的听评课记录类，日常教学的计划、备课、上课、考试类；承担学校特殊工作任务等。结果性教学档案是反映教师教育教学成果的资料，包括撰写的文章类，各级教学研究活动展示或比赛类，学生的学业成绩类，指导学生社团等特长活动等。诊断与评估档案是反映教师发展规划的目标及总结分析，包括每学期的教育教学诊断数据、分析反思和行动方案等。

（三）教师发展的影响因素分析

影响人发展的因素有很多，从内因看：有个人的特长爱好、能力等个性因素，也有个人意志品质以及人生观、价值观等因素；从外因看：环境、文化、制度等因素，在研究中对多个案例进行分析，发现反映新教师真实发展意愿的个人愿景是重要的内部因素，为青年教师配备适合的师傅是重要的外部因素。

新教师常常会遇到各种教学难题，最希望得到师父的及时指导与直接反馈，徒弟情绪上产生波动也会渴望师父无私的关心和鼓励；同时，师父要尊重青年教师的个性特点，采取开放而又有效的方式指导他们成长，鼓励创新，成为青年教师可持续成长的重要动力源泉，成为青年教师发展的"重要他人"。所以，学校要创造条件维护积极良好的师徒关系，制定相应的制度，保障有效的师徒活动。

三、基于青年教师发展的培训课程实施效果

（一）新教师得到学生的认可与喜爱

通过引入第三方评估，从 2016 年秋季学期起，在北京师范大学基础教

育质量监测协同创新中心团队的指导下，以个别化教育、全人教育、课堂效果、学科素养、受学生喜爱程度等五个观测点对教师的教育教学进行了诊断与分析。

将全体教师按照 3 年、10 年、18 年和 25 年四个时间节点，将教师依照教龄划分为五组。通过分析五组教师在历次诊断中平均分变化，我们发现，自 2017 年秋季学期开始，各年龄段的教师平均分能够维持在 95 分以上，教龄低于 3 年的教师得分即便不是历次诊断最佳，但也在 95 分以上。这一结果表明，新教师能够跟上学校各年龄段教师的发展状态，并且保持上升趋势，说明新教师具有不断发展的愿望，并且已经转化为向上发展的动力，培训课程实施效果显著。

融洽、和谐的师生关系是教育教学质量的基础，2016 年、2017 年、2018 年对全部新入职的 12 位教师"受学生喜爱程度"的数据变化趋势进行分析，新入职教师培训体系通过几年的实施，新教师受学生喜爱的程度有起伏，但是总的趋势是向上，受到学生认可和喜爱，起点稍低的教师能够持续进步，说明青年教师无论从观念上还是从行动上，已经适应学校的工作环境和文化氛围，有较强的文化认同感和归属感。可以说，为新教师提供的帮助支持体系具有针对性、实效性并且可持续。

（二）新教师的能力稳步提高

实施新教师培训课程体系，增强了新教师的入职适应性，也加快了他们成长的步伐。他们在市区的各项展示和评比平台上，也取得了显著的成绩。2016—2018 年入职的 12 位新教师，其教学能力得到了大幅度的锻炼与提高，做市区级研究课 32 节，参加市区级教学大赛 26 次，获得一等奖 9 项，二等奖 9 项，三等奖 8 项；他们在教学实践中形成了教学反思的意识，不断进行理性的思考，撰写案例、发表论文等共计 10 篇；最为突出的是他们根据自己的专业知识和特长，主动承担学生社团工作、指导学生参与市区各类竞赛，获得优秀指导教师奖 27 项，显示了他们良好的专业成长前景。

（三）融入学校教师培养体系

新入职教师培训课程的构建与实施，完成了学校"十三五教师队伍建设发展规划"中的教师成长阶梯计划任务，激发了青年教师成长的内驱力，使得青年教师认可了"培训就是最好的福利"的价值观；新入职教师培训课程体系也纳入学校校本培训体系，学校也被评为石景山区校本培训先进单位。

（四） 校本培训教材《教学方式的再认识》凸显实用性

《教学方式的再认识》是根据教育心理学的记忆、注意、学习策略、问题意识等部分进行原理解释，结合课堂中的现象解读，提出教学建议的自编校本培训手册。我们发现其在新入职教师培训中的使用效果更为凸显，尤其对是刚走上讲台的教师，能帮助他们意识到，面对各种教育困惑，增长实践经验是一方面，还应该学会能冷静地多角度分析教育现象，特别是从教育心理学的角度出发，从"讲明白"尽快走向"学成功"，树立科学的学生观，规范自己的教育教学行为。

（五） 新教师培训课程在多所学校推广

多次为到我校交流访学的外省市校长培训班的校长们做青年教师展示课和经验交流，2019 年 9 月至 2020 年 1 月在河北省保定市顺平县北神南中学和北神南小学进行了为期半年的培训活动，对课程中教育教学模块的专题做了个性化的内容补充，得到了当地学校和教师的极大认可和欢迎，被亲切地称为"扶贫使者"。

专业视野下的学生能力培养探索

提升高中生地理图像有效信息获取能力的研究

利用物理实验培养学生创新能力的实践与研究

新疆内高班学习风格与学习力提升实践研究

通过教育戏剧促进初中生英语学习能力发展

校外电子科技活动培养中小学生创新能力研究

依托数学日记培养小学高年级学生反思能力的研究

提升高中生地理图像有效信息获取能力的研究[*]

关于"地理图像教学"的研究，各国地理课程标准中均有对阅读地理图表、提取地理信息的基本要求。随着我国高中地理教学改革逐步深入，对地图技能的训练、培养的重视程度与日俱增。《普通高中地理课程标准（2017 年版）》要求高中学生具备获取和解读地理信息的能力，而笔者在教学过程中发现学生在地理图像有效信息获取方面存在信息与问题不匹配、信息不全面、信息提取过多且凌乱等诸多问题。所以通过课题研究，以期探索出制约本校学生地图信息能力的因素，探索出有效教学策略，提升学生获取地图信息能力。

一、按照获取地图信息能力所需的必要条件制定测试卷

按照地理图像有效信息获取能力所需的必要条件，从获取地理信息的角度、读图视角的变换、抓关键信息的能力、思维能力、空间想象能力、读图提取信息的规范性、提取信息的全面性，从学生的角度设计了测试卷，并进行了测试和分析（如图 1 所示）。

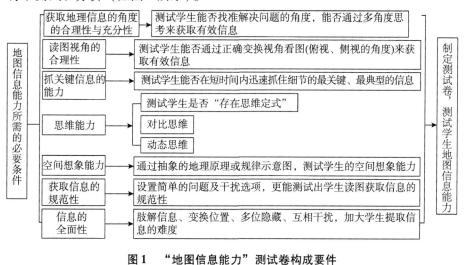

图1　"地图信息能力"测试卷构成要件

＊　本篇由张秀、马如兴、王志永、王茜撰写。

二、总结出影响本校高中生获取地理图像信息能力的因素

（一）高中生获取地理图像信息能力的现状

学生基于地理图像获取信息的规范性很差，获取地理信息的角度较少或不准确，抓不准关键信息、信息不全面，空间想象能力不高，但思维能力尤其是对比思维和动态思维能力整体较强，而学生也存在较严重的"思维定式"。

学生善于阅读地理示意图、分布图和景观图，更容易从常见的、地理信息显性化的图像中获取有效信息。

（二）影响高中生获取地理图像信息能力的因素

基于测试结果，总结出影响高中生获取地图信息能力的因素主要包括：地理图像的类型、地理信息的特点和呈现方式、读图获取信息的规范性、学生的思维能力（思维方面是否存在问题、动态思维、对比思维）和空间想象能力、学生基础知识的掌握程度。

三、制定提升学生获取地图信息能力的策略

（一）引导学生形成读图规范

以各类地理图像为载体，"学生展示、教师点拨、师生共诊"，在明确问题的基础上形成"看图名、扫图边、察图像、回归材料"的读图规范，教师在学生读图过程中就各个环节给出更细致的操作方法指导，进行反复训练（如图2所示）。

（二）课外设计实践活动

通过测量、绘图等形式提升学生空间想象力、思维缜密度；熟悉图的形成过程；了解图中信息的隐藏位置及方式；培养科学的态度。

如"迁安9~11月正午太阳高度角的测量及相关示意图绘制"，该活动中，学生们通过测量和制图，在表达地理含义、确定坐标轴及比例尺、增加图像易读性、验证图像准确性等方面进行了尝试性的交流研讨，验证图像准确性，把课本中的抽象理论通过绘图转换成空间印象，提升空间转换能力。了解地理图像的形成过程，熟悉地理信息的埋藏位置及埋藏形式，对提升获取地图信息能力能起到明显的作用。

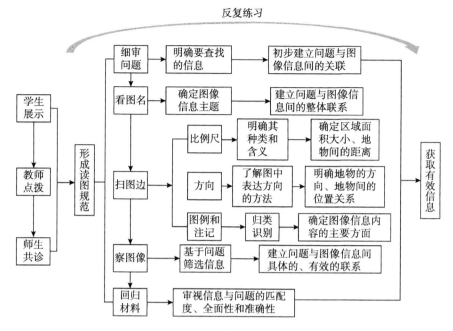

图 2 读图规范

四、制定评价策略

（一）形成评价体系

课题组从教和学两个角度着手，从学生层面和教师层面设计出评价体系，来全面、客观地评价策略实施效果，该评价体系既有结果评价也有过程性评价，既有自评也有他人评价（如图 3 所示）。

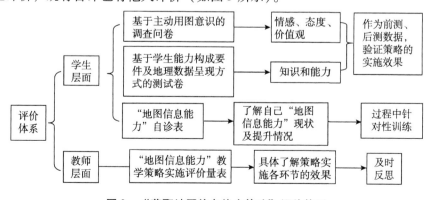

图 3 "获取地图信息能力策略"评价体系

（二） 对课堂上的策略及其效果进行评价

该量表从选图、呈图、指图、析图、评价、收图、用图等行为角度评价课堂图像教学行为，对每个行为都进行了细化分解，并制定相应的评价标准，便于评价操作（见表1）。

表1 "获取地图信息能力"教学策略实施评价量表

教师姓名_____ 课题_____ 班级_____ 时间_____ 节次_____

评价项目	细目	评分标准	分值				得分
			A	B	C	D	
选图 （30分）	图像类型	图像类型与考查或说明的问题（内容）吻合（设计层面）；从实际效果看，选图合理（效果层面）	10	9	8	7	
	图像数量	图像数量合适，能协助学生思考	10	9	8	7	
	图表承载的信息容量	信息容量的大小和特征（抽象、具体）与考查或说明的问题（内容）高度契合	9–10	7–8	6	5	
呈图 （15分）	时机	呈图时机得当；任务驱动下的呈图，导入新课；过渡课题；突破重点；解析难点和总结课题	4–5	3	2	1	
	方式	采用的方式（动画、板图、投影或展台），能促进问题的解决	4–5	3	2	1	
	顺序	采用合理的呈现顺序（一齐呈现、顺序呈现），吸引学生注意力在重点内容上	4–5	3	2	1	
指图 （5分）	用手或动画手段指图，吸引学生的注意力到相关信息上来		4–5	3	2	1	
析图 （40分）	方法	有方法的示范或引导、点拨；或学生规范展示	19–20	18	16–17	15	
	方式	采用提问、讨论、学生展示等多种方式解析，且取得较好的效果	9–10	7–8	6	5	
	针对性	针对图像类型采取不同行为	9–10	8	6–7	5	

评价项目	细目	评分标准	分值				得分
			A	B	C	D	
评价 （5分）	考虑因材施"评"，实现发展性和鼓励性评价		4－5	3	2	1	
收图 （5分）	教师在收图前再总结图表，适时收图 （既给予了学生内化图表信息的时间，又避免了分散学生的注意力，从而提高了教学的有效性）		5	4	3	2	
总分							
等级							
评价者							

等级权重：

A 级 100～90 优秀；B 级 89～75 良好；C 级 74～60 及格；D 级 59 及以下较差

　　该评价量表用于评价课上策略中各环节的效果，该量表为教师的自我反思提供了依据，也为其他学科教师在读图用图方面的教学设计及评价提供了借鉴。

（三）学生"获取地图信息能力"自我诊断

　　为了让学生自己更明确自己的地理图像信息获取能力，课题组从以下方面制定了学生"获取地图信息能力"自诊表，该自诊表主要基于地理信息的特点提取信息、规范地读图提取信息、多角度读图提取地理信息、发挥空间想象力、采取不同思维方式提取信息进行设计，引导学生进行自我诊断（见表2）。

表2　学生"获取地图信息能力"自诊表

姓名＿＿＿＿＿＿　　班级＿＿＿＿＿＿　　时间＿＿＿＿＿＿

评价项目	评分标准	分值				得分
		A	B	C	D	
基于地理信息的特点提取信息（45分）	能更加快速、准确、全面找出显性信息	15	14－13	12－11	10－0	
	在地理信息隐性存在时，能运用分析、对比、归纳、演绎等方法将其转化为显性信息	15－13	12－11	10－9	8－0	
	能更加快速、准确抓住关键信息	15－13	12－11	10－9	8－0	

评价项目	评分标准	分值				得分
		A	B	C	D	
规范地读图提取信息（20分）	明确读图提取信息的一般步骤，且在此指导下能提取到有效信息	20	19～17	16～14	13～0	
多角度读图提取地理信息（10分）	从多个角度读图来提取有效信息	10～8	7～6	5～4	3～0	
发挥空间想象力（10分）	能发挥空间想象力，对地理事物空间结构进行再造想象，提取到有效信息	10～8	7～6	5～4	3～0	
采取不同思维方式提取信息（15分）	通过"对比"获取到有效信息；根据不断变化的情境、条件来改变自己的思维程序、思维方向，提取到有效信息	15～13	12～11	10～9	8～0	
总分						
等级						

等级权重：A级100～90优秀；B级89～75良好；C级74～60及格；D级59及以下较差

通过该量表，学生既能明确自己的地图能力现状，又能进行自我诊断，找到提升自我获取地图信息能力的"突破口"，进而进行针对性练习。该量表也为学生在其他学科读图用图方面的自我诊断提供了借鉴。

五、研究效果

（一）教师对获取地图信息能力方面的教学及实践活动开发能力的提高

教师基于学生图像信息能力现状，从选图、呈图、指图、析图、评价、收图等方面锤炼自己的教学设计和课堂教学，提高了地图信息能力方面的教学能力。

教师根据地图信息能力构成要件设计实践活动，在学生"说图"、测量、绘图、制作模型、设计并演示实验装置等活动过程中，教师侧重过程性评价，从学生实践操作能力、地理形象思维能力与空间想象能力、对地理图像的熟悉程度各个方面进行评价，锻炼了教师开发实践活动的能力。

（二）学生的地图信息获取能力提高

结合测试结果、学生自诊表、访谈结果发现：学生读图规范性提高；能在解决问题时，从图图、图文、单图等地理资料中获取有效信息；对比思维及逻辑思维能力在读图过程中提升，且"思维定式"现象明显改善；学生通过参与"说图"、测量、绘图、制作模型、设计并演示实验装置等活动，提升空间想象能力、熟悉示意图和统计图的形成过程、了解地理信息的埋藏位置及埋藏方式；开始有意识地找图、用图、绘图，能将图与生活中的地理事物对接。该教学策略对高中阶段提升学生的地图信息能力具有推广价值，对初中阶段提升学生的地图信息能力也具有借鉴意义。

利用物理实验培养学生创新能力的实践与研究*

创新能力是学生重要的物理核心素养之一，学生创新的天赋是与生俱来的，然而学生创新的能力需要激发、引导、实践等后天的开发与培养，我们教师要做的就是更好地挖掘孩子的天赋，使学生的天赋创新能力得到发挥和发展，最后形成他们自己的科技创新能力，提高他们的科学思维，增强他们的核心素养。

习近平总书记在党的十九大报告中指出：创新是引领发展的第一动力，是建设现代化经济体系的战略支撑。因此，科技创新能力是物理核心素养的重要体现。作为国家未来栋梁之材的当今学子，创新能力是必须具备的个人素质之一，在学习过程中学生要逐渐培养自己的创新意识、创新思维和创新能力，在心中埋下一颗创新的种子，让它不断生根、发芽、茁壮成长，使自己紧跟时代步伐，在未来乘风破浪，成为国家所需的创新型人才。

物理是一门以实验为基础的学科，在中学阶段，物理的实验教学在培养学生的创新意识、创新思维和创新能力方面的作用不可小觑，学生通过观察实验现象提出问题、做出猜想假设、设计实验验证猜想、进行实验收集数据、对结果进行分析论证、总结得出结论等一系列的探究过程，可以很丰富、很全面地培养学生的创新科学素养。所以，本研究致力于利用物理实验创新培养学生的创新能力。

一、培养基本的创新能力的过程

（一）成立物理研习小组

（1）成立物理研习小组。从高一年级招募物理研习小组共 12 人，分为两个大组，每组 6 人；或 4 个小组，每组 3 人。

（2）组织研习小组的学生简单学习近代物理学史，主要通过对早期物理

* 本篇由唐玉敬、李家春、陈静撰写。

学者生平和成就的研读，总结出物理学的发展规律和探究方法。

（3）通过几个重要的物理探究实验，让学生掌握探究实验的技能、方法和思想。

（4）每个小组选择一个自己感兴趣的实验进行探究，然后每个小组做本组的实验报告，使学生能在最短的时间了解高中物理的大多数实验，并通过探究和讨论找到现行实验的优缺点。

（5）通过讨论，研习小组选定一个实验，对现行的实验方案和实验设备进行改进和创新，制作出新的实验仪器。并用新的实验仪器进行实验，完成实验报告。

（二）研读物理发展史，培养学生的科学思维

经过讨论，学生选定了四位伟大的物理学家：亚里士多德、伽利略、开普勒、牛顿。每组负责对一位物理学家进行讲解。通过对这四位学者的研读，学生发现物理学的一些发展规律：朴素的物理学包括观察想象、记录数据、处理数据、总结规律，用规律来指导生活和实践，物理学的发展仅限于对日常生活现象的总结，直至物理实验的出现使物理学更具有前瞻性和独立性并使物理学能直指事物的本质，物理学取得突飞猛进的发展。学生仔细研读了伽利略提出的科学实验加猜想的研究方法，同时讨论了现代物理科学研究实验教学的七个探究步骤：提出问题、猜想或假设、设计实验、进行实验、分析论证、得出结论、评估交流。这七个步骤是更完整的现代物理科学实验研究的基本步骤。这让学生充分认识到了实验在物理科学中的重要意义。

（三）通过实验探究培养学生基本的实验素质和实验探究能力，为学生提升科技创新能力奠定坚实的基础

活动小组完成了大小 18 个实验：探究小车速度随时间的变化规律；探究弹力和弹簧伸长量的关系；验证力的平行四边形定则；探究力、加速度与质量的关系；DIS 实验：探究力、加速度与质量的关系；用单摆测重力加速度；研究平抛物体的运动；DIS 实验：探究圆周运动；DIS 实验：探究动能定理；探究磁场中的磁感应强度；验证机械能守恒定律；验证动量守恒定律；测定电源的电动势和内阻；测绘小灯泡的伏安特性曲线；探究导体的电阻与其影响因素的关系；测量金属丝的电阻率；用双缝干涉测光的波长；测定玻璃的折射率。

18 个实验涵盖了高中课本中所有的重要实验，这些实验极大地提升了学

生的创新能力：

（1）科学的思维能力得到了极大的提升。学生不缺乏想象力，但是大多想法天马行空、不合实际，没有办法实现，一开始实验走了很多弯路，后来学生开始意识到"猜想和假设"应该是建立在一定事实和逻辑上的"科学的猜想和假设"。在实验的中后期，随着对实验器具的了解，学生总能提出一些可行性强且不乏创意的实验方法。

（2）实验探究能力得到了极大的提升。通过 18 个实验的训练，学生掌握了数字试验系统，能熟练地利用各种传感器得到需要的实验数据，并且会用各种数据处理软件来处理得到的实验数据，更清楚准确地得到实验结果。

（3）讨论也是一种创新的方法。在实验过程中遇到困难，总能通过"讨论"的方法互相启迪得到最好的解决方案，团结协作的能力得到了极大的提升，同时也找到了创新的方法。在刚开始做实验时，多数学生没有深入探讨的习惯。特别是在分析数据时，有时得到的结论是有明显缺陷的。在一开始以小组为单位给别的小组讲解本组的实验时，常常被问得哑口无言，为了避免这种情况的发生，小组内展开了激烈的讨论，自查漏洞，后来逐渐变成 12 个人一起讨论。而且，在讨论过程中总能产生新的想法。

二、创新能力的展示与提高：创新实验仪器，改进课堂教学

（一）选题

在做 18 个探究实验的过程中，学生意识到教材中有很多实验有一些不足，可以改进，我们开始对"探究力、加速度与质量的关系"和"探究磁场中的磁感应强度"这两个实验进行了深入仔细的讨论和改进，发现对于"探究力、加速度与质量的关系"这个实验的研究论文比较多，已经提出了很多合理的实验方案。而对于磁场中磁感应强度定量的探究几乎是空白的，所以学生最后选择把物理必修第三册第十三章第 2 节《磁感应强度 磁通量》中的磁感应强度改造成探究实验。

（二）制订制作创新实验仪器的方案

学生做了教材中的演示实验，以为要使磁场对通电导线的力（安培力）变大，是面临的最大问题，而增大安培力的方法有两个：①增加磁场的磁感应强度；②延长在磁场中导线的长度。

通过查找资料，学生很快发现，可以用线圈代替单根直导线来增加磁场中导线的长度。但是要获得强磁场就比较复杂了，所以 12 人分成两个实验小组，1 组主攻用通电导线产生可控强磁场，2 组主攻用普通的方法增加磁场的磁感应强度。

（三）计划执行阶段

1 组的学生力图通过各种方法用电流来产生强磁场：a. 增加电流；b. 制作多匝线圈。经过多次实验虽然取得了一些进步，但是不能使磁场强度提高到理想的大小。2 组学生买了很多很大的普通磁铁，也没能把磁场强度提高多少。

于是，学生决定 1、2 两组合并一起想办法提高磁场的磁感应强度。在讨论会上，有几个在初中参加过"磁悬浮列车"项目的学生提出，可用磁悬浮列车轨道的材料强磁铁来提高磁感应强度。最后，他们把强磁铁加到 U 形状磁铁的两磁极上终于成功地解决了磁场的问题，提高了磁场的磁感应强度。

磁场的问题解决了之后，实验开展就顺利了许多，学生决定分成两个小组，一个小组用传统的实验来进行探究实验，另一个小组用数字传感器系统来完成探究。

（四）实验仪器创新与课堂创新

图 1 是数字传感器实验仪器的整体图，用学生电源供电，分别用电流传感器、力传感器来测电路中的电流和线圈受到的安培力。用平板电脑来收集和处理数据。因为在这套仪器中，安培力的取值范围很大，所以普通弹簧测力计的精度完全能胜任，所以可以将传感器换成普通的弹簧测力计和电流表。

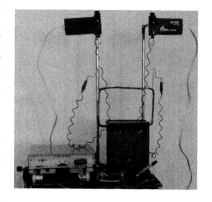

图 1　磁感应强度实验仪器

如图 1 所示，做实验时可以通过滑动变阻器改变电流。如图 5 所示，通过改变线圈的匝数改变在磁场中通电的导线的长度。如图 2、图 3、图 4 所示，通过更换磁铁改变磁场强度。

图 2　磁铁 A

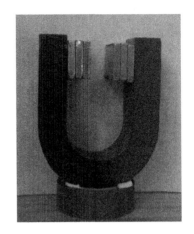

图 3　磁铁 B

图 3 所示，两极之间的磁场强度可以达到 0.7 特斯拉左右，在靠近强磁铁的空间可以达到 0.9 特斯拉，强磁铁极大地提高了磁场中的磁感应强度。

图 4　磁铁 A 的俯视图

图 5　铜线圈

由于磁场的磁感应强度很强，所以线圈匝数在 10 匝之内时，线圈受到的安培力就已经足够大了。关于在磁场中的通电导线的长度，学生最后采用的是磁场的宽度乘线圈的匝数得到。因为通过测量发现，强磁铁有很强的近场效应，在磁场两端，距离磁极 0.5 厘米的地方，磁场强度降到了 0.05 特斯拉左右，与两极之间的 0.7 特斯拉相比可以忽略。

北京市古城中学的学生通过这套实验仪器完成了"磁感应强度"的实验探究。将定性的演示实验改良成定性的探究实验，通过实验探究，构建了物理学中"磁感应强度"这个核心的物理概念，实现了课堂的变革，提高了学生的探究能力和物理核心素养。

三、成果的结论和创新点

（一）结论

实验仪器创新的成功是学生科技创新能力和物理核心素养得到提高的最直接的证明。在制作实验仪器过程中，学生充分展示了他们扎实的实验探究能力，充分展现了他们科学思维的逻辑性、科学性和创新性。

本次研究发现通过物理实验可以从各个方面提高学生的创新能力：①实验极大地提高了学生的兴趣，使其成为学生不断创新的原动力。②实验提高了学生的科学思维能力，使其思考更加规范和科学，将学生天马行空的想象力转化成科学严谨且生机勃勃的创造力。③实验提高了学生实验探究的能力，锻炼了学生的动手能力，使思想变成现实，让创造力转化成生产力。④实验增强了学生团结协作的能力，最明显的标志就是学生学会了通过讨论找到解决问题的方法。

（二）创新点

现阶段国内外有很多关于利用物理实验来培养学生创造力的研究，但是往往侧重于利用物理实验探究的教学，对于利用实验创新来提高学生创新能力的研究几乎没有。

探究教学是教给学生在发现问题、解决问题中进行创新，教给学生创新的方法，但是对于学生创造力是否得到了提升，提升的标志是什么，提升了多少，都叙述模糊，因为创新能力很难量化，有的需要很长时间才能体现出来。

本成果提出：①学生能否成功制作出创新实验仪器，是学生创新能力是否提升的标志。②把学生能否得到大学提前招生成果作为检验学生能力提升的试金石。③把学生在工作中的表现作为学生创新能力的最终评断。④将学生真正地置于创新环境中，为了解决明确的问题而进行创造活动，在创新研究中，提高自己的创新能力。

四、成果应用及成效

近三年来，课题组的研究成果在学校的大力支持下，广泛应用于物理课堂教学、学校的科技课程和特色课程。

创新实验课程走进初中课堂，形成初中高中无缝衔接。在提高学生创新能力的同时提高了学生的物理核心素养和中考的物理成绩。让学生喜欢物理，热爱实验，善于创新。

学校获益。学校成立的"磁悬浮"特色课程被北京市数字学校收入，多次在接待国际留学生中担任主角，并被多家媒体报道。"磁悬浮"课程已经成为石景山特色教育、科普教育的一道亮丽风景线。

教师获益。笔者参加实验创新大赛，两次获得石景山区一等奖，两次获得北京市一等奖，代表北京市参加全国名师赛，获得创新实验二等奖。指导本课题组的青年教师参加北京实验创新大赛，获得北京市一等奖。

教、学、研水平提高。笔者申请北京市物理学会的课题《利用物理实验提高学生创新能力的实践与研究》共 4 期，经过 8 年的实践研究，第一期至第三期已经结题。在此期间发表多篇论文，其中《基于物理核心素养利用创新提高学生科技创新能力》获北京市首届"教师专业能力"教育教学研究成果一等奖，《物理实验在提高学生创新能力中的作用》获北京市第八届"京研杯"一等奖，其他获得二等奖、三等奖若干。参与专著写作《研学足迹》《爨底下爨头古道铺设方式初探》。

学生受益。学生的创新能力明显提高，频频在全国应用物理竞赛中获奖。多名毕业生因为创新能力突出，被北京航空航天大学、北京工业大学通过提前招生录取，有些毕业生进入国家兵器科研院所工作，为国防事业的创新发展做贡献。

新疆内高班学习风格与学习力提升实践研究[*]

在当前推进新高考和新课改的改革背景下，在强调学生核心素养和创新能力的教育理念指导下，北京市第九中学（以下简称北京九中）内地新疆高中班（简称内高班）的办学亟须深入思考下一步的发展方向，对内高班面临的一些特定问题进行研究与探索。比如，学生在学习习惯和认知方式上与本地班有哪些差异？在学习兴趣和学科选择上有哪些偏好？学习动力受到哪些因素的影响？学生的学习能力和综合素质培养怎样更有效？等等。本研究着眼于探究学生的学习风格与学习习惯，进而形成提高学生学习力的方向途径与方法策略。

一、问题的提出

（一）课题研究背景

北京九中内高班创办于 2010 年 9 月，经过了最初的起步阶段，具备了"1＋3"的内高班完全建制。截至 2017 年 9 月，北京九中内高班已累计招收八届新疆学生，共计 694 人，基本完成初创期的办学目标，正向成熟期这一更新更高的阶段迈进。

（二）现实需要

本课题以北京九中内高班学生为研究对象，以学习特点和学习风格为研究主题，以促进学生学习力提升为研究目的，在充分把握学生学习特点和学习风格的基础上，提出促进内高班学生学习力提升的主要思路、工作重点、方法策略和支撑措施。

---

[*] 本篇由林乐光、师德光、高笑旭、徐启明、张丛敏撰写。

二、成果的主要内容

（一）内高班学生学习风格与学习力研究

1. 内高班学生的学习兴趣研究

为系统深入了解北京九中内高班学生的学习兴趣情况，研究中采取了问卷调查和深度访谈两种信息采集方式，结合对内高班教师学生的访谈，得出如下调查结果：

内高班学生最喜欢的科目是数学、英语和化学，最喜欢的专业是医学。感兴趣的科目与专业具有明显的性别差异、家庭背景差异和地域差异。家庭条件较好的学生，倾向于理科科目；农村生源的学生倾向于选择医学和工学等实用性专业，城市生源倾向于选择艺术和管理学等人文社会学科专业。

2. 内高班学生的学习需要

该部分研究采用了问卷调查与深度访谈两种方式。对回收的有效问卷进行统计分析后，结合对北京九中内高班教师学生的访谈内容，对内高班学生学习需要得到如下结果：

希望学校可以开设更多的选修课程，希望增设更多的汉语选修课；喜欢"生活上关心我们，学习上要求比较严格"，"善于沟通并和学生成为朋友"以及"充满爱心、宽容心和责任心"的好老师；喜欢"引导学生运用已有的经验和知识获得新知识"的教学方式；希望可以增加一些出校的时间，希望可以增加购物的便利性。

3. 内高班学生的学习动机

为了测定学生的学习动机分布情况，在对学习动机分类的基础上，以五种学习动机维度为分析框架设计问卷，结合北京九中内高班的实际情况，在高一选择两个班级的全部学生作为样本，发放调查问卷，得出内高班学生认知需求动机指数。依此类推，得出其余学习动机指数，再结合访谈内容及学生周记，对内高班学生的学习动机得出如下分析结果，详见表1。

表1　北京九中内高班学生的学习动机

主要动机	内高班学生最主要的学习动机是"在内地接受更好的高中教育，将来奉献祖国回报家乡"，"通过学习在未来获得荣誉与社会地位"
性别差异	女生学习热情及学习表现均强于男生，男生更担心学习不好受到老师的批评
语言因素	进校前是否接受过汉语教育会影响到学生的学习兴趣和学习积极性

续表

生源地因素	城镇生源学生学习热情及学习表现总体好于农村生源
家庭因素	家庭条件较好的学生动机强度高于其他学生

4. 总体评价

调查发现，内高班学生总体课堂气氛活跃，遵守课堂纪律，对老师有礼貌、热情，对老师提问回应积极主动。但有些学生基础太差，理解问题跟不上老师思路和教学进度。而学生课间均以维语进行交流，对一部分学生而言，语言依然是影响其学习态度和学习成绩的关键因素。

（二）激活并助推内高班学生学习力提升的教学及管理策略

针对北京九中内高班学生的学习风格与学习动机，制定学习力提升策略框架体系，内容见表2。

表2　北京九中内高班学习力提升策略

序号	方向	策略
（1）	着力提高内高班学生汉语水平，突破制约学生发展的语言瓶颈	增设汉语及文学选修课
		进一步强化语文学科教学
		让汉语真正从课堂走进生活
（2）	从同学互助做起，构建立体多元的学生心理健康支持体系	强化班主任和内派老师在内高班学生心理疏导中的核心作用
		注重建构心理健康同学互助机制
		循序渐进指导学生增强自我疏解和自我调适能力
（3）	以2+2学制为切入点，进一步深入推进分层教学改革探索	探索解决预科两年制度下"高二滑坡"现象
		进一步完善插班制度
		打造生本课堂和高效课堂，进一步深化内高班新课程教学改革
		探索适合内高班特点的生本课堂教学模式
（4）	进行适合内高班学情的校本研发探究	抓好内高班校本课程开发
		强化基于内高班学情的校本教科研
（5）	以提升自主学习能力为重点，建设内高班学生可持续学习力	强化习惯养成教育
		把学生的探究好奇心转化为探究能力
		建设内高班学生可持续学习力
		综合实践和核心素养培育的供给侧改革

三、效果与反思

（一）效果

自开始探索实践本课题的方案策略以来，北京九中内高班学生高考成绩稳步提升，学生一本率远高于全国内高班平均水平，重点率位于北京市内高班办班校前列。

与此同时，学生才艺、体育等综合素质也得到培养和提升。通过发挥学生的特长优势，激发学生兴趣，鼓励、引导内高班学生积极参加各类比赛活动，取得了优异的成绩。

（二）反思与未来规划

在分析北京九中内高班学生学习风格尤其是学习需要和成长需要的基础上，结合上述教学与学习策略、管理与发展策略，提出以下参考性实施方案作为未来规划，并逐步付诸实践。

1. 内高班学生核心素养提升工程实施方案（草案）

阳光计划："阳光"寓意温暖普惠，内高班学生远离家庭，需要关注，需要有家一样的温暖。如内高班师资优先安排有亲和力、责任心强、有民族团结意识、有使命感的教师，让学生感受到丝丝入扣的关注和温暖。

学生自主发展计划：激发学生兴趣，促进多元智能发展，为兴趣不同的学生提供个性化的发展机会。让兴趣转化为正向的学习态度和可持续学习力。

导师制：解决家长职能缺位问题，加强内高班学生课后管理。鼓励一部分年轻未婚教师担任辅导员和班导师，与学生同吃同住。

生生一体化计划：增进生生融合，师生融合。让本地学生与内高班学生一体化管理，一体化成长。帮助内高班学生实现环境适应和社群融入。

2. 内高班学生学习效果提升工程实施方案（草案）

学优生志愿摊位：学生互帮互助，设立摊位，如数学我擅长第一章，你擅长第二章，摆志愿摊位，专解数学题。

骨干教师"专家门诊"：北京九中学科骨干教师在选定时间开设"门诊"，面向内高班答疑解惑，让内高班学生在制度安排上，有机会求教非内高班任教的优秀教师。

"高二滑坡"预防针：密切关注内高班学生的高二学习滑坡问题，关注学生的内心焦虑，动员老师在学生成绩滑坡之前打预防针。发动老师、同学尤其是本地班优秀同学去帮扶和影响他们。

　　高效学习小组建设计划：在课改探索中，合作式学习、探究式学习均强调高效学习小组的作用。内高班学习小组的组合需考虑学生学习水平、男女比例、管理能力等几个因素，每组 4~6 人，合理分工，科学分配学习任务。在生本课堂中，学习小组负责落实合作、交流、展示各个环节的学习任务。

通过教育戏剧促进初中生英语学习能力发展[*]

《普通高中英语课程标准（2017 年版）》提出：学习能力是指学生积极运用和主动调适英语学习策略、拓宽英语学习渠道、努力提升英语学习效率的意识和能力。那么应通过怎样的途径实现上述要求呢？笔者基于课标要求和目前国内外的相关研究，同时根据本年级学情，开展了"通过教育戏剧促进初中生英语学习能力发展的行动研究"。笔者从经典剧目的演绎入手，进而尝试原创剧目的创编与演绎，同时将教育戏剧活动融入课外阅读课，并最终完成教育戏剧元素渗透进常规英语课堂中。在此过程中，学生的英语学习能力有了显著的提升。

一、问题的提出

虽然"自主学习能力、合作学习能力和探究式学习能力"等与学习能力有关的概念随着英语学科核心素养理念的不断推广而为一线教师所熟悉，但是在英语教学中依旧存在一些问题，主要表现在以下几个方面：在常规课堂中，笔者们还是更多地采用讲授式授课方式，学生的主体性得不到很好的发挥，学习比较被动；英语课堂中的小组活动通常是个别优秀学生包揽所有任务，基础薄弱的学生在课堂中被边缘化，小组活动无法实现真正意义上的合作；在英语学习中，学生习惯记忆语言知识，而很少主动探究语言规律和语篇的主题意义；《普通高中英语课程标准（2017 年版）》中倡导英语实践活动，但在此类活动中，学生参与度不高，即使参与，也是比较被动接受安排，缺乏自主、合作和探究意识。

＊ 本篇由徐玲、薛方静、侯玉卯、朱梅青、王颖茜撰写。

二、问题解决的过程与方法

（一）访谈内容及结果分析

本次访谈对象为本校初中一年级部分学生，共计 30 人。本次访谈的主要内容有：

（1）你喜欢目前的英语课吗？请说明原因。

（2）你能够积极参与英语课上的小组活动吗？

（3）通过参与小组活动，你在英语学习方面有哪些进步？

（二）确认问题

从访谈结果来看，绝大多数同学喜欢英语课是因为在课上会有一些趣味性较强的活动，而不喜欢英语课的同学多是因为语言基础薄弱。多数同学乐于且积极参与英语课上的小组活动，并且都有一定的收获。

（三）方案制订与实施

团队教师根据观察到的问题制订了通过教育戏剧促进初中生英语学习能力发展的行动研究方案。主要分为以下三个阶段：

第一阶段是 2015 年 7 月至 2016 年 1 月，经典剧目演绎阶段，主要内容是激发和维持学生对英语学习的兴趣，通过小组合作完成经典剧目的演绎，期待学生能够积极参加小组的经典剧目演绎活动，并相互学习。

第二阶段是 2016 年 2 月至 2018 年 6 月，原创剧目演绎阶段，主要内容是在原创剧目的过程中，锻炼学生的学习意志，培养学生的自信心，期待学生能够自主探究人物性格特点、演绎方式，提高小组合作效率。

第三阶段是 2018 年 9 月至 2019 年 12 月，教育戏剧进课堂阶段，主要内容是学生需要学会规划自己的学习，设定学习目标，管理学习资源和时间，反思自我学习过程，期待学生能够以主体身份参与学习活动，并有意识地把合作学习融合在自主学习之中。

三、研究成果

（一）创建了"金钥匙"戏剧社，成为教育戏剧实验校

北京市石景山区实验中学于 2016 年成立了"金钥匙"戏剧社，热爱戏剧的学生在教师的指导下，共同创编并演绎了多部经典剧目。每学期期末，戏剧社会在学校进行汇报演出。同时，戏剧社每年也会参加北京市及国家级的戏剧比赛，并取得优异的成绩，成为教育戏剧实验校。

（二）建构了学校教育戏剧课程框架

1. 课程简介

戏剧选修课程，旨在通过戏剧教育，培养学生基本舞台素养。课程将融合教育戏剧和表演基础训练。教育戏剧是一种即兴式的、反省式的、问题化式的教育方式，通过要求学生运用想象力，增加创意表达，通过动作、手势、临时创作、角色扮演等活动探索多面的人类经验。表演训练以斯坦尼体验派中现实主义表演法为核心，着重训练学生口语表达能力，身体控制能力，同时辅以演员观察力、感受力、适应力、想象力的训练，培养学生全方面的艺术素质，使学生的合作能力、沟通交流能力有一定的提升。学生将通过一个学期的学习，在期末呈现自己建构的戏剧演出。

2. 课程目标

通过教育戏剧和基本表演训练，学生将提高以下能力：

第一，提高语言能力。通过戏剧游戏，鼓励学生勇敢表达思想，从而提高表达能力；通过戏剧赏析和演绎，提高学生文学素养。

第二，提高表演能力。通过斯坦尼表演训练法训练学生口语表达能力、身体控制能力，同时辅以演员观察力、感受力、适应力、想象力的训练，培养学生全方面的艺术素质，从而提升基本舞台素养和表演能力。

第三，提高自主探究能力和团队协作能力。通过教育戏剧方法，鼓励学生成为探索的主体，和同伴一起协作，从而自主探究建构意义；通过集体合作提高写作能力。

3. 学习主题及活动安排

团队教师通过实践探索，整理出了北京市石景山区实验中学教育戏剧的学习主题与活动安排，共十五周，具体安排见表1。

表1　北京市石景山区实验中学教育戏剧课程框架——学习主题与活动安排

	周次	教学内容	训练目的与重难点
学习主题与活动安排	第一周	主题：戏剧初探 内容：激活身体机能；固定情境下的戏剧游戏	目的：引发学生对戏剧课的兴趣，让学生开始习惯戏剧情境中的表达； 难点：解放学生的身体，让学生能够控制自己的身体并了解规定情境与信念感的概念
	第二周	主题：肢体表达 内容：静物想象训练；动物模拟训练；主题片段	目的：锻炼学生对生活的观察力； 难点：在拥有一定的观察力的前提下，精准地用肢体模仿与表达
	第三周	主题：语言的魅力 内容：舞台言语——气息、声音、咬字；舞台技巧——情感、重音、停顿	目的：打破固化的说话方式，尝试用语言表达情感，初步了解舞台言语的特殊方法； 难点：运用合理的呼吸方法呈现舞台言语
	第四周	主题：我的生活 内容：生活小品创作和演绎	目的：让学生从身边可感的事情开始表演； 难点：有意识地运用前面所学到的一些技巧；强调舞台规则
	第五周	演讲与戏剧影视独白	目的：塑造人物，练习语言表达； 难点：训练学生当众说话和无实物交流的能力
	第六周	双人戏剧影视人物交流	目的：训练学生的舞台交流感； 难点：在塑造人物的前提下如何让学生在舞台上生活与交流
	第七周	形体节奏训练	难点：让学生正确地掌握表演节奏
	第八周	多人戏剧影视片断还原	目的：增强舞台调度力与适应力； 难点：让学生理解舞台调度
	第九周	生活讲述训练	目的：将生活与角色的逻辑结合； 难点：引发学生的真情实感
	第十周	音乐感受力训练	目的：学生的节奏感与肢体表现力； 难点：让学生用身体表达情感
	第十一周	大戏剧作开题	目的：寻找适合排演大戏的题材与改编方向； 难点：依据学员现有状态进行选题与角色设定
	第十二周	剧本成型与粗排	目的：剧目排演的初步成型

续表

	周次	教学内容	训练目的与重难点
学习主题与活动安排	第十三周	剧本细排与服装舞美的选择与制作	目的：细致排演每一场次，并开始服装舞美的制作； 难点：各部门协同工作
	第十四周	剧本细排	目的：细致排演每一场次
	第十五周	最终联排	目的：达到最终演出状态

4. 评价活动及成绩评定

针对不同的学习主题与活动安排，团队教师依据学生的反馈，设计了包含平时成绩、期末考试及汇报演出三部分内容的评价活动与成绩评定方法，具体如下（见表2）：

表2　北京市石景山实验中学教育戏剧课程框架——评价活动与成绩评定

	考核项目	考核内容	考核方式	成绩评定
评价活动与成绩评定	平时成绩占75%	出勤情况占20%	以班主任点名的方式，每节课记录	由各班班主任记录，并最后统计成绩
		课堂纪律占15%	以管理岗教师或跟课班主任课堂记录情况为主	由管理岗教师或跟课班主任记录，并最后统计成绩
		学习成果占20%	专业任课教师与戏剧教师联合评定	专业任课教师与戏剧教师联合评定，管理岗统计
		课堂表现占20%	以管理岗教师和戏剧教师课堂记录情况为主	管理岗教师统计完成
	期末考试占20%	1. 语言的表达和表演表现能力； 2. 英语的运用程度及准确率	戏剧教师与专业任课教师联合评定	由戏剧教师与专业任课教师联合打分
	汇报演出占5%	参与演出汇报	凡积极参与汇报演出的学生即得到本项分数	由戏剧教师打分
	评价依据：学生的反馈			

（三）梳理出教育戏剧元素进课堂的"三阶段"：经典剧目演绎→原创剧目演绎→教育戏剧进课堂

1. 经典剧目演绎

访谈中，绝大多数学生都提到了喜欢英语课堂中的课本剧表演活动，因此笔者决定将深入人心的经典剧目搬上舞台。以下是笔者总结出的实施路径：根据学生特点，选取合适的经典剧目。经典剧目很多，一定要结合学生的年龄特点进行选择；让学生自主研读剧本，构思表演。在自主阅读完成后，学生需要多角度揣摩已选定角色的性格特征、表演方式及服装道具等；小组研读剧本，合作表演。在自主阅读的基础上，小组成员共同研读英文剧本，对于一些情节需做细致、深入的探讨，包括现场的场景需要如何布置，服装道具应如何安排与转换，背景音乐如何选取，演员上下场如何安排等；在此基础上，进行合作表演，此过程中如发现问题，可暂停表演，根据其他演员建议进行调整；最后，带领整组学生进行集体反思并再次改进，如此循环，直至整部剧可完整演出；教师多维度指导，打磨细节；教师为学生搭建展示的舞台，指导学生切实将语言与表演融为一体，更加自然地运用语言。

2. 原创剧目演绎

第一部分：教师组织并指导学生对已有原创中文剧本进行演绎的过程。挑选中文原创剧本并翻译；共同研读剧本，比如，探讨人物性格和道具等；观看相关影片，寻找生活中的人物原型并模仿；合作表演，反思改进。在每位学生自主思考表演并练习后，小组成员再合作表演，教师会从多维度进行指导，以期达到更好的学生演员舞台效果；学生演员舞台竞技，一展风采。

第二部分：师生共同创作剧目并演绎的过程。师生共同头脑风暴进行剧本创编；师生共同修改剧本，共同从语言、情节、人物设置等方面进行探讨；师生共同研读剧本，从台词、人物情感、性格特征等多角度进行挖掘并体悟，完成初步表演；师生共同反思表演并改进。比如，演员的肢体动作和台词是否符合角色的性格特征，背景音乐的选择是否起到了烘托的效果等；由专业戏剧教师指导，师生共同成长。

3. 教育戏剧进课堂

（1）课外阅读课。

以《多维阅读》第 16 级 Abby's Lesson 为例，在梳理故事情节后，学生进行"故事棒"的活动，即让学生以围圈站的形式听故事，再次进行完整输入，并能在自己理解的基础上，全身心走进故事，进行初步整体演绎，以期更加深入理解文本。在对文本主题意义探究之后，借助教育戏剧中的"真实时刻"范式，引导学生走进故事，将本课所探讨内容进行输出，同时想象在回家后，主人公 Abby 和她爸爸之间的对话，完成创编对话任务，培养学生的创新思维。

（2）戏剧剧本阅读课。

在进行 The Smurfs 阅读课时，教师在梳理故事情节时以"故事山"的形式帮助学生快速理清故事架构。在掌握人物性格后，采用了即兴表演的方式增强学生的代入感，活跃课堂气氛。在课堂展示中，用到了读者剧场和选角会两种方法，丰富了活动形式，也为学生提供了一个共同合作、同场竞技的舞台，进一步激发了学生的创造力和想象力。

（3）常规英语课堂。

在北师大版八年级上 Unit 3 Lesson 9 Never Give Up 中讲述了波兰男孩 Janek Mela 的故事。Janek Mela 2002 年在事故中失去了左小腿和右胳膊前半部分，在医院度过很长一段时间，心情十分糟糕。著名的探险家 Marek Kaminski 邀请他一起去北极和南极探险，他答应了。经过准备，他们一起克服重重危险和困难，于 2004 年 4 月到达北极，同年 12 月到达南极。课文向读者传递了永不放弃的精神。由于篇幅的限制，课文对于情节的描述比较简单，尤其是 Janek Mela 答应 Marek Kaminski 邀请的情节过于简洁，其实在当时的情况下 Janek Mela 做出这个决定并不容易。但是单纯的文本阅读带给学生的感受往往比较肤浅，不能触及内心引发共鸣。

为了让学生设身处地地去理解和感受 Janek Mela 的特殊情况和南北极探险的艰难，教师在引导学生阅读第二段 Janek Mela 答应 Marek Kaminski 邀请的内容时，综合运用了角色表演、笔者入戏和热针毡的策略来探究 Janek Mela 当时的情况和内心活动。

首先请两位学生模拟 Janek Mela 和 Marek Kaminski 对话的情境，在扮演 Marek Kaminski 的学生对扮演 Janek Mela 的学生发出邀请后，Janek Mela 的扮演者有所迟疑，说："I'm not sure whether I can do it. Let me think for a while."这时教师入戏扮演在场的 Janek Mela 的朋友，并用热针毡的方式向 Janek Mela 的扮演者提问，探寻他的内心活动，推动剧情的发展。以下是教师入戏时和 Janek Mela 的扮演者间的对话：

T（Janek Mela's friend）：Do you really want to do that?

S（Janek Mela）：Yes. But…

T：What are you worrying about?

S：You know my leg…it's impossible！

此时，其他学生也以 Janek Mela 的家人或朋友的身份向 Janek Mela 的扮演者提问，深入探究 Janek Mela 此时的艰难处境和矛盾的内心活动。

通过角色扮演补充文本缺失的信息，充分了解主人公的实际情况。通过教师入戏和热针毡推动情节发展，探讨主人公的内心世界。在这个过程中，学生以"亲历者"的身份探究文本、学习语言、发展思维和学习能力。

（四）积累了一批经典剧目，成为戏剧社和学校保留项目

研究期间，师生共同创作了《蓝精灵》系列短剧及《百灵》《爱在星光里》，并在课堂教学中，以教材及课外读物为载体对部分文本进行了适当创编。以上剧目荣获国家级戏剧比赛一等奖 2 次，北京市市级比赛一等奖 3 次和二等奖 2 次，北京市石景山区实验中学被评为 2018 "希望中国"青少年教育戏剧全国年度展评示范学校。教师多次获得最佳指导教师称号，学生获最佳男配角奖。

校外电子科技活动培养中小学生创新能力研究[*]

当前，参加北京市石景山区校外电子科技活动的中小学生，运用所学电子专业知识创造性解决日常生活中实际问题的实践能力与创新能力，有待进一步培养提高，校外电子科技教师积极有效地运用创新教育理论，培养提升不同水平、不同层次的中小学生创新能力，有助于更多更优的学生在今后的工作岗位上成长为创新型人才。

一、改进完善培养中小学生创新能力的校外电子科技活动项目

笔者以自编《经典电子设计与实践 DIY》作为教材，以动手实践为主，理论学习为辅，引导学生学习电子制作、电脑编程控制，以激发学生学习兴趣、锻炼学生动手能力，由于活动内容浅显易懂，丰富有趣，活动形式灵活多样，符合学生年龄特征，受到广大学生喜欢、家长认可。

（一）理念目标明确化

育人理念：培养兴趣，锻炼能力，活动育人；尊重教育规律和学生身心发展规律，在校外电子科技活动中、在北京市中小学生科技创新大赛活动中培养学生科学精神、实践能力和工匠精神、创新能力。育人目标：传承工匠精神，培育创新人才，努力培育一批熟悉电子制作、擅长电脑编程、精通电路设计、尝试发明创新之未来电子工程师。

（二）内容结构合理化

北京市石景山区校外电子科技活动项目结构分为初级、中级、高级。为培养学生创新能力，在电子科技活动中融入发明创新专题辅导，新编原创教材 3 本，开发配套学材 137 例。活动内容丰富，切合实际，以学生为中心，

---

[*] 本篇由周宝善撰写。

注重创设情境、启发引导，注重实践指导、问题探究，注重求实求新、精益求精，符合中小学生认知发展规律。

（三）方法过程规范化

笔者开创"电子套餐"教学模式，采用"抽屉化"零件管理，一名教师同时辅导初级组、中级组、高级组学生开展活动，根据学生不同需求，展开轮流滚动式辅导。学生随到随学，不限时间次数，无论年龄、能力、水平差异，都能较好满足学生个性化发展需求。活动实施过程中，确保有规范的活动纲目、活动计划、活动方案与活动总结，积极辅导学生参加北京中小学生科技创新大赛活动。

二、优化校外电子科技活动培养提升中小学生创新能力方法

（一）辅导学生系统学习电子科技专业知识技能，融入发明创新辅导

北京市石景山区校外电子科技活动融入发明创新辅导，自编教材、开发学材，分初级组、中级组、高级组依次展开辅导。初级组学生学习电学概念和规律、电子学基础知识、发明创造入门知识。中级组学生学习模拟电路、数字电路、MCS51单片机编程基础知识。高级组学生学习电原理图设计、电路板图设计、Arduino编程控制、电子技术综合运用知识。经过三年时间的系统学习后，学生熟悉了电子制作，了解了电脑编程，学会了电路设计，能尝试发明创新了。

（二）改进发明创新活动辅导方法，专题辅导学生开展创新实践活动

笔者自编《中小学生科技发明指南》教材，规范创新活动辅导。发现创新实践问题，专题辅导学生开展创新实践活动。激发学生创新兴趣热情，教师以身作则引领学生从零开始，开展发明创新活动。辅导学生参加北京市学生科技节竞赛活动，辅导学生参加北京中小学生科技创新大赛。学生在创新实践过程中，因为觉得有趣、好玩，简单、实用，容易获得成功，因而学习充满浓厚兴趣、热情与信心，在组装、焊接、编程、设计、创新等实践活动中能确保全神贯注、认真专注、一丝不苟。

三、设计创新能力指标体系与创新活动评价方法

参考《国家创新能力评价指标体系》《企业创新能力评价指标体系》，结合学生发明创新活动实际，笔者设计的《中小学生创新能力指标体系》由6个一级指标和20个二级指标组成，如表1所示。

表1　中小学生创新能力指标体系

一级指标	二级指标
1. 发明选题能力	（1）创新思维能力；（2）动手实践能力；（3）创新驱动能力
2. 网络查新能力	（4）上网操作能力；（5）查新比对能力；（6）专业技术能力
3. 创新设计能力	（7）美术设计能力；（8）电路设计能力；（9）模型设计能力
4. 实施改进能力	（10）机械加工能力；（11）电子制作能力；（12）编程控制能力；（13）经费投入能力；（14）团队研发能力；（15）知识产权能力
5. 撰写文本能力	（16）文字表述能力；（17）撰写方案能力
6. 申报答辩能力	（18）语言表达能力；（19）实物操作能力；（20）现场思辨能力

研究表明，在校外电子科技活动中，融入发明创新辅导，指标体系中动手实践能力、上网操作能力、查新比对能力、专业技术能力、电路设计能力、模型设计能力、电子制作能力、编程控制能力、撰写方案能力、实物操作能力10个二级指标将会有提升。

笔者定制的《中小学生创新活动评价方法》见表2。

表2　中小学生创新活动评价方法

	评价指标	评分细则
1	初级班动手做50例	成功1件得1.5分，满分75分
2	初级班理论知识测试	得分系数0.25，满分25分
3	中级班动手做26例	成功1件得2分，满分52分
4	中级班编程实验26例	成功1例得1分，满分26分
5	中级班面包板实验测试	得分系数0.22，满分22分
6	高级班动手做31例	成功1件得2～3分，满分70分
7	高级班电原理图设计30例	成功1例得0.5分，满分15分
8	高级班电路板图设计30例	成功1例得0.5分，满分15分
9	参加北京中小学生科技发明大赛获奖	加分5～10分
10	参加北京市学生科技节获奖	加分5～10分

评价标准：得分 85 分至 100 分为优秀，得分 60 分至 84 分为合格。笔者所教电子科技实验班学生创新活动评测结果：初级班 16 名学生中有 8 名学生评为优秀，其他为合格；中级班 15 名学生中有 4 名学生评为优秀，其他为合格；高级班 9 名学生中有 3 名学生评为优秀，其他为合格。

研究成果：四年来，笔者编著出版《经典电子设计与实践 DIY2》《中小学生科技发明指南》《Arduino Uno 轻松入门 48 例》，开发配套学材 137 例，编写活动辅导纲目（初级、中级、高级）及配套活动方案 90 篇，做区级公开课 5 节，市级公开课 1 节，撰写论文方案获国家级奖 1 篇，市级奖 4 篇，在《无线电》杂志上发表论文 1 篇，"石景山区青少年无线电科技活动"被评为北京市校外"三个一"精品项目，教师发明获市级二等奖 4 件，辅导学生发明获市级奖项 26 件，辅导学生获市学生科技节奖项 16 人。

研究经验：（1）建构创新课程体系，开发学生乐于接受的创新教程，可较好地满足中小学生求知愿望与成才需求。（2）运用创新教育理论，改进发明创新课堂教学方法，创造让学生问问题的情境是激发学生发散思维最有效的手段。（3）发现创新实践问题，有针对性地指导培训学生创新实践技法，可推进学生发明创新活动的顺利开展。（4）学生最喜欢的电子科技普及活动方式是亲自动手制作一些有趣好玩的电子制作，确保制作成功。（5）改良创新评价指标，夯实专业技术根基，使学生愿意学习，学有所获，可唤醒学生发明创新热情。（6）Arduino 是一款全球流行的开源电子平台，学习掌握 Arduino 技术，有助于发明创新作品自动化、智能化。

研究结论：在校外电子科技活动中，融入发明创新辅导，培训辅导学生参加市级科技创新竞赛，对于培养提升中小学生创新能力大有益处。改进完善学生电子科技活动课程体系，有助于学生的电子科技活动专业化发展、发明创新能力更进一步提升。

综上所述，笔者在校外电子科技活动中，融入发明创新辅导，改进完善学生电子科技活动课程体系，培训辅导学生参加北京市中小学生科技创新竞赛，较好地促进中小学生的电子科技活动专业化发展、发明创新能力更进一步提升，为造就创新型人才奠定坚实基础。

依托数学日记培养小学高年级学生反思能力的研究[*]

进入小学数学高段教学后，老师们越来越多地感觉到，学生普遍存在反思能力淡薄的现象，他们忘记了如何去思考，缺乏探索和发现问题的勇气和能力，长此以往，学生的学习能力和素质可想而知。数学日记是数学活动的一种反思活动，它能更好地将学生的反思过程记录下来，进而有效提高学生的反思能力。

一、小学高年级学生撰写数学日记的类型

数学日记区别于语文日记，它在使用中更多地是为了帮助学生在学习和应用知识的同时，培养学生的反思能力。基于此出发点，笔者认为数学日记主要可以分为以下两大类型。

（一）记录学习内容型反思日记

我们按学生学习的过程将这类数学日记细分为三类：课前预习型反思日记、课中学习型反思日记、课后回顾型反思日记。（1）课前预习型反思日记，是指学生在课前预习时，把自己遇到的问题或收获用日记的形式记录下来的一种日记类型。学生通过预习，会对某些问题产生强烈的求知欲望，上课时就能自觉地把注意力集中到目标上来，以高涨的热情参与学习。经常写此类数学日记可以改变被动的学习局面，促进学生自学能力的提高。（2）课中学习型反思日记，是指学生在课堂上对数学知识进行剖析、理解，以文字、符号、图画的形式记录下来的一种日记类型。学生通过日记的形式反思整个学习过程，比教师灌输或通过题海战术强加的记忆更容易提高思维品质。（3）课后回顾型反思日记，可以是对一节课或某次实践活动的反思，也可以是对错题进行分析，更可以是对一个单元知识进行反思。对错题的反思——这种课后反思型日记是针对练习中的错题进行分析，分析错误原因，

＊　本篇由蔡冰撰写。

并写出正确解答；对一节课或实践活动的反思——学生针对某节课或某次实践活动，进行有目的、有选择的回顾并记录下学习心得，寻求数学学习发展的轨迹，务求真实反映数学学习的切身体验；对单元学习进行反思——老师可以协助学生就某一点、某个方面、某一大块的知识加以整理，也可以按照教材的知识编排进行整理。这一类型的日记，有助于学生对纷繁芜杂的知识进行重建，加快知识内化过程。

（二）记录生活问题型反思日记

学生主动去寻找所学知识与生活的关联点，应用所学知识去解决生活中遇见的问题，并及时记录下来。这不仅能有效帮助学生提高知识的应用能力，也能促进学生用数学的眼光去观察生活、体会生活，以及提高运用所学知识解决问题的能力，让学生获得更多的成功体验。但这一类型的日记，对学生的学习能力和知识要求较高，并非所有学生都会记录，可以在长期训练后，教师有意识地引导后使用，也可以训练优等生使用。

二、指导小学生撰写数学日记的策略

（一）指导撰写"学习内容型反思日记"的策略

首先，设计模板，建构数学日记模型。在初始阶段，笔者根据学习内容型反思日记的分类，设计反思日记模板，让学生根据模板按规定的内容填写；其次，借助模板，由浅入深、循序渐进。先让学生借助模板撰写错题反思、课前预习型日记、课中学习型日记。练习一段时间后，再进行一节课的反思及一单元的反思。这样由浅入深，循序渐进，逐渐培养学生撰写数学日记的兴趣；最后，让学生脱离模板，按照模板的内容自由撰写日记，告诉学生，实际上模板中所写的内容就是"数学日记"，但需要学生用一些过渡语及修饰的语言来进行加工。

（二）指导撰写"生活问题型反思日记"的策略

1. 阅读学习

为了更好地写好"生活问题型反思日记"，笔者从网上、报刊上找到一些优秀的学生日记，让学生阅读，了解数学日记的格式与内容的选择，激发学生的撰写热情。

2. 提供素材

教师布置实践性的作业，让学生将经过与感受记录下来。如在学习了"三角形"这个单元后，给学生布置实践作业：要求学生自由组成 3～5 人的合作探究小组，利用家中的牙签和双面胶，运用所学知识，动手制作一个牙签桥，要使这个牙签桥不但能自己立住，还能承受一定的重量。学生根据要求以小组为单位进行了实践活动，并在活动后以数学日记的形式完成活动的总结与反思。

3. 自由撰写

在记录学习内容型日记及教师提供素材撰写"生活问题型日记"基础之上，让学生进入生活问题型日记的自由撰写阶段。可以通过多种途径，如上网、查阅书籍、与大人交谈等了解一些与所学知识相关的内容，并用日记的形式记录生活中遇到的有关数学的情境，让学生体会到数学无处不在，懂得学习数学的价值。培养学生的数学反思能力、运用数学知识解决问题的能力，并增强学习数学的兴趣。

三、小学高年级学生数学日记的评价策略研究

（一）评价内容多维度

对于"学习内容型反思日记"的评价内容，首先让学生能够按照模板写清各项内容；然后能够脱离模板运用适当的过渡语及修饰语来进行加工。对于"生活问题型反思日记"的评价内容，首先评价数学日记的语言是否通顺，内容是否正确，是否具有科学性等；其次评价学生在数学学习中表现出来的认知品质，如对基础知识的掌握，对程序性知识的关注；最后评价情感、态度和价值观的体验等。

（二）评价方法多样化

1. 等级＋评语

"学习内容型反思日记"起初是根据模板撰写，之后脱离模板，只要学生按模板写出各项内容，叙述清晰即可，所以这类日记应以评语式评价为主。对"生活问题型反思日记"则采用"等级＋评语"的评价方式，此种方式能唤醒学生的自尊，触发学生的灵性，启动学生自觉完成数学日记的内在驱动力。

教师将数学日记评价分为四个等级：

A 级：内容新颖，想象力丰富，体现解决具体问题的能力和对数学问题的具体思考，具有探究和创造的潜能。

B 级：数学日记中能提出问题、发现问题，有解决方案，并能进行自我监控。

C 级：体现学生的心声，表达数学学习中的体验、体会、感受、建议、困惑等，直抒胸臆，没有造假。

D 级：文理不通、结构杂乱，记流水账等。

在进行评语式评价时，要尽量运用正面和鼓励的话语，提出一些具有针对性的建议。

2. 成果展示，扩大分享

在评价过程中，教师经常开展丰富多彩、形式灵活的展示交流活动，以扩大分享，激发兴趣，从而实现数学日记整体水平的提高。例如，选取比较优秀的数学日记，在公开的场合进行表扬和分析，这样不仅有助于评价学生认知和解决问题的能力，从而提高学习效率，还能产生一种学生类化和模仿学习的气氛。再如，举行数学日记交流会、举办数学手抄报、编辑数学日记集、开展"数学日记小博士评比活动"等，使每一位学生在活动中都能获得成功的体验。

（三）评价主体多元化

数学日记评价加强自评、互评，使评价成为教师、学生、家长共同积极参与的交互活动。

教师评价——数学教师对学生在日记中提出的问题要做到有问必答，可以面对面地回答，也可以在学生日记后面写批语，以示老师对学生在日记中写的心得体会、意见建议等加以肯定或否定。

小组评价——班级里以 4~6 人小组为单位针对问题的分析是否正确、有条理，表达是否简练，书写是否美观整洁等开展学习评价活动，让学生面对面地相互交流，深化对数学日记的理解，培养交互评价的能力。

自我评价——在评价过程中，教师积极引导学生自觉总结学习方法和策略，反思解决问题的途径，评价自己学习的效果等。

家长评价——在学生写数学日记时，家长不仅要督促孩子完成，还要给予充分指导，并要写上自己的一些感想等。

数学日记是一种悄无声息的思考方式，它给了孩子一双数学的眼睛，让他们留心观察课堂上发生的事情、身边的事物。当他们把所学知识和情感体验用文字表现出来的时候，数学思想和数学方法也就逐渐渗透到学生的心中了。

第三章

专业视野下的学生素养与品质培养探索

以学生工作室为载体提升中职影视后期制作人才培养质量的研究

基于高中理科拓展活动提高学生科学素养的研究

高中生政治认同素养教育的内容构建与实施策略研究

关于高中数学课堂教学中数学思维品质优化的研究

中学生公民意识状况调查与有效培养策略的研究

以学生工作室为载体提升中职影视后期制作人才培养质量的研究[*]

一、问题的提出

数字媒体属于"高精尖"文化创意产业，是国家和北京市"十三五"规划重点发展的核心产业之一。在此背景下，北京市黄庄职业高中于2015年创办影像与影视技术专业。专业创办不久，即成立了学生音视频工作室。工作室成员主要是热爱专业、自主学习能力较强的影像与影视技术专业学生。在校内专业教师和企业兼职教师的共同指导下，工作室为学校各项重大活动的摄像和后期剪辑服务，探索实践育人新途径。

二、解决问题的过程与方法

通过学生音视频工作室，有效解决了中职影像与影视技术专业教学中存在的一些问题：①真实项目少，模拟项目多的问题；②单一技能训练多，综合训练少的问题；③重专业技能提升，轻非专业能力培养的问题；④专业教师企业实践能力不足的问题。

工作室以学生为主体，以承接校内外真实项目为主要任务，由此建立起工作任务、岗位知识与技能之间的联系。学生通过音视频工作室，可以接触到从策划、拍摄到后期剪辑制作完整的项目制作流程。在专业教师指导下，通过分工合作完成承接的企业项目，有效提升沟通能力、团队合作能力。

---

* 本篇由赵丽坤、刘荣、翟路、周小燕、孟繁潮撰写。

三、成果的主要内容

（一） 构建了人才培养模式的创新平台

在职业院校"双高"建设计划中，学校与中数文化集团共建中国数字文创工程师学院，并成立了赵炳昆工作室、李玫玫工作室。学生音视频工作室与之一起成为数字媒体艺术专业群工作室架构的重要组成部分。如图 1 所示。

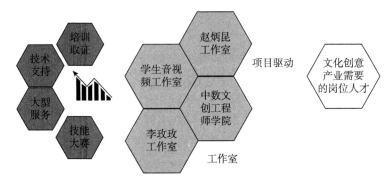

图 1　数字媒体艺术专业群工作室架构

经过几年的摸索实践，学生音视频工作室目前具备了较完备的软硬件环境，逐步制定和完善各项规章制度，形成有效的工作室管理模式，培养了多批优秀毕业生，完成校内外摄像、剪辑短片等制作任务上百个。

学生音视频工作室成为影像与影视技术专业人才培养的新平台，为数字媒体艺术专业群建立以"工作室制"为主要形式的工学结合的人才培养模式奠定基础。工作室给了学生更加具体、详细、明确的专业学习方向和更大的空间，实现了学生由被动学习到自主学习的改变。激发学生创新思维，培养学生良好的职业素养和道德品质，为学生打通了一条自主成功的道路。

（二） 形成了有效的工作室管理模式

学生音视频工作室以影视公司的内部组织形式进行相应的岗位设置，根据兴趣、能力和特长进行分组，并根据企业制作流程，从事工作室岗位的各项相关工作。同时组织以学部主任、骨干教师、企业专家为核心的，具备教学、研究、实践实力的一支过硬的师资团队，形成工作室管理层面。

工作室由学生工作室团队成员自主管理，教师提供指导，在工作室中推行企业化运行管理机制，模拟企业的运营模式，工作室成员依照具体的岗位进行分工。同时，既有分工又有合作，工作室成员可以定期轮岗，体验不同的岗位制作要求。具体如图2所示：

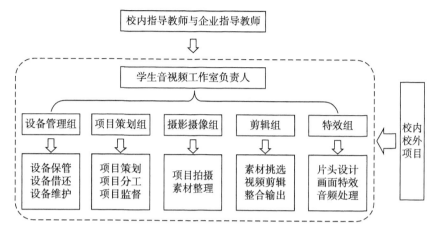

图2　学生音视频工作室小组分工

逐步规范校内项目申请流程：项目委托人通过企业微信提出申请→学部主任进行审批→工作室指导教师收到任务申请，了解客户需求，并将申请发送给工作室负责人→工作室负责人与项目策划组协商，拟定项目团队，并与项目组组长一起与项目委托人当面沟通，明确项目的各项需求→项目策划组进行项目的策划、分工、协调，摄像组按照拍摄需求拍摄，剪辑组与特效组协同工作，按时完成项目→交由工作室负责人和项目策划组审片→审片通过，工作室负责人与项目组组长再次与委托人当面沟通，明确成片有无修改需求→通过修改达到委托人要求后，项目成片提交委托人，工作室将项目成片存档，项目结束。

在工作室运行期间，以高二、高三学生作为主要的技术人员承接项目，通过完成项目增强学生的专业技能，培养学生的综合素质。高一学生作为高二高三学生的"徒弟"，主要担任辅助工作。学生制作经验不丰富、技术不成熟时，需要指导教师多加协助，而当学生逐步成长为技术能手，沟通交流合作能力大幅提升之后，就可以独当一面，不需要老师作为"拐棍"了。

（三）有效提升了师生的企业实践能力

学生音视频工作室自创办以来，承接了校内大大小小的摄像、剪辑短片任务上百个，还承接了若干校外制作项目，包括《PiPi 健康菜谱》《全地形车安全指南》《诗词中国》大型纪录片后期制作 100 集等。具体情况参见表 1。

表 1   学生音视频工作室承接的部分项目

2016.1	石景山区水仙节活动拍摄、剪辑短片	2017.9	保定旅游发展大会京绣时装秀直播
2016.3	北京职业教育宣传月启动仪式开场 MV	2017.11	中国国际手风琴艺术节直播
2016.12	为非凡体育圣诞节纪实拍摄并剪辑成片	2017.11	赴台湾访问随团拍摄任务
2017.4	拍摄制作学校宣传片《中华文化传承者》	2017.11	学校橄榄球队建队仪式开场短片
2017.6	承接商业片《全地形车安全指南》拍摄	2018.4	双拥篮球裁判培训纪实片
2017.6	华夏女子中学选修课宣传片拍摄制作	2018.12	台湾明台高级中学来校交流拍摄纪实
2017.7	承接商业片《PiPi 健康菜谱》拍摄制作	2019.9	李玫玫工作室"玫玫化妆课堂"拍摄
2017.9	烹饪、美发专业课程资源建设拍摄	2019.10	顺平职教中心访学纪实短片

四、效果与反思

（一）取得效果

1. 学生专业技能大赛成绩突出，提升学校知名度

工作室学生连续三年参加北京市技能大赛"数字影音后期制作技术"赛项取得优异成绩：2017 年 3 名参赛学生取得两个二等奖，一个三等奖。2018 年 3 名参赛学生均取得二等奖。2019 年 3 名参赛学生取得一个一等奖，两个二等奖。

学生音视频工作室创意并拍摄制作的微电影《文明守规矩，安全万里行》参加北京市交通委微视频作品大赛获最佳创意片奖。

2. 毕业生就业质量好，提高专业对口率

2020 年 7 月，教研组精心设计了调研问卷，对影像与影视技术专业 2015 级和 2016 级 20 名毕业生随机进行了线上调研。

通过此次调研，可以看出参加过学生音视频工作室的学生，创意、拍摄和剪辑水平都有了长足的进步，自身的影视制作能力和综合素质都得到了有效提升，在实习分配中优势明显，顺利被影视后期公司录用。目前大多数毕业生从事影视后期相关工作、部分学生升入高职甚至出国深造。

3. 促进专业建设，提升专业教师业务水平和研究能力

学生音视频工作室的成立和运行，有效促进专业建设，优化课程体系，修订课程标准，实现人才培养与企业需求的对接。专业教师通过音视频工作室承接的企业项目，提升了企业实践能力和业务水平；在影视后期制作类课程实施教学改革，提升课堂教学质量；积极开展区级课题研究，撰写的多篇论文在市区级比赛中获奖，在北京市技能大赛"数字影音后期制作技术"赛项中获得优秀指导教师奖；多次完成北京大学附属中学、北京市京源学校初一、初二学生短片制作、微电影制作社会实践教学任务等。

4. 参与重大项目，提升专业影响力

学生音视频工作室在参与北京市重大项目、服务学校重大活动、对外交流中发挥着重要作用。为 2016 年北京职业教育宣传月启动仪式制作学生自导自演的音乐短片《放飞梦想》；2017 年完成学校宣传片《中华文化传承者》，作为学校代表团随市教委赴美交流团的礼物进行交流；2018 年台湾明台高级中学来校进行交流活动，拍摄制作短片《北京印象》记录两地师生共同游览北京历史文化古迹的行程；2018 年学校以"产教融合 国际标准"为主题举办了北京职业教育宣传月活动，工作室全程进行了拍摄和直播；2019年北京考试中考公众号专门报道了影像与影视技术专业，对音视频工作室给学生拓宽发展的空间给予了高度评价。

（二）反思

学生音视频工作室的运行要求教师的思维由单向向多维的转变，由单纯的教学转向课程和项目的设计者和引领者，给教师带来更大的挑战，需要教师实现更多的转变。同时对学生也提出更高的要求，需要学生提升自主学习能力。在工作室的运行过程中，对如何形成长效机制等问题仍需不断完善。

基于高中理科拓展活动提高学生科学素养的研究[*]

科学素养是未来人才所必须具备的一种重要的综合素质，普及提高科学素养将直接影响国家未来的科技兴衰及全民文化素质的提高。因此，高中理科课程为完成这一理想的教学目标而进行了多样化的探索，通过开展理科实验及拓展活动，积极培养学生的动手能力、实践能力和创新能力，最大限度地提高学生的科学素养水平。

一、高中理科拓展活动的实施途径和方法

理科拓展活动紧密联系高中学习阶段的物理、化学、生物学科所涉及的知识与技能，结合现实生活内容，侧重于实验方法或实验内容的拓展，侧重于体现学科知识的应用与实践，是对所学相关知识内容的延伸和补充。

（一）校本选修课

选修课是新课程标准改革中一个有创新意义的名词，首都师范大学附属苹果园中学（以下简称苹中）根据学校软硬件条件及学生情况，积极开设了多门校本选修课。物理学科开设的课程有"物理学科拓展实验""传感器与电子制作""挑战机关王"；化学学科开设的课程有"生活中的趣味化学""中医药化学""舌尖上的化学实验""科学探案"；生物学科开设的课程有"植物克隆与组织培养""名贵中药植物克隆与种植技术""生物技术学生公司""慧馨花房"，等等。

（二）研究性学习

学生在教师指导下，从生活中选择和确定研究专题，自主地获取知识、运用知识、解决实际问题。研究学习过程涉及广泛的综合性知识，但不等同于简单的各门学科的综合，而是以科学研究为主导的课题研究活动。

---

* 本篇由何东慧、史香川、白晔、夏珍、孙雪巍撰写。

（三）自制教具活动

自制教具是为满足教学活动需要而自己动手研制的具有针对性的教具，是体现教学目标、教学内容和教学方法的教学用具，是提高教学效率和质量，培养学生实践能力、创新精神所不可忽视的一项重要教学过程，其核心价值在于体现正确的教学理念和科学而有效的教学方法。

（四）科技实践活动

在教师指导下，学生利用课余时间开展与理科知识相关的各类科技活动，如全国青少年科技创新大赛、全国中学生趣味力学制作邀请赛、全国科技周中创意机关比赛、北京中学生科技创新大赛等，对学生来讲都是很好的锻炼机会。不论是赛前的精心准备、反复练习，赛中的通力合作，还是赛后的分析总结，对学生科学素养的提高均起到一定的作用。

二、学生科学素养的测评

（一）试卷编制原则

科学素养测试卷的编制在查阅了大量相关科学素养维度资料的基础上，参阅了中国公众科学素养调查问卷编制方法以及物理、化学、生物课程标准，根据理科拓展活动课程的相关内容特点以及理科拓展活动的教学目标等综合因素编制测试卷。在问题的选择上，教师尽量选择与生活内容相关的科学问题作为背景，试卷内容广泛、题型多样，兼有时代特性。

（二）测量方法

苹中是一所区级普通高中，学生的整体综合水平处于所在区域的中等范围，调查问卷的结果在区域内具有一定的代表性。考虑到样本的准确性与稳定性，选取学校高一、高二两个年级（12个班）作为实验对象，将随机选报理科拓展活动课程的学生作为实验组，其中参加物理、化学、生物校本选修课的学生各10人（合计30人），参加理科类研究性学习的学生10人，参加科技活动的学生10人，实验组总计50人；在其余未参加理科拓展活动课程的学生中随机抽取与实验组人数相等的学生作为对照。在学期初对两组学生分别进行科学素养水平前测，经过一个学期的拓展活动实践后，再分别进行科学素养水平的后测。

因课题研究时长为三年半，考虑到样本的准确性与稳定性，课题组扩大样本采集量，第三年对全校的高一、高二年级 276 名学生全员进行科学素养方面的问卷调查（后测），采用问卷星网上调查的方式。

以学生是否参与过高中理科拓展活动的经历为依据，将参与测试的高一、高二年级 276 名学生分为两组，每组 138 人。同时，以参与理科拓展活动与未参与理科拓展活动为自变量，以"科学知识与技能""科学探究""科学态度、情感和价值观""科学、技术与社会的关系"四个维度为因变量，实验结束后，两组学生接受同一测试所得结果作为因变量的评价指标。

对本次调查所收集的 276 份《中学生科学素养调查问卷》进行 SPSS 数据软件统计处理分析，做独立样本 t 检验（见表1）：

表1　不同组别的高中生在科学素养方面的差异比较

检验变量	组别	人数 N	均值（$\bar{X}$）	标准差 S	T 值	Eta 方（η^2）
科学知识与技能	参与理科拓展活动组	138	13. 2536	2.45265	2. 996	0. 032
	未参与理科拓展活动组	138	12. 2826	2. 91232		
科学探究	参与理科拓展活动组	138	7. 7681	2. 09026	1. 901	0. 013
	未参与理科拓展活动组	138	7. 2536	2. 39544		
科学态度、情感和价值观	参与理科拓展活动组	138	37. 4377	8. 53690	− 1. 170	0. 005
	未参与理科拓展活动组	138	37. 3478	8. 64098		
科学、技术与社会的关系	参与理科拓展活动组	138	20. 1449	4. 20037	0. 637	0. 001
	未参与理科拓展活动组	138	19. 8043	4. 66992		

统计数据表明：参加过学校开设的理科拓展活动课程的学生与未参加的学生，在学习结束后，科学知识与技能维度 T 值 = 2. 996 > 2，科学知识与技能方面的科学素养水平存在极其显著差异；同时，参加理科拓展活动学生的均值 $\bar{X}$ 均高于未参加理科拓展活动的学生均值，虽然均值差异不是很大，但也说明通过拓展活动课程的学习能有效提高学生的科学素养。在 SPSS 的方差分析中，科学知识与技能检测变量的效果值 η^2 检测值为 0. 032，分组变量与检验变量间为较中度关联强度，也说明该因素对科学素养检验变量的影响较大。

三、课题研究的效果及反思

（一）学生的成长与收获

学生们通过参与理科拓展活动的学习，科学知识、能力及价值观等科学素养各方面都得到全面提升，尤其是在参与各级、各类的科技竞赛活动中，不仅取得奖项，更重要的是既提升了科学素养也提升了自信心。

（二）教师的成长与收获

三年多的课题研究，为理科教师们参与课题研究搭建了专业发展的平台，提升了教师的科研能力和教学水平。

（1）参与课题研究的全体教师定期梳理课题研究过程中的经典课程案例，形成了一本凝结着教师们创新教育理念和智慧的宝贵《案例集》。

（2）按照课题研究进程先后撰写了 7 篇论文和 1 本个人专著，主要论文是《依托物理拓展活动提高学生科学素养的探索》《植物呼吸、光合作用探究仪》《巧用京版教材"学习活动"培养学生生物学素养》《研究通断电自感实验的改进》等，并在国家核心期刊上发表；个人专著是《挖掘生物学科核心素养的创新潜能》。

（3）在课题研究过程中，教师有 3 人次课程案例获得市区级奖项，"生物技术学生公司"校本课程，在首都师范大学支持附属中学建设项目——学校课程展示评比活动中，获一等奖；"解读营养标签 选择健康食品"在北京市第二届科研课题研究课评比中获一等奖；"含乳饮料能替代牛乳吗"在石景山区第四届首都原创课程辅助资源征集评选活动中获一等奖。教师有 7 人次开展市、区、校级公开课及研究课，均获得一致好评，扩大了课题成果的影响力。

（4）教师推进了课题研究的进程，课题研究也成就了教师的专业发展。有的教师被聘为市级和国家级的项目研究专家；有的教师被聘为"第六届全国青年科普创新实验暨作品大赛创意作品单元未来教育命题戈德堡大赛"评委。

（5）三年来，师生们积极参与区、市乃至全国的各类理科赛事评比，取得非常好的效果，教师 15 人次获奖，学生有 130 多人次获奖，其中有师生多次获得国家级一等奖。

（三）反思

由于理科拓展活动课程形式多样，选课方式不同，参与的学生来自学校的不同年级，所以，在生源上存在很多不确定因素。在计划初没有深入了解学生的学业情况和认知发展水平，导致制订的教学计划与学生的实际实验能力存在一定差距，因此，在教学过程中经常调整教学计划，影响了预计的整体教学效果。

高中生政治认同素养教育的内容构建
与实施策略研究[*]

当前，世界各国都在思考"21 世纪的学生应具备哪些能力和素养才能成功适应未来社会"的战略问题，核心素养研究浪潮席卷全球。随着改革的不断深入，我国把"培养什么人、怎样培养人、为谁培养人"聚焦在发展学生核心素养上，其目的是培育素养良好的公民和优秀人才，在 21 世纪中叶实现中华民族伟大复兴的中国梦。2014 年 3 月，教育部印发《关于全面深化课程改革 落实立德树人根本任务的意见》，明确指出将组织研究提出各学段学生发展核心素养体系，明确学生应具备的适应终身发展和社会发展需要的必备品格和关键能力。至此，"核心素养"成为新一轮课程改革深化发展的方向。2018 年秋季学期，新修订的《普通高中思想政治课程标准（2017 年版）》开始执行。基于学科本质，思想政治课程凝练了包括政治认同、科学精神、法治意识、公共参与四个要素在内的学科核心素养。其中，"政治认同"被列于首位，关乎学生的成长方向和理想信念的确立，是思想政治学科核心素养中的魂魄。基于此，北京教育学院石景山分院思想政治教研员带领学科一线教师组建北京市教育规划重点课题（"基于思想政治课的高中生政治认同素养教育的内容构建与实施策略研究"）课题组，聚焦对政治认同素养内容构建与实施策略的研究，目的是帮助教师以此为支点和抓手，探寻政治学科核心素养落地的路径，更好地完成立德树人的根本任务。

一、政治认同和高中生政治认同素养教育

"政治认同"是当代政治学理论研究和政治发展方面的重要课题。《中国大百科全书·政治学》这样定义政治认同："人们在社会政治生活中产生一种感情和意识上的归属感。它与人们的心理活动有密切的关系。人们在一定社会中生活，总要在一定的社会联系中确定自己的身份，如把自己看作某

---

* 本篇由李岚、刘巍、唐翠萍、赵娜、刘彦喆撰写。

一政党的党员、某一阶级的成员、某一政治过程的参与者或某一政治信念的追求者，等等，并自觉地以组织及过程的规范来规范自己的政治行为，这种现象就是政治认同。"从内容看，政治认同包括对政治价值、政治实体、政治工具、政治效能的认同等；从过程看，政治认同是由政治认知、政治情感、政治意志、政治信念、政治行为等既相对独立又相互联系的要素构成的完整的政治心理过程。

课题组研究的高中生政治认同，是思想政治学科的核心素养之一。《普通高中思想政治课程标准（2017年版2020年修订）》（简称"课程标准"）这样阐述其内涵和意义：我国公民的政治认同，就是拥护中国共产党的领导，坚持和发展中国特色社会主义，认同中华人民共和国、中华民族、中华文化，弘扬和践行社会主义核心价值观。高中生政治认同素养教育是指高中学校，特别是思想政治学科教师根据我国当前社会的需要，遵循高中生身心发展规律，借助于一定的教学方法，有目的、有计划、有组织地丰富高中学生的政治理论知识，提高其政治判断能力，增强其政治情感和信念，引导其政治参与行为的教育活动。

基于思想政治课对高中生开展政治认同素养教育，是充分发挥德育课程立德树人的育人价值、促进学生全面健康发展、推进课程改革深入实施的内在要求。

二、政治认同素养教育内容的构建与梳理

构建政治认同素养教育的内容体系，通俗地说，就是解决"教什么"和"学什么"的问题。一方面，课程标准对政治认同素养教育提出了目标要求；另一方面，《思想政治》教材为开展政治认同素养教育提供了丰富资源。课题组从认同对象与认同进程横纵两个维度，对相关要求和内容进行梳理整合，构建了政治认同素养教育的内容体系。

课题组从认同对象角度构建起包括"领导核心、理论和道路、法制和政策、精神和信仰、国家机构和社会组织"在内的高中生政治认同素养教育的内容体系，包括拥护中国共产党的领导，坚持走中国特色社会主义道路；自觉践行社会主义核心价值观，坚定马克思主义理想信念，坚持中国特色社会主义共同理想，弘扬中华民族精神；维护并坚持中国特色社会主义制度，遵守国家法律，执行国家政策，服从国家权威；等等。

从认同进程角度，政治认同不是一种静态的、机械的、被动的反应，而是主体对政治体系在政治认知的基础上做出自主的判断和评价，形成一定的

政治认识，伴随着积极的政治情感体验，并经过一定的政治意志努力而形成的对一定政治体系的价值认可、赞同和确信，进而自觉地按政治体系的要求规范自己的政治行为，积极地参与、维护和促进政治体系的运行和发展的一种政治心理过程。基于此，引导学生获得政治认知，培养政治情感，坚定政治信念，进行政治参与，成为政治认同素养教育内容体系的有机构成。（如图1所示）

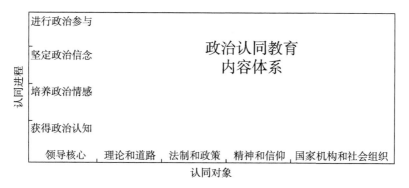

图1 基于思想政治课的高中生政治认同素养教育内容体系

三、有效开展政治认同素养教育的实施策略

（一）政治认同素养教育课堂教学的设计与实施策略

立足教学设计与教学实施的认识与实践活动，课题组总结出基于思想政治课对高中生开展政治认同素养教育的实施策略。

1. 完善政治认同的心理结构，形成基本的教学流程

政治认同是主体对政治体系在政治认知的基础上做出判断和评价，形成积极的政治情感体验，对一定政治体系的价值认可和确信，自觉地按政治体系的要求规范自己政治行为的一种政治心理过程。据此，政治认同的心理结构是由政治认知、政治情感，包括政治意志和信念在内的政治态度、政治行为等要素构成的。基于思想政治课开展政治认同素养教育，教师应坚持统一性和多样性相统一、主导性和主体性相统一、灌输性和启发性相统一，加大对学生认知规律的研究，在用好讲授式、灌输式教法的同时，启发学生发现问题、分析问题，引导学生形成科学的、结构性的政治认知；创设良好的教学情境，促使学生主动参与其中积极体验，形成对中国共产党、中国特色社

会主义、中华人民共和国和中华民族、中华文化和社会主义核心价值观的美好深厚的政治情感；坚持政治性和学理性相统一、价值性和知识性相统一、建设性和批判性相统一，以透彻的学理分析回应学生对现实问题的关切，寓价值观引导于知识传授之中，引导学生在辨识、辨析中坚定自己的政治信念；坚持理论性和实践性相统一，既要用科学理论武装学生的头脑，又要带领学生走向社会实践的大课堂，指导学生在政治参与的实践中坚定"四个自信"。政治认同素养教育的基本教学流程如图 2 所示。

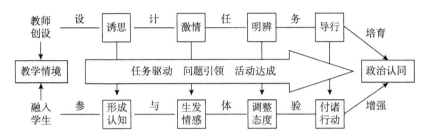

图 2　基于思想政治课的高中生政治认同素养教育教学流程图

2. 明确政治认同的逻辑进路，提高教育的实际效果

政治认同素养教育过程是接受主体内化的过程，即学生将教师传授的政治认同相关内容转化为自己的个体认识、精神信仰、价值追求和行为依据的过程。这个过程包括学生对政治认同教育内容由"不知"到"知"、由"认识肤浅"到"理解深刻"、由"无感"到"有感"、由"疑惑"到"确信"、由"观望"到"行动"的系列转变，通常要通过"感知—分析—选择—践行"的逻辑进路来实现。其中，感知是政治认同的逻辑起点，指教育内容通过信息符号的形式进入学生头脑中，经过一系列信息加工，形成对教育内容的直接感受和初步认识；分析是政治认同的逻辑递进，即学生根据自身原有的经验积累及知识结构，深入思考教育内容的内涵及其社会价值，对其形成正确、深刻的理解和自己的意义建构；选择是政治认同的逻辑展开，即学生将教育内容与自己原有的认知、情感等加以比较，进行判断、筛选和接纳，形成可以自觉支配的价值准则和行为依据；践行是政治认同的逻辑旨归，即学生将教育内容"外施于行"，展开为外在的实践活动，最终转变为个人的自觉行为。遵循上述逻辑进路，有助于实现教学内容的结构化和活动设计的序列化，提高政治认同素养教育的实际效果。

3. 选择政治认同的适切教法，增强学生的实际获得

课题组立足思想政治课堂教学实践，遵循政治认同的逻辑进路，筛选、提炼了基于思想政治课对高中生开展政治认同素养教育的有效方法和策略，

具体包括："透析概念、认清本质"，基于思想政治课综合性、活动型学科课程的性质，运用"提取、辨识、同化、应用"的策略，帮助学生准确理解概念，形成结构化的政治认知，走好发展政治认同的第一步；"问题引导、进阶思维"，通过设计提出有效问题，引导学生在分析和解决问题的过程中实现思维能力的进阶，理解知识、生发情感、端正态度，提高政治参与的能力，形成和发展政治认同；"精选案例、联通生活"，运用典型案例显现生活中真实的情况、情节、情趣和情义，引领学生经历政治认同的逻辑进路，实现理论思维力、价值判断力以及政治认同度的有效提升；"优化情境、提升效能"，将经过加工的生活场景移入课堂，使学生在情境世界中完善认知结构，掌握学科技能，端正情感态度，使政治认同素养得到有效培育；"强化辨析、引领价值"，为学生再现真实复杂的生活情境，帮助学生基于历史和国情，科学回答现实生活提出的"好不好""值不值""能不能""该不该"等问题，坚定学生中国特色社会主义理想信念；"投入体验、亲历过程"，使学生通过欣赏、扮演、调查、讨论等实践活动或者思维活动，在体验中把具体感知上升到本质认识，将片面感受升华为系统理解，实现由被动认同转变为主动认同，内化为自我认同，最后外化为政治行为，真正达成知行统一。

（二）政治认同素养教育社会实践活动的设计与实施策略

培育学生政治认同，离不开教师鞭辟入里的讲解和分析，离不开学生的思考和探究，更离不开学生的亲身实践和体验。实践性是思想政治课教学的根本原则，更是政治认同素养教育的重要方式和途径。基于思想政治课的社会实践活动是指在教师的指导下，高中学生按照课程目标的要求，有计划、有目的、有组织地参与社会政治、经济、文化生活的教育方式和活动，也是思想政治课程的重要组成部分。

政治认同的教育内容是丰富多彩的，培育和发展学生政治认同素养的实践活动类型也是灵活多样的。研究过程中，课题组自觉践行课程标准，有组织、有计划地带领学生走出教室，走进社区、机关、企业等进行参观、调查、访谈等社会实践，为学生提供了更广阔的学习空间、更丰富的学习资源，加深了学生对国家和社会的认识与理解及对中国特色社会主义的感悟和认同。

政治认同素养教育的内容宏大，意识形态色彩强，学生理解接受难度较大，为了提升实践活动的教育实效，课题组探索了以下策略：从小切口确定活动主题，通过深入细致的活动，渗透政治认同素养教育；对活动进行精心设计，以"任务单"的方式对实践活动的目标、内容、方式、步骤、重点、要点以及评价建议等做出预设，形成完整、实操的实践活动实施方案；明确课堂仍然是对学生开展政治认同素养教育的主阵地，开展社会实践活动后，应精心梳理"活动线—知识线—思维线"三条线索，确立清晰的教学主线，把复杂、生动的社会实践活动与理性的课堂教学有效联结起来，对实践活动进行总结、反思和提升，巩固、内化政治认同素养教育的成果。

（三）政治认同素养教育课堂教学和考试命题的评价策略

本研究以政治认同的心理过程以及课程标准的相关规定为依据，制定了政治认同素养教育的课堂教学评价量表（见表1）；在课堂教学评价中坚持"量表评价与课堂观察评价相结合、评价者与被评价者的身份相结合、量化评价与质性评价相结合、即时评价与课后跟进相结合"的课堂教学即时评价策略，发挥了评价对教学的促进作用。

表1 政治认同素养教育课堂教学观察评价量表

学校			班级		授课教师			
课题			政治认同教育内容					
评价项目		评价要点	符合程度				不符合	理由
			A	B	C	D		
教学目标		1. 符合课程标准和学生实际						
		2. 提供可操作的路径						
		3. 可以进行测量和评价						
教学过程	诱思	4. 观察体验，认识现象						
		5. 了解现象产生的原因和引发的意义						
		6. 探究现象背后的本质和规律						
	激情	7. 激发学生注意特定现象的意愿						
		8. 调动学生参与学习过程的兴趣						
		9. 提供达成情感目标的行为样本						
	明辨	10. 引导学生判断特定行为和现象						
		11. 帮助学生在复杂生活情境中做出正确的价值选择						
	导行	12. 为学生创造参与社会生活的机会						
		13. 指导学生运用所学对实际问题提出可行的解决方法和路径						
		14. 鼓励学生通过实践检验所学，拓展眼界，发展自己						

续表

学校		班级		授课教师	
课题		政治认同教育内容			

评价项目	评价要点	符合程度				不符合	理由
		A	B	C	D		
教学效果	15. 学生参与面广，参与度深						
	16. 师生、生生积极互动，和谐融洽						
	17. 教法灵活，有效解决课堂提出的问题						

本研究坚持共性与个性相结合的原则，在把握命题基本技术的同时，对以学科任务为导向的考查学生学科核心素养的命题思路进行了探索，遵循"基于生活情境→产生现实问题→提出学科任务→确定问题指向→运用所学执行任务→外显行为衡量素养"的逻辑，准确把握政治认同素养与关键行为表现、学科任务、评价情境、学科内容之间的关系，较好地考查了学生的政治认同素养发展水平。

四、政治认同素养教育研究的感悟与反思

开展研究以来，课题组既意识到思想政治课堂教学与社会实践是培育高中学生政治认同素养的主阵地，也感受到培育学生政治认同素养，需要全社会共同承担立德树人的责任，方能有效提高育人实效。为此，本研究站在高中思想政治课程实施的立场上，提出如下探索方向。

呼吁各级人大、政府及其相关部门以及政协、居委会等社会各方力量给予政治认同教育活动更多支持，建议学校建立健全与学科教学密切相关的学生社会实践活动工作机制，形成育人合力，共建育人平台。建议区教育行政主管部门加大教育财政投入，使教育资源适度向薄弱学校倾斜；教育教学研究部门加大教师培训力度，发挥示范学校和骨干教师的示范和辐射带动作用，促进教育均衡发展，缩小育人差距。思想政治课教师要深入学习和自觉践行课程标准，探索围绕议题的活动型学科课程教学设计，通过优化教学情境的创设，让学生在价值冲突中明确立场，在比较鉴别中澄清观点，在辨析讨论中提高认识，通过创新学科教学方式，提高育人实效。

立德树人，铸魂育人，我们会牢记使命，矢志不渝！

关于高中数学课堂教学中数学思维品质优化的研究[*]

随着新课改的深入，教学模式也要与时俱进，顺应学生学情的发展。数学思维品质优化的研究一方面是为了完善其他理论的不足，另一方面是为了追求应用性课题研究的真正价值——改善教育行为和教育实践活动产生的影响。根深蒂固的应试教育导致了对思维品质漠视和茫然的教学现状，虽然学生在教学活动中有思维的活动，但是传统的教学使得思维品质的改善和进步变得十分有限，这样便影响了学生的自身发展，数学思维品质的优化研究更加突出其自身价值。本项研究要对教育者自身的教育行为和教育实践活动产生影响。最终既能满足数学教育的大众性，又能满足学生的个体差异性，能够更高效地进行数学活动。

一、问题的提出

通过研究学优生和后进生数学思维品质的特点，根据教学规律和教学原则，分析两类学生思维品质的差异和特性，有针对性地培养学生的数学思维品质，提高学生的思维能力，发展学生的智力，使大批人才脱颖而出，给整个教育教学改革带来生机和活力。重点研究学优生和后进生在不同类型数学活动中的思维差异，提炼适用于大众的思维优化方法，对于当今的数学教育教学改革具有积极的作用。

研究内容解析：

（1）高一全体学生数学思维品质的共性和普遍特征。

（2）影响高一学生数学思维的主要因素有哪些。

（3）学优生和后进生的数学思维特征的异同点。

（4）总结学优生数学思维优势，优化思维方法并逐步试用于普通学生和后进生中，设计不同的数学活动，通过数学测试、数学建模、数学竞赛等方

---

* 本篇由郭兴、关建伟、张羽、董逸伦、刘剑敏撰写。

式检验优化方案。

二、成果的主要内容

（一）优化初升高衔接内容，为数学思维品质的优化做到未雨绸缪

高一教师应做好初高中的衔接过渡，让学生有个缓释的过程。对于因学生的心理变化所导致的学困生，教师不仅要及时地为学生解答生理上变化所产生的疑惑，更应该在课堂上下狠功夫。马斯洛的需要层次理论表明，人与生俱来便有获得认可与被人欣赏的需要，教师应该利用学生的这种需要，将课堂教学变成学生精神的家园——给学生正确的引导和鼓舞，不再是单纯的接受、复制的既定流水线，而是提供实践、体验、理解、创造的空间。高一教师新接手一批学生时，不仅可以适当地放慢进度，而且在教学的态度和课堂引导等方面均可以适当借鉴初中教师亲切的态度和充分照顾学生需要的做法，让学生在不知不觉中过渡到高中的学习中来，适应身心各方面的要求。

北京市古城中学数学研究性学习课程，通过开展丰富多彩的数学实践活动，例如：数学手抄报，如何测量楼的高度等；编写初升高衔接教材，为学生夯实数学基础；数学大课堂初高衔接特色课程，让学生真正把数学运用到生活中，再从生活中总结数学的学习经验，激发学生兴趣，培养数学思维品质。学校开展特色数学课堂活动，以学案或者教案形式呈现。针对课堂教学中思维品质的优化，制定了如图 1 所示的课堂教学数学思维品质培养模式。

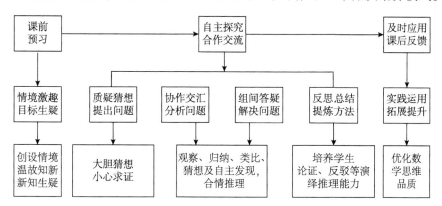

图 1 课堂教学数学思维品质培养模式图块

（二）激发学生数学学习的兴趣，使学生逐渐认可和接受数学

通过数学自信心的培养对数学思维品质进行优化，让学困生树立学习信心是教师必须优先解决的问题。学习活动不是由教师传递智能，而是学生根据外在信息通过自己的背景知识，建构自己知识的过程。它含有四个因素：学生的背景知识；学生的情感；新知识本身蕴含的潜在意义；新知识的组织与呈现形式。为此，教师的教学设计要强调发挥学习者在学习过程中的主动性和建构性，教师只是教学活动的组织者、促进者和指导者。切实落实"因材施教"的教学原则，就是根据学生的不同个性、不同条件、不同认识水平采取不同的教学方法。教师应该做的就是如何让学生参与到课堂中来，有课堂参与才能谈其他的。而吸引他们参与课堂的法宝就是尊重。只有尊重了，学困生觉得数学学习是有意义的，愉悦的，他们才会投入和参与。学困生有各种不同的表现及成因，只有结合教师的悉心指引，在新课程的理念指引下才能走出困境，走向进步。

（三）了解学情优化教学策略，为数学思维品质的优化提供坚实的教学保障

教师是学校教学的实践者，每一位教师在教学中都应该注意与实际结合。正如美国心理学家布鲁姆所说："如果提供了适当的学习条件，大多数学生在学习能力、学习速度、进一步学习的机会等方面都会变得十分相似。"这里所说的学习条件就是指学生学习并达到掌握所学内容必需的学习时间，给予个别指导和全新学习的机会。如果教师能够切实做到给学生提供"适当的学习条件"，那么高中数学"学困生"的大部分转化是完全可能的。落实到具体方法，教师在教学过程中应该严格遵循课程标准的要求，切勿随意增删教学内容。教师应该做个智慧的刷漆匠，在螺旋式上升中实现课标要求。了解学情，备课时需要教师、学生、家长共同参与研究和实践，对问题情境进行全程干预，并在此实践活动中找到有关理论依据及解决问题方案。所以对于教学策略的选择与方案的实施，本课题做出如图2所示的研究操作程序图。

对于一个新的教学策略是否合理，教师也做出了相应评价研究法（如图3所示），依据明确的目标，按照一定的标准，采用科学的方法，测量对象的功能、品质和属性，并对评价对象做出价值性的判断。如测试学生对知识的掌握程度，评选优秀的课件，等等，所有的这些都属于评价的范围。

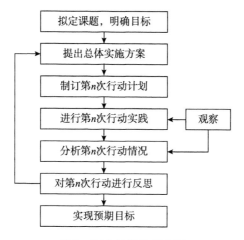

图2　研究的操作程序图

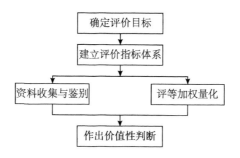

图3　评价研究法图

（四）培养高中数学的学习方法，确保数学思维品质的优化

建构主义和奥苏贝尔的"有意义学习理论"将学习的发生分成两个维度：（1）按学习的发生方式分为发现学习和接受学习。（2）按学习发生时新旧知识的联系分为有意义学习和机械学习，机械学习的心理机制是联想，它依赖刺激反应的接近、重复和强化而实现；有意义学习的心理机制是同化，看学生能否学得新信息，新的认知内容。有意义学习的实质是符号所代表的新知识与学习者认知结构中适当的观念建立非人为的和实质性的联系。根据这个理论，教师在工作中应当注意给学生创造有意义学习的条件和环境，通过如图4所示的思维品质分析图，为教师转化高中数学"学困生"提供了整体思想。

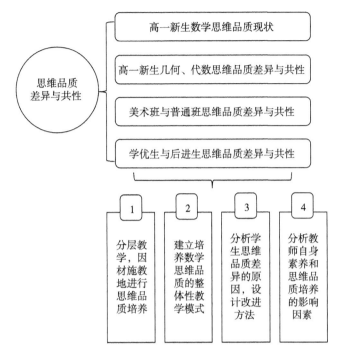

图4 思维品质分析图

三、效果与反思

数学思维品质的培养教学目标定位于培养学生的创新精神和实践能力。从学校、教师、学生的实际出发，对高中年级通盘考虑，根据不同班级学情设定相应的培养目标，从态度、能力、方法等不同角度分别设定目标。以小组合作学习的形式开展数学思维品质培养的学习与探索，小组成员都有不同程度的收获和提高，有利于学生的个性发挥。指导教师是数学思维品质培养的组织者和参与者，在课题研究的重要环节上给予及时指导与点拨。

研究课题的选择与组织要基于学生学习经验的调查和学校教育资源的重组，最好能选择贴近学生的生活或者是与社会问题、生产技术、科技动态等有直接关联而切入口较小的课题。要注意将研究课题选择的开放性与组织设计的序列化结合起来。

通过数学思维品质的优化，教师设定了学生非智力因素的教学策略；通过初高衔接教材的学习，指导学生适应高中数学学习环境、学会运用信息技术工具学习的教学策略；激发学生主动参与认知实践活动的积极性；充分利用特色数学课程，注重培养以质疑能力和批判思维能力为标志的探究能力。数学思维品质的培养有利于改变学生的学习方式，也就是有利于改变学生在原有的教育教学条件下所形成的那种偏重于记忆和理解、立足于接受教师知识传输的学习方式，帮助他们形成一种主动探求知识，并重视解决实际问题的积极的学习方式，这是一种有利于终身学习、发展学习的方式。

　　课题研究至今硕果累累，公开发表论文 2 篇，市级成果分享 2 项，区级成果分享 1 项，论文及研究课市级一等奖 9 项，市级二等奖 4 项，市级三等奖 5 项；对于学生思维品质培养也收获颇丰，学生获国家级奖 1 项，获市级一等奖 4 项；教师市区级公开课共计 35 节次，区级讲座 10 次，课题在优化学生数学思维品质的同时也促进了教师的专业成长。

中学生公民意识状况调查与有效培养策略的研究[*]

一、问题的提出

党的十八大报告指出，要"加强公民意识教育""树立社会主义民主法治、自由平等、公平正义理念"。党的十九大报告指出，要"深入实施公民道德建设工程，推进社会公德、职业道德、家庭美德、个人品德建设，激励人们向上向善、孝老爱亲，忠于祖国、忠于人民"。公民是社会成员在国家政治经济生活中的基本角色，是政治、经济和社会文化关系的承载者。健全的公民意识是现代化公民应该具备的核心素质，培育现代公民意识是构建社会主义和谐社会的必然要求，是中国现代化进程的迫切需要，同时也是构建中国梦、实现中华民族伟大复兴的重要基础。建设富强民主文明和谐美丽的社会，需要对公民资格、公民权利、公民义务、公民参与等公民意识有一个理性的自觉。一个国家的国民只有具备了完整的公民意识，才能成为合格的公民。

青少年时期是人的社会化的关键时期，也是公民意识等形成的关键时期。《普通高中思想政治课程标准（实验）》明确提出，要在教学中"注重增强中学生的公民意识和国家观念、坚定正确的方向"。《普通高中思想政治课程标准（2017 年版）》中强调：思想政治学科核心素养，主要包括政治认同、科学精神、法治意识、公共参与。可见，公民意识教育的核心、目的与政治学科核心素养是高度契合的，与新课程改革"立德树人根本任务"是一致的。

由于历史与现实的原因，加强公民意识的培育具有很强的必要性和紧迫性。当前社会中，人们并没有完全形成以权利和义务为主要内容的现代意义上完善健全的公民意识。目前，我国中学生普遍存在着公民角色意识不强、公德意识薄弱、民主参与意识弱、对纪律法治认识水平低等现状。学生是国

---

* 本篇由刘彦喆、李爽、李冉龙、李星星、李娟、解思纯撰写。

家的未来，长此以往，公民意识的缺乏将成为阻碍我国现代化进程的障碍之一。

因此，培养学生公民意识是顺应教育改革、时代发展的必然之举。

二、解决问题的过程与方法

研究主要分为四个阶段。从 2013 年 11 月到 2014 年 4 月为研究准备阶段，运用问卷调查法和文献搜集法，设计调查问卷，进行调查分析与统计。此外，还实地考察美国高中"民主参与"课堂的教学策略，搜集资料。2014年 5 月到 2015 年 9 月为实施阶段，主要在初高中开展选修课程，在课堂和实践活动中开展公民意识的培养。从 2015 年 10 月到 2016 年 10 月为反馈改进阶段，进行问卷后测，通过问卷调查法和行动研究法，了解公民意识培养策略实施情况，并改进。2016 年 11 月到 2017 年并持续至今为总结和后续研究阶段。完成结题报告，并在高中学科开展公民意识培养中提升学科素养的后续研究。研究基本流程如图 1 所示。

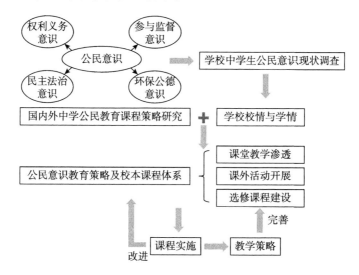

图 1　公民意识培养策略研究流程图

三、成果的主要内容

本课题以科任文教研组为依托，以学校的课程建设活动为背景，在三年多的课题研究中开展了丰富的教育科学研究和实践活动，获得了宝贵的研究经验，并积攒了一系列的研究成果，下面是对研究成果的梳理。

（一）问卷调查与分析

首先，笔者依据四个维度设计了调查问卷，运用了 SPSS 数据统计软件进行了数据的录入和整理，建立了中学生公民意识状况数据库。并经过对问卷数据及访谈资料的整理，得出以下结论。

1. 中学生公民意识特点

学生的权利意识日趋增强，但侵权现象发生时，很少有维护自己权益的行为，义务意识淡薄。民主意识淡薄，法律意识增强，亟须了解更多的法律知识。有较强的环保意识、公德意识，有经常性环保行为。对于身边的事务，参与和监督意识较强，对于公共性事务，参与监督意识较弱。

2. 性别视角下中学生公民意识特点

中学生对于权益的了解与学生性别和主要抚养者性别高度相关。不同性别、家庭抚养者的学生法律意识不同。男生对法律了解程度比女生高。母亲作为主要抚养者的学生的法律意识高于主要由父亲抚养的子女。公德意识方面，女生自觉程度要高于男生。家庭中主要由父亲抚养的子女公德意识要高于由母亲抚养的子女。男生的参与意识要高于女生，家庭中父亲作为主要抚养者的子女参与意识要高于母亲。

3. 影响中学生公民意识原因的相关分析

由相关分析的结果，笔者得出：年级、班级、性别、父母学历、家庭中主要的抚养者是影响中学生公民意识的最主要因素。将其归纳为两大类，一个是家庭因素，一个是学校因素。其中，年级、性别和家庭主要抚养者是相关频率和相关度最高的三个因素。除了民主意识外，学生的参与监督意识是随着年级的增加而减少的。从性别来看，女生对于相关的公民常识了解得比男生要多，但是对于活动的参与则是男生高于女生。

4. 影响中学生公民意识的性别差异原因分析

性别刻板印象会影响人的性别气质和性别角色。比如，认为女性勤奋、柔弱、听话、自我约束力强，男性自信、独立、强大。认为女性要担起私人领域内照顾孩子和家庭"主内"的角色，男性要承担公共领域内供养家庭和参与工作的"主外"角色。这种性别刻板印象也在时时刻刻影响着中学生的公民意识。女生权益意识高于男生、男生的文明公德意识低于女生、女生的活动参与意识低于男生等就是明显的体现。这种消极影响会束缚学生的能力和素质的发展，因此，我们要打破性别刻板印象，给予学生充分平等的发展空间。

（二）开发了培养中学生公民意识的方法策略

培养策略主要有三：一是国家课程教育渗透；二是课外活动培养；三是校本课程建设。通过三个策略实施，旨在让学生在课堂上认知、在活动中成长、在反思中进步。具体策略如图 2 所示：

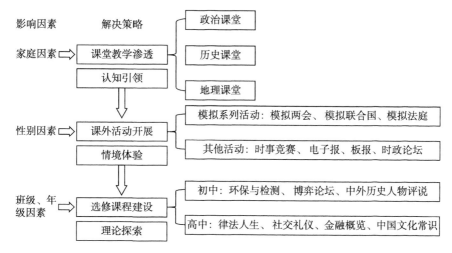

图 2　公民意识培养策略示意图

1. 课堂教学渗透

针对家庭因素导致的中学生公民意识薄弱问题，笔者主要从国家必修课程课堂教学中培养学生公民意识，在整个培养体系中起着认知引领的作用。而这种公民意识的渗透，主要体现在各个学科的学科特点中。如在历史课《美国独立战争》中，教师在课堂上渗透公平、民主的意识。在政治课《民主决策》上，教师通过模拟听证会的活动提高学生的参与和监督意识。在地理课《世界的环境问题和人类的可持续发展》上，培养学生的环保意识和可持续发展理念。通过不同学科各有侧重的渗透，最终达到"1＋2＞3"的效果。史、地、政三科教师在教学实践和对教材深入研究的基础上，归纳整理形成了各学科公民意识培养的渗透点。

2. 课外活动开展

针对性别因素的对男女学生社会活动参与度的影响，笔者主要通过丰富的课外活动来改变。首先激发学生的兴趣，通过情境体验来提高学生对公共事务的关注度和参与度，提高公民意识。学校既有校内活动，又有联合社区和政府等相关部门的校外活动，使学校、社区和社会三方综合联动。比如，学校在中学部已经开展了多次"模拟"系列活动,主要包括模拟两会、模拟法庭、模拟联合国、时政论坛、板报设计评比等。在校外,我们联合市区法院、检察院让学生参观、了解相关法律知识,或者参加区瞭望杯时事竞赛和时事电子报竞赛,参加区、市模拟联合国等大型活动,潜移默化地渗透公民教育。累计共举办活动二十余次,在大小活动中学生共获得奖项数十项。

3. 校本课程建设

针对班级和年级的影响因素,学校开设了校本选修课程。针对初中和高中开设不同选修课程。初中生是世界观、人生观、价值观形成的重要时期,所以学校在六七八年级开设了"环保与检测""博弈论坛"等选修课程,目的是在学生品性形成的关键时期对学生进行公民意识教育,为后期培养打下良好的根基。到了高中阶段,学生求知欲急速增强,渴望了解社会,融入社会,这时学校又适时地开设了"律法人生"等选修课程,为学生打开一扇窗,放眼社会,同时也教授学生作为一个合格的社会公民所必须具备的知识和能力。通过这样对不同学年段学生的分层培养,提高公民教育的效果。

四、效果与反思

(一) 效果

1. 学生公民素养切实提高

在相关活动课程开展两年后,笔者进行了后测问卷,了解公民意识系列课程与活动开展的情况。

首先,通过李克特量表了解课程实施对学生公民素养的影响。学生的选择如表1所示:选择在"形成法律、环保、公德等意识和社会责任感""帮助很大"的占50%;"帮助很大"或"帮助较大"的共占79.5%,说明选修课程在公民意识培养上还是卓有成效的。此外,在"培养思考探究、实践能力"上,选择"帮助很大"的达61%,"帮助很大"或"帮助较大"的共占86%,说明选修课在提高学生参与监督意识等方面效果显著。

表1　选修课在不同方面对学生能力影响的程度（占总人数百分比）　单位:%

影响方面	帮助很大	帮助较大	帮助一般	帮助较少	不清楚
形成法律、环保、公德等意识和社会责任感	50	29.5	15.9	2.3	2.3
培养思考探究、实践能力	61	25	9.1	2.3	2.3

此外，我们还进行了定性访谈，下面是学生感受。刘同学："在模拟两会的活动中，我们不仅学会了站在公众的角度考虑问题、创新了思维方式，还锻炼了我们调查和收集资料的能力，开拓了视野。"陈同学："模联在我看来是一项培养综合能力的学生活动。在这里，我不仅能扩大视野，深化对国际关系及许多专业性知识的了解，广交朋友，更为重要的是，我作为外交官，肩负起了一国的责任。"在课堂学习及日常生活中学生能从公民意识角度分析问题，解决问题，学习法律等相关选修课热情较高。这说明我们的培养策略是切实有效的。

2. 建设综合性课程，教学相长

笔者不断尝试并形成了系列的综合实践性课程，如"跨越古今的丝绸之路"跨学科实践课程、"走进首钢"跨学科综合实践课程、研究性学习等综合实践活动，切合了新课改的理念，符合学生发展需求，顺应了社会发展的方向。在此过程中，教师进行专题区级及以上公开课展示共计 14 节，组织学生活动近 20 次，发表获奖论文共计 16 篇。

（二）反思

1. 优势

在此次研究中，笔者觉得做得比较好的地方就是能够在开展研究之前进行科学且周密的问卷调查，虽然费时费力，但是收到的效果却非常好，能够从问卷分析中很容易地找到学生中存在的问题、他们的需求和教师的努力方向，这样能够有的放矢；在开展公民教育培养的过程中，不仅从一个维度、一个切入口出发，而且能多方位、多角度地培养，把课堂教学、课外活动、选修课程建设以及学校、社区、社会三位一体进行联动，利用多方资源开展研究，这样能够做得更细、更全面。能够把能力的培养落到实处；在活动的设计中，笔者创新性得开展了系列模拟活动，通过模拟活动让学生身临其境、拉近与社会、与国家的距离，提高教学的效果。

2. 存在的问题

（1）研究主题方面。

本课题由于研究问题大、角度多，导致涉及面广但是不深入。在申请课题时没有进行前期调查，只是觉得这个问题较为重要，所以定了这样的题目。但是调查后发现，学生对于公民意识中的四个维度学生认知程度是不同的，对于法律意识和权利义务意识相对更欠缺。另外两个维度学生程度还是可以的，因此，这就导致涉及的面太广，哪个维度都不能深入研究。下次可以针对其中一个维度进行深入研究。

（2）对于国外学生交流中资料的收集与整理问题。

在开题申请的时候，笔者预设是希望能够通过学校特有的与美国中学交流活动学习借鉴国外的先进经验。但是实际上我们出去交流的学生和老师在一个多月中获取的资源还是相当有限的，导致一手资料获取不足，无法开展系统的研究，形成研究成果。因此，希望在后续的研究中主要侧重于本校自己的尝试，而不是国外交流的经验总结。

（3）关于选修课开展的相关建议。

一是把学生公民意识选修课与社会实践活动相结合。在选修课课堂上，笔者主要的教学方式还是原有的课堂讲授，缺乏其他的教学资源和教学设备，这就导致课堂的形式比较单一，缺乏实践体验，影响学生的学习兴趣。今后，学校可以开发更多的授课资源，让学生走进社区去调查访谈，走进博物馆、法院等进行实地感受，这样才能加深学生的理解和认识，让学生更深入地去思考、学习，激发学生兴趣。加强选修课教师专业知识素养。教师要进行选修课程内容相关知识的系统学习，拓宽知识面，用丰富生动的案例、渊博的学识感染学生、激发学生深入思考。二是把学生公民意识选修课与校园文化建设相结合。校园环境，体现了学校整体精神的价值取向，具有强大的引导功能。校园文化作为一种精神因素，对学生的健康成长起着巨大作用，对学生公民意识的培养有着潜移默化的影响。因此，学校要将公民意识的培养与校园文化相结合，利用校园文化活动周、板报、宣传专栏、校园网等宣传公民意识，通过各种校园活动培养公民意识，这样才能达到最佳的效果。